本书出版得到中央高校基本科研业务费专项资金资助
（项目编号：20720171085）

# MARKETCRAFT
## How Governments Make Markets Work

# 市场治理术

## 政府如何让市场运作

〔美〕斯蒂文·K.沃格尔（Steven K. Vogel） 著  毛海栋 译

著作权合同登记号　图字:01-2019-5757

**图书在版编目(CIP)数据**

市场治理术：政府如何让市场运作/（美）斯蒂文·K. 沃格尔（Steven K. Vogel）著；毛海栋译. —北京：北京大学出版社，2020.6
ISBN 978-7-301-31018-2

Ⅰ. ①市… Ⅱ. ①斯…②毛… Ⅲ. ①市场管理—研究 Ⅳ. ①F713.56

中国版本图书馆 CIP 数据核字（2020）第 012202 号

© Oxford University Press 2018

All rights reserved. No part of this publication may be reproduced, stored in a retrieval system, or transmitted, in any form or by any means, without the prior permission in writing of Oxford University Press, or as expressly permitted by law, by license, or under terms agreed with the appropriate reproduction rights organization.

保留所有权利。未经牛津大学出版社许可或法律允许，不得以任何形式复制、存储或传播本出版物的任何内容。

*Marketcraft : How Governments Make Markets Work* was originally published in English in 2018. This translation is published by arrangement with Oxford University Press. Peking University Press is solely responsible for this translation from the original work and Oxford University Press shall have no liability for any errors, omissions or inaccuracies or ambiguities in such translation or for any losses caused by reliance thereon.

《市场治理术：政府如何让市场运作》英文版于 2018 年出版。此翻译版经牛津大学出版社授权出版。北京大学出版社负责原文的翻译，牛津大学出版社对于译文的任何错误、漏译或歧义不承担责任。

| | |
|---|---|
| 书　　名 | 市场治理术：政府如何让市场运作<br>SHICHANG ZHILI SHU：ZHENGFU RUHE RANG SHICHANG YUNZUO |
| 著作责任者 | 〔美〕斯蒂文·K. 沃格尔（Steven K. Vogel）　著　毛海栋　译 |
| 责任编辑 | 刘秀芹 |
| 标准书号 | ISBN 978-7-301-31018-2 |
| 出版发行 | 北京大学出版社 |
| 地　　址 | 北京市海淀区成府路 205 号　100871 |
| 网　　址 | http://www.pup.cn　新浪微博:@北京大学出版社 |
| 电子信箱 | sdyy_2005@126.com |
| 电　　话 | 邮购部 010-62752015　发行部 010-62750672<br>编辑部 021-62071998 |
| 印 刷 者 | 大厂回族自治县彩虹印刷有限公司 |
| 经 销 者 | 新华书店 |
| | 965 毫米×1300 毫米　16 开本　20.25 印张　245 千字<br>2020 年 6 月第 1 版　2022 年 12 月第 2 次印刷 |
| 定　　价 | 58.00 元 |

未经许可，不得以任何方式复制或抄袭本书之部分或全部内容。
**版权所有，侵权必究**
举报电话：010-62752024　电子信箱：fd@pup.pku.edu.cn
图书如有印装质量问题，请与出版部联系，电话：010-62756370

谨以本书献给贾斯廷、埃莉和朱丽叶，
愿他们生活在一个治理得更好的世界。

# 市场治理的"道"与"术"
## ——《市场治理术》读后感（代序）

这本书的英文版于2018年出版后不久，我读过并有所感慨，随手记下了自己的一些心得体会，放在我的微博上。毛海栋博士将该书译成中文后邀我改写这篇读后感，放在该书中译版上与读者交流，我欣然从命。

作者斯蒂文·K. 沃格尔（Steven K. Vogel）是美国加州大学伯克利分校政治学教授，长期研究日本政府与日本经济间关系。这本书着眼于发达工业社会（advanced industrial societies）中市场治理的一系列问题，强调政府在构建和维系市场中的重要作用。该书语言简洁，实例丰富，点上分析（具体实例）与面上比较（各国或各行业）兼顾，可读性很强，同时为读者提供了该领域的相关背景和一系列研究文献。

本书英文书名中的marketcraft一词仿statecraft衍生而来，强调与"国家治理术"相对而言的"市场治理术"。这两个词的后缀craft有技巧、艺术的意思，与本书强调的"市场是精心设计出来的"这一核心要旨相吻合。但如作者所言："市场需要规则，不仅是为了保护人民和环境免受附带性损害，还首先是为了让市场自身得以有效运作。"我想强调的是，这本书不是关于政府如何按照

**市场治理术：**
  政府如何让市场运作——

自己的意志来"驾驭市场"的技巧，而是如何认识市场、维护其良性运行的"市场治理之道"，是关于尊重其规律法则加以治理的道理。道自有轨，术循于道，识其道方能施其术。

## 一

这本书的主题是，政府与市场、管制与竞争不是相互对立、此消彼长的；恰恰相反，政府在市场经济中的角色应该是积极地建立和维护市场运行的制度设施。作者反对"自由市场经济"的主张，即市场不需要政府干预而可以自行优化运行。作者提出，并不存在所谓的自由市场或完全竞争的市场；市场是一种特定的制度，需要特意创造而生。例如，劳动力市场并不是一个自然而然发生的过程。各国政府都积极参与构建劳动力市场，一方面保证劳动力的流动以利于市场经济运行；另一方面，也通过法律法规来保护工人权益。在这两方面，"自由市场"都不能提供令人满意的解决办法。

我也同意作者的这一观点，即将政府与市场、管制与竞争相对起来的两分法是一种根本性误解。随着市场经济的复杂化和精细化，政府对市场的管制日益重要。风起云涌的信息革命需要更多而不是更少的市场管制机制。对于一项政策目标，任何市场应对举措都不是唯一可行的。在政策的不同选项上，并不存在所谓更为"自由市场"或更为"市场取向"的抉择，而是如何更好地、更为恰当地管制市场。

我们可以把本书的主题放在更大的学术背景下来加以定位。20世纪以来，新古典经济学走出了古典政治经济学的框架，建立了一整套严密的分析逻辑和分析工具，特别强调市场产生的自发秩序（spontaneous order），或者即时秩序，其分析起点即始于理性

# 市场治理的"道"与"术"——《市场治理术》读后感(代序)

人之间的商品交换和理性选择,以及由此产生的交易各方相互协调的经济秩序。在这个分析框架中,政府只是市场失灵的一个解决方案,是市场秩序的补充机制。

20世纪70年代兴起的新制度主义经济学在很大程度上重塑了新古典经济学的分析框架。威廉姆森(Oliver Williamson)重新引入科斯(Ronald Coase)早期的观点,即市场与组织有不同的交易代价,市场并不总是最优选择。新制度主义经济学的研究思路建立在有限理性和交易成本的前提之下,它明确提出,人们的行为受到制度约束,市场与组织作为不同的治理架构,在不同情形下各有比较优势,可以相互转化。这些思想已经成为如今活跃在经济学中的契约经济学、行为经济学等领域的基本出发点。市场制度以及政府管制成为经济学中重要的研究对象。

这本书在思路上和想法上没有超出经济学中的新制度主义和政府管制学说,其主要贡献是着眼于这一主题在各发达工业国家的具体实践,在美国与日本的比较研究背景下讨论政府管制与市场活动之间的一系列课题和相应的经验教训。

## 二

作者提出,在发达工业国家中,美国与日本代表了两种不同的治理模式。美国属于自由市场经济模式(liberal market economy),即各个企业大多单打独斗,市场运行较少地受到政府或其他非市场协调机制的影响,表现出更为激烈的市场竞争趋势。日本则属于协调型市场经济(coordinated market economy),企业与上下游企业,与内部职工,与金融机构(银行)有着稳定的协调协作关系,市场活动更多地受到政府或企业间的协调和合谋的影响。其他发达工业国家大致在这两个极端之间的某个位置。

### 市场治理术：
#### 政府如何让市场运作——

从更为开阔的角度来看，市场治理并不仅源于政府管制，更不是局限于行政力量所在。如作者指出，"治理"（governance）指不同渊源和形式的管制、规则和秩序。这些机制可能是来自政府的，也可能有其他制度渊源，如法律、民俗、权力或私有领域中的自组织等。作者将市场管制分为三类：法律与规章，惯例（practice）与标准，规范与信念，并提出了市场治理的诸制度要素：公司制、会计制、金融、资本市场、公司治理、劳动力、反垄断、具体行业的管制、知识产权、构建市场。随后的讨论和美日对比，均围绕这些要素逐一展开。

第三章集中讨论了美国社会中一系列市场治理的政策和举措，包括政府管制、公共领域的非政府组织以及企业在其中的角色。作者提出，美国是市场自由化程度最高的国家，同时也拥有市场管制最为严密的制度。例如，20世纪80年代的关于美国电话电报公司（AT&T）的反垄断法裁定，引起了一系列连锁反应，最终释放了信息技术竞争的能量。作者用一系列实例来说明市场、技术创新与制度环境的关系。简言之，离开了政府的积极参与，这些市场难以构建，市场活动更无从谈起。这并不是说，美国的市场治理一帆风顺或总是成功。作者在涉及这些专题时指出了许多失误甚至灾难性情形，例如2008年金融危机给全球经济带来的灾难。

在第四章，作者围绕以上市场治理的各个题目，逐一讨论了日本模式。20世纪90年代经济衰退以来，日本试图在公司治理机制、劳动力市场到技术创新的市场结构等诸方面，从协调型市场经济模式向自由市场经济模式转型。但这些尝试大多效果不佳，不了了之。作者的基本命题是，在这个转型过程中，日本政府没有发挥积极作用来推动新型市场构建，以致种种尝试未能突破原来的制度设施和文化信念对转型的阻碍。作者提出，与日本的协

## 市场治理的"道"与"术"——《市场治理术》读后感(代序)

调型市场经济相比,美国的自由市场经济可能为同样甚至更高程度的治理机制所制约。从协调型市场经济向自由市场经济转型,需要更多的而不是更少的管制机制。

书中关于知识产权领域发展的讨论让我想起几段经历。90年代初我开始在美国大学教学时,大家普遍没有知识产权意识,教学中使用的各种材料都是"拿来主义",即毫无顾忌地拿到课堂上使用。后来大家逐渐感受到知识产权的制度压力——各种报道、法院判决,特别是来自校方的相应措施。时至今天,在学校设置的教学平台上,使用任何一篇文章或著作章节,都要标明是否拥有版权(copyright);如果自己不拥有版权,则要说明,是否属于公共领域中的产品,或者属于合理使用(fair use)之列,即法律允许范围内的教学之用。记得几年前一位同事的孩子大学工程专业毕业,决定从事律师行业,想先找一家律师事务所实习。他出乎意料地很快就被录用了,其中一个原因是知识产权法是新兴领域,专业人才在硅谷十分抢手。他的工程学训练有助于尽快掌握技术领域中的知识产权法。可以说,知识产权制度环境就是在我们的亲身经历过程中悄然形成的,而法律环境与政府管制是重要推动力。作者也注意到,这一制度环境随后也产生了负面作用,减缓了新技术扩散和进步的动力。

### 三

在本书中,作者特别强调了政府在市场治理,特别是构建和维系市场制度上的重要角色。作者有鲜明立场,力倡己见,这无可非议。虽然书中所言的道理和实践案例主要是针对发达工业社会而言的,但对于正在学习市场运作的转型中国来说,这些道理亦颇为贴切。政府需要积极参与市场构建和市场治理的这一命题,

市场治理术：
政府如何让市场运作——

对于习惯于并大力倡导政府统领角色的许多中国读者来说，也很容易听进去，接受下来。

但是，我们需要把作者的一家之言——即使是极有价值的一家之言——放在特定的社会、学术背景下加以审视、解读，才能清醒、明智地评估其发现，理解其意义，认识其局限。我想特别强调指出以下几点。

第一，任何社会的制度环境和市场状态都有着不同的起点和定势。作者撰写此书时，其心目中想说服的对象，是那些深信自由主义市场经济、主张政府最小化的美国读者。作者认为，美国的自由经济模式，包括反对政府管制的社会思潮，导致人们忽略政府在市场运作中的重要角色；而且这一角色随着市场经济的发展而更为重要。这一点与当今的中国社会很是不同。在中国社会中，政府在市场活动中的主导地位和角色，以及期待和呼吁政府干预的公共舆论倾向，恰恰说明政府可能包揽了过多的行政职责，背上了过重的管制负担，因此尤其需要约束干预的冲动，让其他治理机制，包括市场机制，有一个发育生效的过程。以此观之，中国场景下可能更为需要另外一个主题的作品，即如何尊重市场规律，约束政治意志，限制行政干预权力。

第二，不同社会中政府角色的性质不同，其干预的实质也相去甚远。我在研究工作中注意到，近些年来中国地方政府不是仅仅扮演其行政区域内的管制角色，而是成为当地经济的主导者，地方政府官员也更多地因政治逻辑影响而作为。政府干预常常有其特定的利益关怀和目标函数、特定的行为定势，不同于本书中假定的追求公共利益最大化的政府定位。换言之，不同的制度环境下的政府管制，即使其内容和形式雷同，其效果和意义可能大相径庭。

第三，依我的学术思路来看，本书的一个明显不足是，作者没

## 市场治理的"道"与"术"——《市场治理术》读后感(代序)

有正视政府作为正式组织本身面临有限理性甚至非理性的种种局限。而这一点恰恰是20世纪80年代以来新制度主义经济学以及政治学、社会学和组织学中的制度主义所特别关注和强调的。虽然作者不时地提醒读者,他倡导政府积极参与市场运行并不是说政府总能提供好的政策和管制,但讨论中隐含的假设中视政府为一个虚拟的理性决策者,可以在合适的时机、合适的场合,提出合适的政策,提供合适力度的干预。书中所列的不成功实例大多是政府干预不力所致,如2008年的金融危机。但那些政府决策失误、政策为政治冲突所左右、政府管制为利益集团所绑架、政府干预不当的大量实例和研究发现都没有进入作者的视野和讨论范围,这实在是这本书的极大不足。

任何方式的市场治理都因环境条件和不同时点的变化而不断演变,不同时间点、不同条件下的技术优劣势可能互为转化。不合时宜的政府干预或协调可能会对技术创新产生灾难性结果。关于日本、欧盟、美国在"高清电视"(HDTV)技术领域中竞争的过程和结果的一项经济学研究表明,日本政府操之过急的干预政策使得日本企业在这一领域中过早地固化已有研究成果,导致路径依赖,而不是保持持续创新的能力,结果被其他国家的新技术超越。

进一步来说,随着市场经济的日益复杂化和精细化,市场治理之道也需要相应的演变和改进。政府和其他行动者都需要不断探索和学习新的治理之道。然而,学习并不是一个中性的过程,而是一个充满了各种因素互动和有着诸多歧途的过程。这就提出了新的问题:什么样的学习更为适合市场运行?单一学习者还是多个学习者?单一信息源还是多重信息源?推行一个学习模式还是鼓励不同的学习模式?不同领域中的学习是如何传递和校正的?如何在学习过程中有效地吸纳不同的利益群体又能防止被利益集

**市场治理术：**
政府如何让市场运作——

团绑架？政府在这个过程中是怎样学习的？

另外一个可能的倾向是，政府不仅构建市场、限制市场，而且试图驾驭市场以服从其利益。社会学家马克斯·韦伯（Max Weber）注意到，传统的市场经济时常成为政治掠夺的工具和手段。经济史学家诺斯（Douglass North）指出，许多经济制度虽然低效率但仍然可以长期存在，因为其角色作用符合执政者的利益需要。在这个意义上，政府管制并不总是按照市场规律来建构和维持市场良性运行，而可能试图将自己的意志强加于市场之上，将市场活动作为实现其政治目标的工具，因此引发非预期的后果。

上述有关政府与市场关系的一系列重要问题，这本书的架构和内容未及关注，但为我们的进一步深入思考提供了现实的与文献的背景和线索。

顺便提一下，本书作者是《邓小平时代》作者傅高义（Ezra F. Vogel）的儿子。父子两代都研究日本问题。父亲曾于1979年出版了《日本第一》（*Japan as Number One*）一书，盛赞日本经济奇迹，震动美国朝野。没想到四十年后，儿子著述，检点日本经济的诸多问题和转型失败。星移斗转，沧海桑田，令人嗟叹不已。

周雪光

美国斯坦福大学社会学教授

2020年6月

# 中译本序...

我觉得中国读者可能比美国读者更能抓住本书的核心要旨——市场是精心设计出来的。毕竟，中国最近的历史就是市场治理（或者说，市场治理术）不断创新的历史。中国在过去的四十多年里从计划经济转型为市场经济，这牵涉到建立一系列非常复杂的市场制度的具体过程。

对于美国人来说，这一基本要点却并不那么明显。他们认为，市场的基础设施早已具备，因此，市场的任何发展都将会采取"自由化"的形式，亦即，破除阻碍市场的藩篱，而非建立支持市场的制度。在本书中，我将阐明，对政府与市场采取二分法而不是相辅相成的思维倾向将导致错误分析和政策失误。我强调，现代市场并非自发产生的，而是由个人、企业尤其是政府所精心设计出来的。因此，市场治理术（marketcraft）构成了与治国术（statecraft）相当的政府核心功能。

本书的观点对于中国同样非常重要。因为中国的未来有赖于其市场治理术的水平，并且中国可以从另外两个世界主要经济体美国和日本的成功与失败中汲取经验教训。为理解所涉及的利害关系，可以思考一下近来发生的两个较大的经济成功与失败事件——数字革命与全球金融危机，二者都是运用市场治理术的结果。市场治理术影响到国家福利的每一个方面，从经济增长到创新、公

### 市场治理术：
#### 政府如何让市场运作——

平和可持续发展。

　　让我们以市场治理术的具体内容作为例子来阐明上述观点吧。我认为中国经济从中期来看可能面临金融危机的较大风险。这是一种可能性，但不是不可避免的——这取决于市场治理术。在美国和日本，对金融市场不当的放松管制为大的金融危机埋下了伏笔。在日本，20世纪80年代的金融自由化加剧了金融业的竞争，并给予银行更多投资于高风险资产的自由。日本当局未能同时施加更为严格的审慎监管，从而为20世纪90年代的金融危机埋下隐患。同样地，如本书第三章所阐述的，美国在20世纪80年代的金融业放松管制以及在20世纪90年代未能监管衍生产品，均促成了2008年的金融危机。尽管上述危机是多种因素共同作用的结果，但均可归结为市场治理术的失败。美国和日本的监管者给予金融机构更多承担风险的自由，却未能通过更强有力的保障措施来平衡以确保稳定性。中国的监管者应该注意避免上述失误。

　　在公司治理领域，美国已逐渐从经理层中心模式转向股东中心模式，在前一模式下，经理人具有相当大的自治权，而在后一模式下，经理人则完全为股东收益最大化而行动。实践中，股东中心模式的许多核心特征，如股票期权、公司合并、敌意收购以及股份回购，均未被证明在美国产生更好的公司业绩。然而，日本的改革者却试图效仿这一模式。中国的问题是如何在继续将权力从国有部门下放到私营部门的同时，保证公司增进更广泛的利益相关者的福利，包括员工、消费者以及更广泛的社区，而不仅仅是顶层管理者或股东的少数利益。在这一改革中，我的建议是，德国和日本的利益相关者模式比美国的股东中心模式更值得中国借鉴。

　　在劳动关系领域，本书的观点是，希望读者将劳动力规制而非简单的劳动者保护作为调整管理层与劳动者之间谈判关系的基本规则。这一观点强调的是，劳动力市场中并不存在构成最优治理的自由市场或自然均衡,而是存在一个从雇主友好型规则到雇员友好型体制的"光谱"(spectrum)。进而言之,劳动力市场的治理能够化解管理层与劳动者的冲突,因为一致同意的谈判制度能够取得双赢的方案,从而对双方均有利。美国的市场自由主义者将市场规制与社会政策区分进行分析。他们认为,政府应该尽可能地让"自由市场"自行运作,而依靠社会政策来补偿那些出局的群体。然而,市场治理术的观点则强调市场规制与社会政策是密不可分的。市场规制对社会福利有着巨大的影响,因此将福利问题纳入市场治理术是完全适当的。

第五章所引入的"分配"与"再分配"的对比或许有助于厘清上述观点。在传统的美国人看来,政府的作用是通过税收和社会服务来对资源进行"再分配"。然而,本书认识到政府的一个更加基础的作用,即在一开始确立影响着资源分配的市场规则。想象以下两个场景:第一个场景中,经理人被允许压榨员工,然后政府介入补偿员工。这是再分配的领域。需要注意的是,这一场景并非真正自由市场的结果,而是由那些拥有更多权力和财富的人设计出市场规则以对其更有利。在第二个场景中,政府创制规则以促进管理层与劳动者的合作,从而实现互利并更加公平地分配收益。这是分配的领域。

我并不是建议中国政府或任何政府摒弃再分配,而是主张政府应该更加关注市场治理术的挑战,并通过市场制度的设计来实现更广泛的社会目标,包括公平、可持续发展以及增长。市场治理术的方案是解决市场经济弊病的更基本的方法。随着中国经济的持续发展和拥抱数字经济,有效的市场治理术将更加凸显其重要性。

斯蒂文·K. 沃格尔

2020 年 2 月

# 致 谢...

本研究项目经过了长期酝酿,其间得到很多人的慷慨帮助。最初的思路来自我为马克·兰迪(Mark Landy)、马丁·莱文(Martin Levin)和马丁·夏皮罗(Martin Shapiro)主编的《创造竞争性市场》(*Creating Competitive Markets*)一书所撰写的一章内容,该书的编者和其他章节的作者均提供了宝贵的反馈意见。尤其要感谢的是接受本研究项目采访的来自美国、日本和欧洲的许多政府官员、商业界人士以及学者。我的很多同事帮忙安排了上述采访,他们是Tetsuya Kagaya、明迪·科特勒(Mindy Kotler)、Jun Kurihara、马纳布·纳贝希马(Manabu Nabeshima)、Ichiya Nakamura、彼得·J.瑞安(Peter J. Ryan)、Masaaki Sakamaki、帕梅拉·萨缪尔森(Pamela Samuelson)和尼古拉斯·维伦(Nicolas Véron)。

在整个研究过程中,从早期的头脑风暴到精彩的反馈,再到精心的编辑,罗伯特·范尼昂(Robert Fannion)一直是非常难得的智识上的伙伴。我很幸运能与一群优秀的博士生一起工作,很多时候我们在互换角色,他们成了我最好的论文导师。马克·休伯蒂(Mark Huberty)帮助我在研究的早期阶段对某些关键的实质性问题加快了进度。亚历克斯·勒卡斯(Alex Roehrkasse)教会我许多经济社会学的知识细节,并对书稿进行了批判性的反馈和编辑。克丽丝蒂·戈维拉(Kristi Govella)精心研究了日本的政策,收集

**市场治理术：**
政府如何让市场运作——

了关键数据，并向我提供了我自己领域（政治科学）的最新研究成果。布瑞恩·贾奇（Brian Judge）帮助我加深了对理论问题的理解，并对最后一章作出评论。杰伊·瓦雷拉斯（Jay Varellas）在晦涩难懂的法律细节方面辅导了我，并为我的进一步阅读提供了宝贵建议。阿卡塞米·纽瑟姆（Akasemi Newsome）加强了我对美国案例关键要素的把握。Makoto Fukumoto 帮我找到了日本政府的若干文件，并更新了日本改革部分的章节。莫里斯·昂（Maurice Ang）、Jongwan Choi、亚历克斯·杜兰（Alex Duran）、特雷弗·因赛尔蒂（Trevor Incerti）、Sae Kobayashi、Reina Sasaki、Taka Tanaka、吉列尔莫·托斯卡·迪亚兹（Guillermo Tosca Díaz）和阿曼达·赵（Amanda Zhao）均提供了极大的研究帮助。

尼尔·弗雷格斯坦（Neil Fligstein）、傅高义（Ezra Vogel）和牛津大学出版社的两位匿名审稿人阅读了整部手稿并提供了很有价值的评论。查尔斯·段（Charles Duan）、Kenji Kushida、大卫·马克曼（David Makman）、艾尔莎·马索克（Elsa Massoc）、玛丽·缪拉（Mari Miura）、马纳布·纳贝希马（Manabu Nabeshima）、Hiromitsu Ohtsuka、卡提克·拉曼纳（Karthik Ramanna）、丹尼尔·鲁宾菲尔德（Daniel Rubinfeld）、Toshiko Takenaka、Takakuni Yamane、Hidehiro Yokoo 和约翰·齐斯曼（John Zysman）审阅了部分章节。

我在以下研讨会上提交了与该项目有关的论文：我所在的加州大学伯克利分校政治学系举办的比较政治学讨论会、加州大学圣地亚哥分校举办的日本创新与技术论坛——斯坦福日本企业家精神项目（Japanese Forum for Innovation and Technology/Stanford Project on Japanese Entrepreneurship），以及加州大学伯克利分校举办的社会经济学促进会（Society for the Advancement of Socio-Economics）年会。与会者向我提供了宝贵的反馈，尤其是内森·皮彭格

（Nathan Pippenger）、乌尔里克·谢德（Ulrike Schaede）和肖逸夫（Yves Tiberghien）三位。我还在加州大学伯克利分校日本研究中心的校园午餐会上展示了我的研究成果，并从提问与讨论中获益良多。

罗伯特·库特（Robert Cooter）、巴里·艾肯格林（Barry Eichengreen）、马里恩·福卡德（Marion Fourcade）、保罗·皮尔森（Paul Pierson）、Zenichi Shishido，以及前面提到的范尼昂、戈维拉、贾奇和勒卡斯参加了由加州大学伯克利分校国际研究所主办的书稿研讨会。所有参与者都提供了精彩的反馈和具体的改进建议。来自其他院系的三位同事乔治·拉科夫（George Lakoff）、丹尼尔·鲁宾菲尔德和卡尔·夏皮罗（Carl Shapiro），慷慨地同意与我会面，以进行头脑风暴式的讨论，并在他们各自的专业领域对我进行了指点。

我要感谢日美友好委员会和日本高等社会科学研究人文基金的资助。此外，我还得到了加州大学伯克利分校的研究委员会、日本研究中心以及柳一韩（Il Han New）讲席的慷慨资助。

牛津大学出版社的大卫·麦克布莱德（David McBride）、克莱尔·西布利（Claire Sibley）和艾米莉·麦肯锡（Emily Mackenzie）熟练地完成了从书稿修改到出版的整个过程，普拉布·钦纳萨米（Prabhu Chinnasamy）对出版过程进行监督，多萝西·鲍霍夫（Dorothy Bauhoff）负责了文字编辑工作。

最为重要的是，我要感谢我的妻子希埃纳（Giena）的爱与支持。

# 目 录...

| | | |
|---|---|---|
| 第一章 | 市场治理术的核心论点 | 001 |
| | 一、核心主张 | 008 |
| | 二、市场的治理 | 017 |
| 第二章 | 市场治理术的内容 | 025 |
| | 一、公司 | 030 |
| | 二、会计 | 034 |
| | 三、银行系统 | 039 |
| | 四、资本市场 | 041 |
| | 五、公司治理 | 043 |
| | 六、劳动力市场 | 047 |
| | 七、反垄断 | 051 |
| | 八、特定行业的规制 | 055 |
| | 九、知识产权 | 059 |
| | 十、人为创设的市场 | 062 |
| 第三章 | 市场治理的美国模式：为什么世界上最自由的市场经济受到最多的治理 | 071 |
| | 一、战后模式 | 074 |
| | 二、金融改革 | 084 |

三、公司治理改革 ························································ 087

　　四、劳动力市场改革 ···················································· 092

　　五、反垄断改革 ···························································· 096

　　六、规制改革 ······························································· 100

　　七、知识产权 ······························································· 106

　　八、信息革命的市场治理术 ········································· 111

　　九、全球金融危机的市场治理术 ·································· 118

第四章　市场治理的日本模式：为什么创造自由市场经济

　　　　如此之难 ···························································· 131

　　一、战后模式 ······························································· 135

　　二、金融改革 ······························································· 150

　　三、公司治理改革 ························································ 155

　　四、劳动力市场改革 ···················································· 162

　　五、反垄断改革 ···························································· 169

　　六、规制改革 ······························································· 173

　　七、知识产权 ······························································· 176

　　八、创新的市场治理术 ················································ 180

　　九、日本信息技术革命的市场治理术 ·························· 189

第五章　理论与实践中的市场治理术 ································ 199

　　一、修辞学 ··································································· 202

　　二、经济学 ··································································· 209

　　三、政治科学 ······························································· 217

　　四、作为制度的市场 ···················································· 228

　　五、市场与自由 ···························································· 233

　　六、经济自由的衡量与市场治理 ·································· 237

　　七、政策 ······································································· 240

　　八、对进步主义者的教训 ············································ 247

九、对市场自由主义者的教训 ………………………………… 249

十、市场治理与公共福利 ……………………………………… 251

**参考文献** ……………………………………………………… 258

**译后记** ………………………………………………………… 295

# 市场治理术的核心论点

# 第一章 市场治理术的核心论点

市场需要规则，不仅是为了保护人民和环境免受附带性损害（collateral damage），而首先是为了让市场自身得以有效运作。因此，我们在现实世界中面临的选择不是关于市场是否应该被治理，而是市场应该**如何**被治理。[①]以现代资本主义的核心制度——公司为例：公司绝非自然产生的事物，而是被法律赋予法律地位、治理权限以及有限责任的构建物。又如作为资本主义精神的终极体现的股票市场，亦非自由自然之物，而是受到了详尽繁复的治理。股票市场需要交易规则，不仅是为了防止出现市场滥用行为，而且是为了让市场得以运作。股票市场的繁荣和增长还需要更多详尽的规则，如公司披露要求和对内幕交易的限制。本书后续各章将更详细地讨论上述例子及其他例子，论证政府如何以及为何能够让市场正常运作。但首先，本章将概括本书的核心论点。

我的主张始于一个基本的认识：现实世界中的市场都是一系列

---

① 本章的写作基础为：Steven K. Vogel, "Why Freer Markets Need More Rules." In *Creating Competitive Markets: The Politics of Regulatory Reform*, edited by Mark K. Landy, Martin A. Levin, and Martin Shapiro, 25-42. Washington, DC: Brookings Institution Press, 2007; Naazneen H. Barma and Steven K. Vogel, "Introduction." In *The Political Economy Reader: Markets as Institutions*, edited by N. Barma and S. Vogel, 1-18, New York: Routledge, 2008。

▁▁▁▁▁市场治理术：
　　政府如何让市场运作——

**制度**，即人类设计出来的、形塑着人类互动关系的约束。① 人们对于这一论点本身并无争议，然而学者们在如何理解市场制度的问题上却存在根本分歧。市场自由主义者也承认市场需要某些起码的游戏规则：政府必须通过实施法治、保护私有财产以及维持金融制度来为现代经济创造基本的基础设施。②除此之外，他们认为政府不应该再"干预"市场事务。其他学者则越来越强调市场体系被更加广泛的制度之网所治理着。例如，制度经济学家认为"交易成本"（如获取信息或执行合同等的成本）是市场体系中的摩擦力，而财产权则是降低这些成本的工具。他们不仅研究基本的法

▁▁▁▁▁▁▁▁

① Douglass C. North, *Institutions, Institutional Change and Economic Performance*. Cambridge: Cambridge University Press, 1990, p. 3.

② 我使用"市场自由主义者"（market liberals）一词来指那些支持拥有有限政府的自由市场的论者，包括经典的自由主义者如亚当·斯密和更晚近的理论家如路德维希·冯·米塞斯、弗里德里希·哈耶克和米尔顿·弗里德曼。Adam Smith, *An Inquiry into the Nature and Causes of the Wealth of Nations*, edited by Edwin Cannan. Chicago: University of Chicago Press, 1976（中译本可参阅：〔英〕亚当·斯密：《国富论》（上、下卷），郭大力、王亚南译，商务印书馆2014年版。——译者注）; Ludwig Von Mises, *A Critique of Interventionism*. Auburn, AL: Ludwig von Mises Institute, 2011; Friedrich Hayek, *The Road to Serfdom*. Chicago: University of Chicago Press, 1944（中译本可参阅：〔英〕弗雷德里希·奥古斯特·哈耶克：《通往奴役之路》，王明毅等译，中国社会科学出版社1997年版。——译者注）; Milton Friedman, *Capitalism and Freedom*. Chicago: University of Chicago Press, 1962（中译本可参阅：〔美〕米尔顿·弗里德曼：《资本主义与自由》，张瑞玉译，商务印书馆2004年版。——译者注）; Milton Friedman and Rose Friedman, *Free to Choose: A Personal Statement*. San Diego: Harcourt, 1980（中译本可参阅：〔美〕米尔顿·弗里德曼、罗丝·弗里德曼：《自由选择》，张琦译，机械工业出版社2008年版。——译者注）. 我将他们称为"市场自由主义者"，以与美国政治学中使用的"自由主义者"相区分，后者是指支持积极政府（包括社会福利项目）的进步主义者（progressives）。

## 第一章 市场治理术的核心论点

律和金融的基础设施，还研究企业集团和劳动合同等制度。①经济社会学家则对市场制度作出更加宽泛的界定，包括社会网络和文化规范。②他们强调市场总是"**嵌入**"（embedded）③在社会之中。在本书中，我认为对市场制度进行更宽泛的界定不仅更加精确，而且也是更为明智地制定政策以及对现实世界中的市场进行分析所必需的。

---

① Douglass C. North, 1986. "The New Institutional Economics." *Journal of Institutional and Theoretical Economics* 142: 230-237; Oliver E. Williamson, 2000. "The New Institutional Economics: Taking Stock, Looking Ahead." *Journal of Economic Literature* 38: 595-613. See also Oliver E. Williamson and Scott E. Master, eds., *Transaction Cost Economics*, 2 volumes. Aldershot, UK: Edward Elgar, 1995; Claude Menard, ed., *The International Library of New Institutional Economics*, 7 volumes. Cheltenham, UK: Edward Elgar, 2004; Claude Menard and Mary M. Shirley, eds., *Handbook of New Institutional Economics*. Dordrecht: Springer, 2005.

② Mark Granovetter, 1985. "Economic Action and Social Structure: The Problem of Embeddedness." *American Journal of Sociology* 91: 481-510; Neil Fligstein, *The Architecture of Markets: An Economic Sociology of Twenty-First Century Capitalist Societies*. Princeton, NJ: Princeton University Press, 2001. See also Nicole W. Biggart, ed., *Readings in Economic Sociology*. Oxford: Blackwell, 2002; Frank Dobbin, ed., *The New Economic Sociology: A Reader*. Princeton, NJ: Princeton University Press, 2004; Neil J. Smelser and Richard Swedberg, eds., *The Handbook of Economic Sociology*, 2nd ed. Princeton, NJ: Princeton University Press, 2005; Victor Nee and Richard Swedberg, eds., *The Economic Sociology of Capitalism*. Princeton, NJ: Princeton University Press, 2005.

③ 我在宽泛意义上使用"嵌入"这一术语，旨在说明市场是社会所固有的一部分，从而不可从社会中分割出来，这与波兰尼对该词的用法是一脉相承的（Karl Polanyi, *The Great Transformation: The Political and Economic Origins of Our Time*. Boston: Beacon Press, 1944），而不是像格兰诺维特那样在更狭义上使用这一术语，认为市场被湮没在人际网络中（Mark Granovetter, 1985. "Economic Action and Social Structure: The Problem of Embeddedness." *American Journal of Sociology* 91: 481-510）。对格兰诺维特使用该术语的批评，可参见克里普纳的论述（Greta R. Krippner, 2001. "The Elusive Market: Embeddedness and the Paradigm of Economic Sociology." *Theory and Society* 30: 775-810）。

市场治理术：
*政府如何让市场运作*——

显然，我并非第一个提出这一论断的学者。事实上，政治经济学的"市场制度主义"视角在发达工业国家以外已经逐渐成为政策制定者和各社会科学学科研究者论及市场时的共识。[1]学者们逐渐意识到，现代市场体系不是自发产生的自然现象，而是必须由政府的有形之手来创造和维系的复杂制度。他们通过研究三种类型的市场转型作出了这一相同的基本论断。这三种市场转型分别是西方从封建主义向市场社会的历史转型，晚近的东欧和东亚从共产主义向资本主义的转型以及很多发展中国家创造有效市场体系的持续努力。[2]然而，大多数学者却未能将相同的逻辑应用于发达工业国家向更具竞争力和更成熟的市场体系的微妙转型中。如果承认市场是一系列制度的话，那么市场改革将更多地是一个制

---

[1] 巴尔马与沃格尔将"市场制度主义"(market-institutional)视角界定为，市场被视为置于特定社会和政治背景中的一系列制度(Naazneen H. Barma and Steven K. Vogel, "Introduction." In *The Political Economy Reader: Markets as Institutions*, edited by N. Barma and S. Vogel, pp. 1-9, New York: Routledge, 2008)。这一广泛的阵营包括制度经济学、经济社会学、比较政治经济学和经济史学的大部分研究，并包括法律经济学、法律与社会、商业管理、经济地理学、经济人类学等学科的很多研究。

[2] 参见波兰尼、诺斯对市场的历史演化的讨论(Karl Polanyi, *The Great Transformation: The Political and Economic Origins of Our Time*. Boston: Beacon Press, 1944; Douglass C. North, *Structure and Change in Economic History*. New York: W. W. Norton, 1981)；科恩等人和斯蒂格利茨对后共产主义转向的讨论(Stephen Cohen, Andrew Schwartz and John Zysman, eds., *The Tunnel at the End of the Light: Privatization, Business Networks, and Economic Transformation in Russia*. Copenhagen: Copenhagen Business School Press, 1998; Joseph E. Stiglitz, *Globalization and Its Discontents*. New York: W. W. Norton, 2002)；以及乔杜里、世界银行和罗德里克对发展问题的讨论(Kiren Chaudhry, 1993. "The Myths of the Market and the Common History of Late Developers." *Politics and Society* 21: 245-274; World Bank, *World Development Report 2002: Building Institutions for Markets*. Oxford: Oxford University Press, 2002; Dani Rodrik, *One Economics, Many Recipes: Globalization, Institutions, and Economic Growth*. Princeton, NJ: Princeton University Press, 2007, pp. 16-21)。

## 第一章 市场治理术的核心论点

度建设的过程,而非解除限制的过程。这一论断不仅适用于那些不够发达的市场体系,也同样适用于发达的市场体系。具有讽刺意味的是,这一点对于发达工业国家并不那么明显,因为它们已经拥有非常发达的市场体系了。本书将探索为什么将市场视为一系列制度(法律、惯例和规范的复杂组合)对于理解美国和日本等发达经济体的最新发展来说是至关重要的。

进一步讲,当某些学者强调现代市场需要有效治理的时候,发达经济体中的很多政策制定者、记者和专家继续假装它并不需要。他们的言论和行动均以假定存在一个无须治理就能欣欣向荣的"自由市场"为前提。他们将经济辩论框定在政府与市场相对立的虚假二分法中。①经济辩论中所使用的语言表述——例如通常将"政府干预"与"市场自由"相对立和并置——暴露了这些假定,而正如后续章节将要证明的,这种概念上的混淆可能引起许多非常严重的政策失误。

我在本书中将从三个方面进一步对上述问题展开讨论。首先,我将指出,政府与市场的二分法等传统框架和表达方式如何阻碍了公共辩论、政策处方和学术分析,进而就如何运用更精确的语

---

① 自由市场的假设和政府与市场相对立的二分法在大众话语中十分普遍,而格林斯潘和福布斯则分别提供了来自有影响力的意见领袖的两个典型例子(Alan Greenspan, *The Age of Turbulence: Adventures in a New World*. New York: Penguin Press, 2007, pp. 15-16; Steve Forbes, "Foreword." In *Wealth and Poverty: A New Edition for the Twenty-First Century*, by George Gilder, Washington, DC: Regnery Publishing, 2012, p. xi);沃尔夫将政府与市场的对立关系描述为"基本的经济选择"(Charles Wolf, *Markets or Governments: Choosing between Imperfect Alternatives*. Cambridge, MA: MIT Press, 1988, p.1);耶尔金和斯坦尼斯拉夫以及坦齐则将政府与市场的对立和并置作为其著作的名称(Daniel Yergin and Joseph Stanislaw, *The Commanding Heights: The Battle between Government and the Marketplace That Is Remaking the Modern World*. New York: Simon & Schuster, 1998; Vito Tanzi, *Government versus Markets: The Changing Economic Role of the State*. Cambridge: Cambridge University Press, 2011)。

言、促进概念的清晰以及让分析更缜密提供了一些温和的建议。其次,我将论证的逻辑进一步推进,以表明市场是一系列制度这一平淡无奇的主张将会符合逻辑地推导出一些不那么明显的主张。本章的下一部分将对此进行阐释。最后,我将在本书第五章证明,即使是最资深的市场制度分析人士,有时候也不能充分理解其自身主张的影响。他们或者与自己见解上的对手陷入了同样的语言学陷阱,或者不能认识到市场行为在多大程度上是被学习到的,而不是自然形成的,以及市场操作在多大程度上是构建出来的,而不是自由发生的。我将证明,概念上的误解将会导致政策失误,并为进步主义者和市场自由主义者均提供了一些教训。

本章呈现了我的论点的逻辑顺序,之后的三章将探索现实世界中的例子。最后一章将检视该论点对于修辞学、经济学、政治科学、社会学、政治理论和公共政策领域的各种辩论的影响。

## 一、核 心 主 张

### 1. 从来不存在自由市场或完全市场

我们可以从概念上想象出众所周知的完全竞争市场,在该市场上买方和卖方能够实现完美的匹配。经济学家们有时候出于分析的目的而假设完全市场的存在,并基于这一简单化的假设作出了重要的理论上和经验主义的推演。但是,这种完全市场并不存在,也从未存在过。即使原始的商品集市也不是"自由"的,因为它需要诸如营业地点、时间等基本规则。随着社会中引入了信用和货币,交易背后的制度也越来越复杂。[①]道格拉斯·诺斯(Douglass

---

[①] 关于信用的历史,参见格雷伯的论述。David Graeber, *Debt: The First 5,000 Years*. Brooklyn, NY: Melville House, 2011.

C. North）通过一个向他最青睐的小贩购买橙子的例子，深刻地揭示了这一点。这一简单的交易受到了个人关系、市场惯例和社会规范的治理，其背后的基础则是法治。①

## 2. 市场是被创造出来的

如果市场是一系列制度，那就意味着它必须被人们创造出来。正如卡尔·波兰尼（Karl Polanyi）的名言："自由放任（laissez-faire）是计划出来的。"② 市场制度的设计师可能是政府、企业或者个人。他们可能有意地或无意识地，在一时之间或几十年甚至几个世纪的时间里创造市场。正如本书书名所表明的，我更偏爱**精心设计市场**（crafting market）的语言表述，因为它强调了进行有效的市场治理所需要的技艺（artistry），认识到市场治理术是与治国术相当的核心政府功能。市场治理术同时适用于政府和私营部门的市场治理。但是，这并不意味着政府总是在做正确的事情：市场治理术就像现实世界中的治国术一样：它可能被娴熟地或笨拙地运用，可能是有益的，也可能是灾难性的。

## 3. 市场改革主要是一项建设性的事业，而不是破坏性的

这一论断其实是之前两个论断的逻辑推论。如果市场是一系列制度，那么培育市场就需要建设制度而不是破坏制度。简言之，经济自由化（liberalizing）并不是指将经济从束缚中解放（liberating）出来。这一简单的观察对于我们如何理解市场改革以及从根本上挑战对我们当今时代最重要的议题的一些最常见的看

---

① Douglass C. North, *Structure and Change in Economic History*. New York: W. W. Norton, 1981, pp. 34-37.

② Karl Polanyi, *The Great Transformation: The Political and Economic Origins of Our Time*. Boston: Beacon Press, 1944, p. 141.

法具有深远影响。①它论证了市场制度主义的视角是如何在学术分析和政策处方方面均显著不同于市场自由主义的观点。表 1.1 对比了不同的分析视角（用斜体字表示），如"私有化"与市场转型，以及相应的政策处方，如休克疗法与渐进主义。市场自由主义者将市场改革视为"自由化"而不是制度建设，因此他们主张解除障碍（"私有化"和"自由化"）而不是能力建设（市场转型和市场发展）。然而，正如之前所提到的，学者们逐渐意识到，从计划经济向市场体系的转型更需要建设新制度，而不只是废除旧制度；在发展中国家，促进市场的发展需要培养政府维持市场制度的能力，而不只是摒弃专横的政府。学者们在理解发达国家市场改革研究的意义方面较为迟缓。然而，即使在发达经济体中，欲使得政府更具有竞争力以及将市场扩展至新的领域，也不仅仅需要废除那些阻碍竞争的规制（"放松管制"），而更需要增强规制能力和建设市场制度，亦即本书所主张的**"市场治理术"**。

表 1.1 市场改革：解除障碍还是建设制度？

|  | 市场自由主义者的视角：解除障碍 | 市场制度主义者的视角：建设制度 |
| --- | --- | --- |
| 后共产主义国家 | 私有化<br>休克疗法 | 市场转型<br>渐进主义 |
| 发展中国家 | 自由化<br>华盛顿共识 | 市场发展<br>建设市场制度 |
| 发达工业国家 | 放松管制<br>新自由主义改革 | 市场改革<br>市场治理术 |

---

① 参见巴尔马和沃格尔对休克疗法（N. Barma and S. Vogel, eds., *The Political Economy Reader: Markets as Institutions*. New York: Routledge, 2008, pp. 10-11, 355-423)、华盛顿共识（pp. 11-13, 425-427)和放松管制的讨论（pp. 9-10, 329-354）。

### 4. 仅仅靠市场方案不足以应对政策挑战

如果没有所谓的完全市场，那么也就没有简单的自由市场方案。任何市场方案都构成了市场治理的某一特定形式。现实世界中的市场治理存在很多个不同的维度：不仅包括政府与市场，还包括公共治理与私人治理、自由放任与促进竞争的规制（pro-competitive regulation）等等。这就意味着，对于任何特定的挑战来说都存在多个市场方案，反映了上述多个维度中不同节点的组合。

某些市场自由主义者可能接受上述主张，但坚持认为问题的核心仍然是政府干预与市场自由的对立。也就是说，问题不是市场中是否存在规则，而是谁制定规则——是政府还是市场参与者。政府通过强制力的方式制定规则，而市场参与者则自愿地设计规则。然而，我的反驳是，在实践中政府必须在市场设计中发挥主导作用，具体理由将在本书后续部分讨论。进一步说，市场自由主义者的视角低估了让现代市场得以正常运作的规制的规模和范围，而高估了政府行为所施加的限制的水平和市场所允许的自由的程度。减少政府的作用不一定就能解放市场，事实上，这有可能对市场主体限制更多而不是更少。例如，政府可能因为未能控制私人市场势力或撤回了支持市场发展的规制而损害市场自由。本书第五章将进一步讨论政府行动与市场自由的问题。

### 5. 在政策选择中甚至可能并没有更加接近"自由市场"或者更加市场化的备选方案

即使没有纯粹的自由市场，市场自由主义者可能还是会主张，我们仍然应该将其作为理想和典范，作为政策改革的目标。换言之，我们应该努力**朝着**自由市场前进，因为它能促进经济效率和个人自由。然而，大多数政策选择并不是在政府和市场之间作出

**市场治理术：**
*政府如何让市场运作*——

选择，而是关于**如何**治理市场。如果我们比较两种市场设计，通常很难发现哪一种是更加市场化或更加接近自由市场的方案。

在某些情况下，或许有可能认为一种选择比另外一种更加市场化。例如，施加关税意味着更多的政府控制和更少的市场竞争，因此取消关税或许可以被合理地认为是朝着假设的自由市场迈进。我们不应感到奇怪的是，市场自由主义者的观点更适用于国际贸易问题，而非国内市场治理问题，因为正是国际贸易问题激发了亚当·斯密和后来的自由主义经济学家的思考。然而，在绝大多数的当代论争中，不同维度组合下的相关政策选择并不符合更多还是更少市场化的界定方法。例如，在对抗性的（adversarial）与便宜行事的（discretionary styles）政府规制之间，以及在开放式和封闭式的拍卖要价模型中，均存在着复杂的权衡。更根本的是，究竟什么构成朝向市场的行动，经常是很不明显的。如果反垄断政策从更加自由放任的方式向更加促进竞争的方式转变，哪一种方式是更加市场化的呢？如果我们收紧合理使用受版权保护的材料的规则，这是朝着自由市场的方向还是远离自由市场的方向呢？如果以政府与自由市场相对立的视角来衡量这些方案，我们就模糊了所需要的真正的选择。它们涉及真正的权衡，但并非对于政府还是市场的权衡。正如第二章所表明的，当代的很多论争采取的恰恰是这种形式。

## 6. 激发了大多数经济政策辩论的政府与市场对立的二分法在根本上是具有误导性的

政府与市场之间二元对立的假设阻碍了对二者关系更为深入的理解。随着我们从狭义的市场制度（基本的游戏规则）转向广义的市场制度（更广范围的法律、惯例和规范），政府与市场的关系也变得更加相辅相成。表 1.2 揭示了政府与市场对立的框架是如何导致我们将经济学论争限定在政府保护/规制与自由市场之间的选择，而不是欠发达的市场与更发达的市场之间的选择。实践中，政府规制划定市场的界限，并让市场得以存在，因此市场改革经常需要更多（箭头从欠发达的市场朝向更发达的市场）而不是更少的政府干预（箭头从受保护/被规制的市场朝向"自由市场"）。进一步地，政府与市场对立的框架和表达遮掩了政府在市场中起到的重要作用：政府不仅仅是裁判，还是现代市场经济中最大的消费者、雇主、放款人、借款人、保险人以及财产所有人。①

表 1.2　市场改革的两种观念

|  | 更少的市场作用 | 更多的市场作用 |
|---|---|---|
| 更多的政府干预 | 受保护/被规制的市场 | 更发达的市场 |
| 更少的政府干预 | 欠发达的市场 | "自由市场" |

### 7. 激发大多数经济性规制辩论的规制与竞争对立的二分法在根本上也具有误导性

"放松管制"（deregulation）一词掩饰了这一错误的认知。在传统的讨论中，放松管制意味着更少的规制和更多的竞争，似乎二者是天然联系在一起的。事实上，产生更多的竞争通常需要更多而不是更少的规制。因此，发达工业国家在过去 40 多年里的主流趋势并非放松管制（更少规制），而是通过重新规制（更多规制）实现市场改革（更多竞争）。亦即，越自由的市场需要越多的规则。②

---

① Charles E. Lindblom, *Politics and Markets*: *The World's Political-Economic Systems*. New York: Basic Books, 1977, pp. 107-114. （中译本可参阅：〔美〕查尔斯·林德布洛姆：《政治与市场：世界的政治—经济制度》，王逸舟译，上海三联书店、上海人民出版社1991年版。——译者注）

② Steven K. Vogel, *Freer Markets*, *More Rules*: *Regulatory Reform in Advanced Industrial Countries*. Ithaca, NY: Cornell University Press, 1996.

放松管制在字面意思上的更少规制和更多竞争当然也是可能的，例如，减少或消除价格规制和准入规制可能会促使产生更多竞争。然而在实践中，规制与竞争的关系更多是正相关而非负相关的（参见图1.1）。对这一点更为精确的表达是，规制与竞争的关系随着时间、部门和子部门的变化而变化。在市场发展的早期阶段，政府需要创设基本的基础设施以支持市场竞争，二者的关系更多是正相关的；而在后期，当政府作用的逐渐增加更可能阻碍而非促进竞争的时候，二者的关系更多是负相关的。在容易形成垄断的部门如网络型产业（network industries），二者的关系可能更多是正相关的，而在进入门槛较低的行业如零售业，二者的关系则可能更多是负相关的。

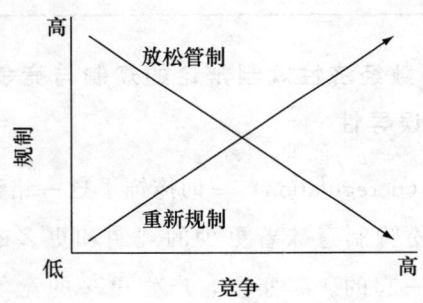

图 1.1　放松管制与重新规制

几个不同的机制解释了更多规制促进更多竞争的总体趋势。第一，当政府在具有自然垄断特征的部门（如公用事业部门）引入竞争机制时，必须运用促进竞争的规制来创造和维持竞争。第二，随着金融市场竞争程度和复杂程度的增加，政府必须通过更严格的信息披露要求、更详尽的交易规则以及更密集的监督来加强规制，以支持这些市场。第三，随着产品市场和服务市场的竞争越来越激烈以及市场参与者的增多，规制变得越来越法典化和条文主义。第四，随着运输市场和产品市场竞争的加剧，政府需要加强环境、健康和安全方面的规制。例如，如果卡车司机的竞争过于激烈，政府就需要加强安全规制，如限制驾驶时间。实践中，市场改革意味着增加反垄断规则等促进竞争的规制，以及废除价格和市场准入限制等阻碍竞争的规制。理解这一过程需要审慎地区分二者。尽管总体的趋势是规制的复杂性增加，但在某些情形下也有可能设计出同样有效或更加有效的更为简化的规制方案。例如，在金融领域，更高的资本准备金要求、商业银行与投资银行的结构性分离以及金融交易税均代表了更为简化的规制机制，这样就可能减少对更加详尽的行为规则和更加密集的监督的要求。

**8. 以美国为代表的自由市场经济与以日本为代表的协调型市场经济同样受到治理，前者甚至可能受到更多的治理**

自由市场经济的特点是更具竞争性的劳动力、金融和产品市场，而协调型市场经济在企业、银行和其他企业之间进行更多的协调。比较资本主义的学者倾向于认为自由市场经济的制度化程度和嵌入性较之协调型市场经济更低。[①]然而，如果市场是一系列制度的话，那么所有的市场都是被法律、惯例和规范的不同混合体所治理的，所以自由市场经济与协调型市场经济同样受到治理。第三章将通过对美国进行详尽的案例研究来检视这一论断，表明最自由的市场经济是如何依赖市场治理的庞大基础设施的。

人们甚至可能认为，越是自由的市场体系实际上可能需要**更加详尽的制度配套**。第三章和第五章将进一步讨论这一问题。然而，

---

① Colin Crouch and Wolfgang Streeck, "Introduction: The Future of Capitalist Diversity." In *Political Economy of Modern Capitalism*, edited by C. Crouch and W. Streeck, 1-18. London: Sage Publications, 1997; Peter Hall and David Soskice, eds., *Varieties of Capitalism: The Institutional Foundations of Comparative Advantage.* New York: Oxford University Press, 2001.

一个可能的综合性观点会区分"更多被治理"（more governed）这一表述的两种不同含义。自由市场经济可能需要更多的治理来支持市场，这是在需要更多法律和规章这一有限意义上而言的。然而就私人治理层面而言，如商业惯例或社会规范，仅仅作出所有市场都受到治理的结论并止步于此或许更为合理。

**9. 日本这样的协调型市场经济向自由市场模式的转变需要更多而不是更少的治理**

这一论断是论断 3 和论断 8 的逻辑推演。第四章将详细讨论这一论断。日本自 20 世纪 90 年代就公开宣称要朝着更加自由的市场体系转变，但政府为了实现这一转变，不得不制定了数量惊人的法律和进行规制改革，并发起了各种运动以改变商业惯例和拥抱市场价值。尽管做了这些努力，日本仍然没有趋同于自由市场模式。

**10. 信息经济需要更多而不是更少的市场治理**

信息技术的发展已经显著降低了很多市场交易的成本并加快了交易的速度。然而，技术也带来了打破政府与市场二元对立的市场设计的新挑战。信息经济需要更多的治理，因为其核心的商品——信息——本身就是规则的产物，例如专利和版权保护。因此，治理对于经济绩效更为关键，也更为复杂。信息技术市场也非常依赖规制在其中起到关键作用的行业，例如电信业和金融业。信息革命让复杂市场变得可能，如复杂的拍卖市场和金融衍生品市场，这些市场同样依赖更加精细的市场治理。信息经济还为反垄断执法带来了新的挑战，详见第二章和第三章。

上述某些论断（1—7）是由逻辑推演而来，而其他的论断（8—10）则需要更多经验证据的支持。之后的三章将检视这些证据，但首先让我们解决政府是否必须治理市场这一关键问题，并对一些关键术语进行界定。

## 二、市场的治理

我们已经论证了市场需要治理，但这就意味着必须由政府来进行治理吗？政府一直是前一部分所讨论的三大市场转型中的核心参与者，这三大转型分别是：西方市场体系的历史演进、东欧和东亚从指令经济向市场经济的转变以及当今发展中国家市场制度的构建。政府在市场治理中起到核心作用是因为它具有在特定国土范围内制定和执行法律、规章的独特能力。[1]罗纳德·科斯（Ronald Coase）在其奠基性论文《社会成本问题》中认为，如果没有任何交易成本的话，私人主体能够通过私人协议自己解决市场治理的问题。[2]这篇论文影响了很多市场自由主义者，他们运用"科斯定理"来主张私人合约能够在很多场合代替政府规制。[3]然而实际上，政府必须建立财产权制度来支持私人协议。政府也比私人拥有更多的行政和财务能力，能够更加中立、合法和负责任。大卫·莫斯（David Moss）认为，政府在进行风险管理时具有几项关键的特性，例如强制参与的能力，基于赋税和印刷货币的权力

---

[1] Geoffrey M. Hodgson, *Conceptualizing Capitalism: Institutions, Evolution, Future.* Chicago: University of Chicago Press, 2015, pp. 76-79.

[2] Ronald Coase, 1960. "The Problem of Social Cost." *Journal of Law and Economics* 3: 1-44.

[3] 科斯本人并未走得如此之远。Deirdre McCloskey, 1998. "Other Things Equal: The So-Called Coase Theorem." *Eastern Economic Journal* 24: 367-371; John Cassidy, "Ronald Coase and the Misuse of Economics." *The New Yorker*, September 3, 2013, https://www.newyorker.com/news/john-cassidy/ronald-coase-and-themisuse-of-economics.

市场治理术：
政府如何让市场运作——

而具有的近乎完美的信用评级，以及基于规制和执法权力而具有的无与伦比的监控能力。①

然而，政府显然也不可能独自治理市场。政府有时候授权私营部门的"自我规制组织"和标准制定机构来进行规制。一系列私营部门组织，如行业协会和工会均参与到市场治理中。私营部门主体之间的关系——例如管理层—劳动者关系、银行—企业关系、供应链、分销网络——也在构建着市场。私营部门的惯例，如职业培训系统和研发联盟，也在治理着市场。此外，社会规范也有力地对市场行为进行调控。

为了研究市场治理，我们必须检视政府治理和私营部门的治理以及二者之间的互动。因此，我倾向于使用**"治理"**而不是**"规制"**，因为后者更倾向于仅仅指政府规制。我对**"治理"**的界定遵循了马克·贝维尔（Mark Bevir）的界定：

> 治理指的是管理的全部过程，实施的主体包括政府、市场以及组织网络，实施的对象包括家庭、部落、公司或领土，可能通过法律、规范、权力或语言实施。治理是一个比"统治"含义更加广泛的术语，因为它不仅仅聚焦于国家及其制度，而且还关注社会实践中的规则与秩序的生成。②

将私人治理引入分析的范畴对于理解上一部分的几个重要论断具有重要意义。例如，"不存在自由市场"（论断1）与"政府与市场对立的二分法具有误导性"（论断6）的论断之所以成立，部分是因为即使我们能够消除治理市场的法律和规章，市场中的私人

---

① David A. Moss, *When All Else Fails: Government as the Ultimate Risk Manager*. Cambridge, MA: Harvard University Press, 2002, pp. 49-52, 436 (fn 42).
② Mark Bevir, *A Theory of Governance*. Berkeley and Los Angeles: University of California Press, 2013.

治理仍然存在。而"规制与竞争对立二分法的误导性"（论断7）之所以成立，是因为即使我们能够消除反竞争的法律和规章，私营部门的反竞争惯例仍然完好无损。

　　市场自由主义者可能会认为政府规制无论如何都比私人治理存在更多问题，不仅仅因为政府规制对于个人自由构成更多威胁（如之前所提到的），还因为政府规制更容易被那些寻求钻制度空子以谋私的特殊利益群体所俘获。这些利益群体可能企图影响规制以赚取政治经济学意义上的"租金"（rents），即超过市场价值的不应得的收入或回报。然而，如果市场总是受到治理，而市场治理包括政府规制和私营部门的惯例，那么无论政府是否采取行动，私营企业都将寻租。私营企业既可能游说政府对其予以特殊照顾，也可能在市场上做出反竞争行为，从而寻求垄断利润。①事实上，如果没有政府规制的话，企业可能会更加自由地寻租。当然，我并非主张政府规制不会被俘获。第二至第四章将提供很多规制俘获的例子。然而，我认为俘获是一个变量而不是常量，公共部门的治理并不比私人治理更有助于寻租，政府的不作为跟政府作为一样可能导致寻租，而有效的政府规制能够限制寻租。

　　在开始介绍市场治理的简单类型之前，我将首先界定市场和市场发展。**市场**可能指的是一个抽象概念，即众所周知的完全市场，也可能是指真实世界中的具体市场：一个交易的地点，如农贸市场，或者产品市场，如汽车市场。完全市场中会有很多买方和卖方、同类产品、完全的信息，没有执行交易的成本，供给和需求将决定价格。然而，本书聚焦的是真实世界中的市场，而不是完

---

　　① 弗雷格斯坦强调了这一双重策略，即企业试图同时在私人市场内部以及通过游说政府来施加影响力。Neil Fligstein, *The Architecture of Markets: An Economic Sociology of Twenty-First Century Capitalist Societies.* Princeton，NJ：Princeton University Press，2001.

市场治理术：
政府如何让市场运作——

全市场，因此，我将**市场**界定为买方和卖方聚集在一起交换商品和服务的场所。①

要超越完全市场的理想模型而去研究真实世界中的市场制度，我们需要在不完全依赖上述理想模型的情况下去构想**市场发展**（market development）的概念。当然，完全竞争的市场提供了有价值的标尺：更多的买方和卖方、更充分的信息沟通以及更好的合同执行均构成了市场发展的要素。其中最关键的部分是竞争，可以通过以下要素来界定：（1）特定产品市场中的企业数量；（2）这些企业的市场份额（市场结构）；（3）新的进入者挑战老牌企业的能力（市场竞争性）；（4）挑战者重新界定市场的能力。然而，市场发展还包括市场规模的扩大（无论是以交易量还是地理范围来衡量）、市场范围的扩展（指更多的产品和服务）、新的市场的创设（包括新的市场场所，如证券交易所，以及下一章将要讨论的人为创设的市场）以及市场成熟度的提高（包括数据的传输、存储的速度和精确度的提高、更发达的金融市场以及更加精巧的市场设计）。② 第二章将探索市场治理促进或阻碍这里以宽泛方式所界定的市场发展的各种方式。该章明确了特定类型市场发展的制度先决条件，也强调了治理安排的多样性。我并不认为市场发展必然能够增加社会福利。我将在本书结论部分详细讨论市场的终极目标这一规范问题，例如增长、创新、平等、健康、安全和环

---

① 霍奇逊对市场作了一个更加充分但不够简明的界定。Geoffrey M. Hodgson, *Conceptualizing Capitalism: Institutions, Evolution, Future.* Chicago: University of Chicago Press, 2015, pp. 138-139.

② 罗斯认为设计良好的市场具有以下特征：具有厚度（很多参与者），不拥挤（不需要很多时间来达成交易），安全（可靠）以及简单。Alvin E. Roth, *Who Gets What—and Why.* Boston: Houghton Mifflin Harcourt, 2015, pp. 8-12. （中译本可参见：〔美〕埃尔文·E. 罗斯：《共享经济：市场设计及其应用》，傅帅雄译，机械工业出版社2015年版。——译者注）

# 第一章 市场治理术的核心论点

境保护。就目前来说，我可以简单地指出，我将市场视为手段，而非目的。我们可以通过设计市场来实现我们想达到的任何目的——而且我们也应该这么做。

我们可以将市场治理划分为三大部分：法律与规章、惯例与标准以及规范与信念。表1.3将这些部分分为子类别并附上精选实例。

表1.3 市场治理的类型（精选实例）

| 法律与规章 | 惯例与标准 | 规范与信念 |
|---|---|---|
| • 全国性或州立法机构通过的法律<br>• 政府机构、法院或私营部门组织发布的规章<br>• 政府机构、法院或私营部门组织对规章的执行<br>• 诉讼，如股东诉讼或私人反垄断诉讼 | • 私营部门的监督，如信用评级机构或同业工会<br>• 私营部门的市场设计，如抵押支持证券市场<br>• 商业合谋，如卡特尔<br>• 商业协调，如行业协会或者研发联盟<br>• 企业间网络，如银行集团或供应链<br>• 商业习惯，如员工招募的惯例<br>• 公认的标准规范，如技术或会计标准<br>• 行为准则，如公司治理准则 | • 社会规范，如公司忠诚度<br>• 道德准则，如损害最小化或个人自由最大化<br>• 法律原则，如反垄断案件中的合理原则<br>• 意识形态，如市场自由主义或马克思主义<br>• 规制原则，如公允价值会计准则<br>• 政策范式，如反垄断的芝加哥学派<br>• 理论，如有效市场假说 |

**法律**是指政府通过的任何立法，如公司法和劳动法等。**规章**包括从法律衍生而来的更详尽的规则，政府机构、法院或自我规制组织发布的指令，以及这些机构、法院和组织的执行行动。**惯例**包括一系列私营部门的行为，包括：（1）监督，如信用评级机构或同业公会；（2）市场设计，如抵押支持证券市场的创设；（3）合谋，如卡特尔；（4）协调，如行业协会或研发联盟；（5）企业间网络，如银行集团或供应链；（6）商业习惯，如员工雇佣或公司治理体系；等等。**标准**是指公认的标准规范（conventions），如技术标准或会计标准，以及行为准则（code of conduct），例如公司治理准则。法律和规章与惯例和标准的区别在于前者具有约束力以及可

市场治理术：
政府如何让市场运作——

强制执行。法律和规章通常是公共的和正式的，而惯例和标准往往是私人的和非正式的，然而也存在难以划分出明确界限的例外和混合情形。例如，私人的自我规制组织有时候会发布具有约束力、可强制执行的规则，而公共机构有时会发布不具有约束力的指导意见。**规范**包括价值，如公司的忠诚度或股东价值，也包括道德准则，如最小化损害或者最大化个人自由。**信念**则包括：广泛的政治意识形态，如市场自由主义；法律原则，如合理原则；规制原则，如公允价值会计准则；政策范式，如反垄断的芝加哥学派；以及理论，如有效市场假说。

我们也可以根据实体问题领域将市场治理进行类型化。表1.4中的例子仅仅是例示性的，既不代表一份全面的清单，也没有描述特定国家的范例。很多政治经济学的分析人士侧重于研究限制市场的特定规制类型，如关税和配额、价格与准入控制。本书则将注意力转向那些更为广泛的创造、界定和赋权市场的治理机制。本书关注的焦点是市场治理（金融、劳动和行业规制）而不是社会性规制（如健康、安全和环境规制），因为本书首先希望探讨的是市场在多大程度上需要被治理，从而能正常运行乃至繁荣，而不是为什么市场需要规制来限制其对人类和自然造成的损害。市场需要规制来限制其造成的附带性损害（社会性规制），这比市场需要规制来使其自身得以正常运行和繁荣（市场治理）更为明显。当然，市场治理和社会性规制是互相关联的，本书的最后一章将进一步探讨二者的关系。就当前的研究目的而言，有必要将市场治理与社会性规制进行区分，从而聚焦于市场治理本身。

表 1.4 市场治理的实体问题领域（精选实例）

| | 法律与规章 | 惯例与标准 | 规范与信念 |
|---|---|---|---|
| 公司治理 | 有限责任 | 公司董事会委员会制度 | 公司应该使其股东的收益最大化 |
| 会计 | 公司财务披露规则 | 会计标准 | 公司应向投资者进行全面和诚实的信息披露 |
| 银行 | 存款准备金要求 | 私人放贷池 | 银行应根据借款人的还款能力进行放贷 |
| 资本市场 | 内幕交易规制 | 证券交易所交易惯例 | 经纪人应该为其客户的最大利益而行动 |
| 劳动力市场 | 解雇规则 | 私下调解 | 雇主应该根据个人才能而不是关系进行雇佣 |
| 反垄断 | 合并规则 | 价格竞争策略 | 企业不应该被允许支配整个行业 |
| 特定部门的规制 | 价格和准入规制 | 电力交易惯例 | 企业应该竞争，而不是合谋 |
| 知识产权 | 合理使用规则 | 交叉许可 | 企业仅应基于实质性创新而被授予专利 |

第二章
Chapter 2

市场治理术的内容

# 第二章 市场治理术的内容

如何创设一个市场？本章将考察那些让市场得以正常运行和欣欣向荣的核心制度（总结在表 2.1 中）。这些制度通过以下方式来构建市场：（1）界定市场参与者，如公司；（2）创建商品，如知识产权；（3）建立市场场所，如证券交易所；（4）确立交易规则，如交易惯例；（5）通过反垄断执法来促进竞争。本章所讨论的问题实例中，政府规制和私营部门协调都不是市场的障碍，而是市场得以创建、扩展和保持活力的先决条件。不存在一个能够解决所有这些问题所提出的治理挑战的自由市场方案，甚至很难想象**朝着**自由市场的理想迈进会意味着什么，因为减少政府或私营部门规制的尝试更可能会损害市场而不是解放市场。尽管没有单一的市场方案，但确实有多种可能的市场安排。某些国家可能以不同的方式得出同样有效的方案，来应对这些治理挑战，某些国家可能发展出更好或更坏的方案，某些国家则可能根本无法解决这些问题。政策选择并非沿着从政府到市场的"光谱"进行排列，也不是沿着从受规制市场到竞争性市场的"光谱"排列。关键的争论所涉及的是市场设计的实际问题，以及在该设计中对谁有利的政治选择。

**市场治理术：**
政府如何让市场运作——

表2.1 市场治理的挑战和可能的方案（精选实例）

| | 挑战 | 可能的方案 |
|---|---|---|
| 公司 | 公司需要不同于个体参与者的法律身份 | 公司制 |
| | 合伙公司的所有人可能强制要求资产的清盘 | 资产的锁定 |
| | 投资者由于责任风险而不愿意购买股份 | 有限责任 |
| 会计 | 市场参与者需要可比较的测量 | 会计标准 |
| | 投资者需要关于企业的信息来买卖股票 | 信息披露要求 |
| 银行 | 银行容易被挤兑 | 存款保险 |
| | 存款保险可能让银行承担更多风险（道德风险） | 监控和监督<br>对资产运用的限制<br>准备金要求 |
| 资本市场 | 投资者需要相信不会被内部人欺诈 | 内幕交易规则 |
| | 投资者需要债券市场信用风险的第三方评估 | 信用评级机构 |
| 公司治理 | 经理人可能将自身利益置于企业或股东之上 | 股东在董事会中的席位<br>独立董事 |
| | 经理人可能不公平地对待股东 | 股东在董事会中的席位<br>股东投票权 |
| 劳动力市场 | 雇主可能剥削工人 | 劳动力市场规制 |
| | 关键行业的罢工可能让经济活动停止 | 禁止特定行业的罢工<br>政府对于劳动争议的调解 |
| 反垄断 | 企业可能合谋 | 反垄断执法 |
| | 占支配地位的企业可能滥用市场势力 | 对合并的规制<br>分拆过大的企业 |
| 特定行业的规制 | 网络型行业的企业可能滥用其垄断权力 | 价格规制 |
| | 即使存在竞争，老牌企业仍然可能继续行使其市场支配力 | 促进竞争的规制（对挑战者比老牌企业更有利的政策） |
| 知识产权 | 企业或个人可能没有足够的动力去创新 | 专利和版权 |
| 人为创设的市场 | 若没有精巧的协调，某些市场将不会自动产生 | 政府和/或私营企业进行周密的市场设计 |
| | 市场可能过于复杂，需要某些共享的知识才能正常运行 | 对市场参与者进行培训 |

表2.2列出了在市场设计的重大选择中所涉及的某些关键权衡，以及政治辩论中经常出现的某些利益分歧。某些利益分歧沿着左与右、资方与劳方、生产者与消费者等熟悉的分水岭进行排

列，某些则沿着不同的轴线分裂，如管理层与股东、权利持有人与用户、老牌企业与挑战者等。某些情形中，利益分歧以相对直接的方式反映着市场设计的权衡因素。例如，版权持有人倾向于更严格的版权保护，而用户则偏爱更慷慨的合理使用条款。然而，另外一些情形中的利益分歧更加复杂。例如，金融机构在某些时候可能会偏爱某些金融监管，因为合理的监管能够稳定市场，并促进更多的金融活动。但是，它们会反对那些被认为成本过于高昂或过分限制其业务的规制。金融业子部门（例如投资银行和商业银行）之间的利益分歧反映了这些子部门在特定国家和特定时期的规制与竞争的具体特征。

表 2.2 市场治理的权衡和政治分歧（精选实例）

| | 市场设计的权衡 | 政治利益分歧 |
| --- | --- | --- |
| 公司 | 股东有限责任 vs 公司问责制 | 股东 vs 债权人 |
| 会计 | 相关性 vs 可靠性 vs 可比性<br>公允价值 vs 历史价值<br>规则导向型 vs 原则导向型 | 工业企业 vs 金融机构 vs 会计师<br>管理层 vs 股东 |
| 银行 | 效率 vs 稳定<br>存款保险 vs 道德风险 | 银行 vs 公司客户 vs 零售客户 vs 纳税人 |
| 资本市场 | 效率 vs 稳定<br>创新 vs 防止欺诈 | 投资银行 vs 商业银行<br>华尔街 vs 普通民众 |
| 公司治理 | 管理层的自由决定权 vs 股东控制权<br>股东主权 vs 利益相关者主权 | 管理层 vs 股东 vs 员工 vs 其他利益相关者（客户、社区） |
| 劳动力市场 | 雇主灵活性 vs 员工安全<br>管理者权限 vs 员工参与 | 雇主 vs 员工 |
| 反垄断 | 规模经济 vs 竞争的益处<br>自由放任 vs 积极执法 | 大型企业 vs 小型企业<br>占支配地位的企业 vs 挑战者<br>生产者 vs 消费者 |
| 特定部门的规制 | 规模经济 vs 竞争的益处<br>自由放任 vs 促进竞争的规制 | 老牌企业 vs 挑战者<br>服务提供者 vs 消费者 |

(续表)

| | 市场设计的权衡 | 政治利益分歧 |
|---|---|---|
| 知识产权 | 创新 vs 技术扩散<br>严格保护 vs 合理使用 | 权利持有人 vs 用户<br>生产商 vs 专利蟑螂① |
| 人为创设的市场 | 公共利益 vs 私人盈利 | 纳税人/公民 vs 私营企业<br>健康保险企业 vs 医疗服务提供者 vs 病人 |

## 一、公　　司

政府的有形之手创造了公司。政府必须承担这一责任，因为公司是一个法律实体。然而政府并不是必须以其过去所采取的方式来创设公司的。政界和商界的领袖曾经为如何治理公司的问题而多次展开激烈争论，如今他们仍在继续这样的争论。就如何组织和安排公司这一问题而言，并没有简单的市场方案。不同国家发展出不同的方式来让管理层负责任，限制投资者的法律责任，并明确股东的权利和义务。实践中，那些培育出最有活力的市场的政府也设计了最为复杂精巧的规则。

---

① 专利蟑螂（patent trolls），中文又译为"专利流氓""专利钓饵""专利恶魔""专利海盗""专利鲨鱼"等，是一种通俗的贬称，在严格的法律意义上是指一种专利维权主体（Patent Assertion Entities，简称 PAEs），其本身并不实施专利技术，也不制造专利产品或者提供专利服务，而是从其他公司、研发机构或个人发明者手中购买专利的所有权或使用权，然后专门通过专利诉讼或以专利诉讼相要挟，从而赚取巨额利润的专利经营公司。基于其拥有专利但又不实施专利技术的特点，又称之为"非实施主体"（Non-Practicing Entities，简称 NPEs），或可称为"专利持有公司""专利经营公司""专利许可公司""专利授权公司"等。参见易继明：《遏制专利蟑螂：评美国专利新政及其对中国的启示》，载《法律科学（西北政法大学学报）》2014年第2期。——译者注

## 第二章 市场治理术的内容

在中世纪后期的意大利，商人们逐渐开始组建"企业"（companies）① 来分享风险和利润。经历过很长时间之后，政府方认可这些企业不同于其合伙人的法律身份。② 在17世纪，英国政府直接特许设立了哈德逊湾公司（Hudson's Bay Company）和东印度公司（East India Company）等来运营国家垄断业务。③ 政府授予企业以特定行业的合法垄断权，作为交换，这些企业必须承诺履行特定的公共职能。政府通常与私人投资者一起分享对企业的所有权。

在19世纪初期，大多数超越个人或家族的企业仍然以合伙的方式组建。几个富有的人可能投资于一家企业，这些人通常互相熟识，通过其个人关系建立了信任以分担风险。他们根据各自投资的多少来分享收益，并分担运营损失和损害赔偿请求权的责任。相对于19世纪开始出现的有限责任的公司来说，合伙具有许多严重的缺点。每一个合伙人都可以签署合同来约束整个企业，这意味着单个无赖合伙人就可能让整个企业倒闭。合伙企业通常会在某一个合伙人去世时被要求解散。④ 此外，合伙人对企业的债务和

---

① 国内常将company译为"公司"，但该词在美国和英国语境下的含义并不相同：美国法上的company实际上泛指任何企业，既可能是个人企业或合伙企业，也可能是具有法人资格的公司（corporation）。英国法上的company则往往是指具有法人资格的公司，大体相当于美国法上的corporation。参见薛波主编：《元照英美法词典》，法律出版社2003年版，第267页（company词条）。本书根据company一词所出现的不同语境而分别译为"企业"或"公司"。——译者注

② Nicolas Véron, Mattieu Autret, and Alfred Galichon, *Smoke & Mirrors, Inc.: Accounting for Capitalism*, translated by George Holoch. Ithaca, NY: Cornell University Press, 2006, pp. 8-9.

③ Joel Bakan, *The Corporation: The Pathological Pursuit of Profit and Power*. New York: Free Press, 2004, p. 153.

④ David A. Moss, *When All Else Fails: Government as the Ultimate Risk Manager*. Cambridge, MA: Harvard University Press, 2002, p. 56.

市场治理术：
政府如何让市场运作——

损失要承担无限责任。

纽约州在1811年为制造企业制定了世界上第一部公司法，其中一个重要条款是将股东的责任限制为其投资的金额，其他州纷纷效仿。①在英格兰，人们就现代公司的法律基础进行了旷日持久的论战，并随着1856年《股份公司法》（Joint Stock Companies Act of 1856）的通过而以有限责任支持者的胜利告终。之后，有限责任的公司遂成为企业组织的主导形式。有限责任具有变革意义，因为它允许更多小股东投资于公司而不必担心远远超过其最初投资额的损失。由此，有限责任公司便利了组合投资和分散化投资，为我们今天的现代金融市场和资本主义制度奠定了根基。②

公司崛起的讽刺之处——以及我们研究的关键点——在于，政府必须主动干预经济才能"解放"现代金融市场。政府必须创造和界定一种虚拟的商品——以股票凭证形式存在的所有权份额，还必须为股东提供一种特殊形式的保护——有限责任，才能让公司蓬勃发展下去。包括亚当·斯密在内的很多论者都对股份公司持严厉批评的态度，认为它损害了个人负责的原则：

> 将超过有限金额的麻烦和风险全部免除掉，将会鼓励人们成为股份公司的投机者，而这些人在任何私人合伙关系中都不会拿着自己的财富去冒险。因此，这些公司显然能够比任何私

---

① David A. Moss, *When All Else Fails: Government as the Ultimate Risk Manager*. Cambridge, MA: Harvard University Press, 2002, pp. 54-69.

② Raghuram G. Rajan and Luigi Zingales, *Saving Capitalism from the Capitalists*. Princeton, NJ: Princeton University Press, 2003, pp. 45-46. 对美国各州的历史比较提供了支持有限责任促进经济绩效的某些证据。例如，很多州在采用有限责任之后往往会出现公司成立数量增加的现象。经济史学家发现，有限责任对于美国向重工业化的转型起到了尤其重要的作用。David A. Moss, *When All Else Fails: Government as the Ultimate Risk Manager*. Cambridge, MA: Harvard University Press, 2002, pp. 69-70.

## 第二章 市场治理术的内容

人合伙企业吸引到更多的股票……然而，这些公司的董事是别人钱财的管理人，而不是自己钱财的管理人，因而不可能指望他们会像私人合伙企业的合伙人频繁地照看自己的钱财那样小心翼翼地照看别人的钱财。[①]

换句话说，社会承担了公司损失风险的一部分，因此经理人更可能采取过于冒险的行动或者怠于履行其职责。

现代资本主义以公司这一制度创新作为其发展的基础。股东究竟应该承担无限责任还是有限责任？哪一种选择是更加自然或更为接近"自由市场"的方案呢？有的论者可能主张无限责任是更加"自由的"（liberal）方案，因为它维持了个人负责的原则：个人对公司债务承担其全部份额所对应的责任，他们并不指望政府保护其免受自己愚蠢行为之害。然而，有限责任才是"市场的"方案，因为它最大限度地扩展和激发了市场。政府希望降低投资者的风险，并通过限制投资者责任做到了这一点，其益处是能够鼓励投资者的冒险精神，从而以投资资本的形式提供公共物品。

由此可见，公司制度违背了自由主义者关于政府限制和市场自由的二分法。公司是政府创制出来以实现和赋能市场的制度。大卫·西普利（David Ciepley）强调公司与合伙企业的不同之处在于公司具有契约上的个体特征（contractual individuality）和治理权，前者是指拥有财产的权利、签署合同的权利以及作为个体起诉和被诉的权利，后者则是指在其管辖范围内制定和执行规则的能力。在这种意义上，政府允许公司违背关于财产、合同和责任的标准规则。在合伙企业中，合伙人拥有财产，签署合同，采取法律诉

---

① Adam Smith, *An Inquiry into the Nature and Causes of the Wealth of Nations*, edited by Edwin Cannan. Chicago: University of Chicago Press, vol. 2, 1976, pp. 264-265.

讼。如果某个合伙人想要离开合伙企业，他会把自己的资产净值带走。这要么会导致合伙的解散，要么将强迫剩下的合伙人清算资产来弥补损失。然而，在公司中，投资者不能直接抽回其投资，而必须先找到某个愿意购买其股份的人。因此，公司中的资产是被锁定的，因为这些资产属于公司财产。这样更有利于市场发展，因为它允许公司将其资产更充分地用于生产，而不会因为某个希望卖掉其股份的投资者要求清算资产而损害公司的利益。[①]

尽管关于有限责任的政治较量已经结束了，关于公司应该如何治理的争论——将在本章后面的"公司治理"部分进一步讨论——则一直持续到现在。在探讨公司治理的问题之前，我们首先来讨论构成公司治理要素的三个领域：会计、银行监管和资本市场监管。

## 二、会　　计

如果说公司为现代资本主义提供了组织形式，那么会计则为其提供了通用的语言。会计最初是一种记录交易的方式，便于经济交易中的参与者交流信息。通用的会计标准支持了市场发展，因为它使参与者能够进行评价和比较。这些标准提供了核实查验的方法，从而增进了非个性化市场交易中的信任。它们对于现代金融市场至关重要，因为投资者买卖股票需要可靠的信息作为基础。随着时间的推移，越来越复杂的市场体系理所当然地需要越来越精细复杂的会计体系。

---

[①] David Ciepley, 2013. "Beyond Public and Private: Toward a Political Theory of the Corporation." *American Political Science Review* 107: 139-158, p. 143.

## 第二章 市场治理术的内容

正如公司的例子一样,并没有一个自由市场的解决方案能够应对会计挑战:市场的正常运行需要通用的会计规则,而这些规则需要一个协调性的权威机构来设定标准。会计是一种公共物品:会计规则既是非竞争性的(某一个人的使用并不排斥其他人同时使用),也是非排他性的(没有人能够阻止其他人使用)。① 然而,会计不同于公司法之处在于,会计可能更适合采用私人治理的方式。会计并不一定需要法律的强制力,私人主体强烈希望制定通用的标准来促进商业和发展金融市场,因此它们可能自己加以协调。事实上,会计最初是作为一套通用的惯例而逐渐演化的,现代会计依然更加依赖私营部门的协调(自我规制),而不是其他市场治理方式。

会计可能是一种技术活动,然而并没有客观上真实和公平的会计,甚至没有中立的会计。尽管确实存在更好和更坏的会计技术,但是也不可避免地存在权衡和价值判断。例如,会计规则应该具有**相关性**,为市场参与者提供其需要的信息;会计规则应该具有**可靠性**,尽可能地不受欺诈或操纵的影响。然而这些特性可能存在冲突:对公司业绩进行评估的最相关的信息可能不是最可靠的。②

理想情况下,会计制度应该通过阐明清晰的原则来遏制欺诈行为,并通过执行具体的规则来限制企业操纵其账目的能力。然而在实践中,会计涉及关于市场设计的复杂判断。例如,美国公认会计准则(Generally Accepted Accounting Principles,GAAP)更多

---

① Karthik Ramanna, *Political Standards: Corporate Interest, Ideology, and Leadership in the Shaping of Accounting Rules for the Market Economy*. Chicago: University of Chicago Press, 2015, pp. 151-153.

② Nicolas Véron, Mattieu Autret, and Alfred Galichon, *Smoke & Mirrors, Inc.: Accounting for Capitalism*, translated by George Holoch. Ithaca, NY: Cornell University Press, 2006, pp. 57-60.

地基于规则而不是原则,然而一个以规则为基础的体制可能会引导企业遵守规则的字面意思而不是其精神。公认会计准则体系在创立之初是为了反映企业的实际财务状况,而不是形式上的度量。然而,随着企业越来越灵活地绕过现有规则,制定者逐渐发布越来越详尽的行为准则。① 与此同时,在欧洲更受欢迎的国际财务报告准则(International Financial Reporting Standards,IFRS)则更多地基于原则,在实践中给企业留下更多余地。一个更为灵活的会计制度可以给经理人更多组织安排财务报告的自由,他们作出的合理决策不会不必要地引起投资者的恐慌,但这样的会计制度也可能为欺骗或彻底的欺诈留下了更多空间。同时,作为公司审计人员的职业会计师也面临着两难困境:是通过容忍对业绩的高估和其他对账目的操纵方式以支持其客户,还是严格地遵守精确报告的职业标准?

股票期权的会计处理②展示了形式与实质之间的矛盾。在形式上,股票期权在发行时不属于成本,因为它属于尚未行使的期权。在实践中,股票期权则构成了成本,因为它有可能被行使。然而,评估股票期权的成本需要一个估算股票价格预期波动的计算模型。③ 美国财务会计准则委员会(Financial Accounting Standards Board,FASB)在 1993 年曾发布过一项要求期权在授予日按其现行价值计入费用的规则提议,但遭到了企业界的利益群体尤其是硅谷技术公司的强烈反对,于是财务会计准则委员会在 1995 年放

---

① Nicolas Véron, Mattieu Autret, and Alfred Galichon, *Smoke & Mirrors, Inc.: Accounting for Capitalism*, translated by George Holoch. Ithaca, NY: Cornell University Press, 2006, pp. 63-64.

② 将在本章后面部分进一步讨论。

③ Nicolas Véron, Mattieu Autret, and Alfred Galichon, *Smoke & Mirrors, Inc.: Accounting for Capitalism*, translated by George Holoch. Ithaca, NY: Cornell University Press, 2006, p. 77.

弃了这一做法。该规则在 2004 年终于被通过，那已经是在安然和世通公司的丑闻之后了。①

随着股东要求的财务信息越来越详尽以及金融机构设计的金融工具越来越复杂，会计制度受到越来越多的挑战。例如，会计师很难确定衍生品的公允价值，因为这要求对风险进行评估。同时，信息技术革命导致越来越难将收入归于特定的地点，非现金交易（如网站广告空间的交易）的规模越来越大，还产生了大量的难以估值的无形资产。②

看似神秘的会计领域实际上充满了权力斗争，其原因在于规则强有力地影响着市场结果（例如商业战略和公司利润）。不同的利益主体——如金融机构、会计师事务所、经理人、股东和政府——具有截然不同的偏好。例如，会计中的一个关键争论是应该在多大程度上迈向"公允价值"（fair-value）会计方法。金融服务公司倾向于主张应该以市场价值来评估公司的金融资产，也就是，如果存在真实的市场价值的话，就以该价值计价（即所谓"按市计值"，mark-to-market），如果不存在真实的市场价值，就以与市值最为接近的估计来计价，而不是采取简化的替代方案，如历史成本法，即该资产被购买时的价格。金融服务公司之所以倾向于公允价值会计，是因为该会计方法能够为它们提供更真实的公司财务状况图景。然而，经理人则不那么热衷于公允价值会计，因为这会让公司账目容易受到股票市场波动的影响。公允价值会计强制要求对那些可能让投资者神经紧张的价值临时浮动进行报

---

① Karthik Ramanna, *Political Standards: Corporate Interest, Ideology, and Leadership in the Shaping of Accounting Rules for the Market Economy*. Chicago: University of Chicago Press, 2015, pp. 65-66.

② Nicolas Véron, Mattieu Autret, and Alfred Galichon, *Smoke & Mirrors, Inc.: Accounting for Capitalism*, translated by George Holoch. Ithaca, NY: Cornell University Press, 2006, pp. 104-107.

告，而这实际上与准确披露的要求可能是相违背的。同时，员工也可能受到公允价值会计的损害，因为该会计方法使得经理人对股票价格的短期波动更为敏感，从而更为激进地压缩劳动力成本。[1]

卡提克·拉曼纳（Karthik Ramanna）认为，美国自20世纪90年代以来向公允价值会计的转变导致会计制度更易受操纵，加剧了企业对并购过度支付资金的倾向，扭曲了金融资源的分配，并助长了安然事件和全球金融危机的发生。不仅如此，那些最有可能从操纵账目的能力中获益的金融服务公司，在推动财务会计准则委员会准则（FASB standard）朝着公允价值会计方向发展的过程中发挥了核心作用。向公允价值会计的转变导致公认会计准则（GAAP）的收益表越来越不稳定和更缺乏一致性，以及——非常讽刺的是——更少地反映股票市场价值的信息。会计学的研究文献表明，这可能是因为公认会计准则的规则退化以及/或者投资者更加关注经理人所编制的预估指标（pro forma metrics），而不是正式的公认会计准则数据。[2]美国证监会（SEC）的指导意见允许经理人只要同时报告正式的公认会计准则数据，就可以发布他们自己的（预估的）会计数据，然而研究表明，股票价格更多地追随预估数据，而不是公认会计准则的数据。[3]

---

[1] Nicolas Véron, Mattieu Autret, and Alfred Galichon, *Smoke & Mirrors, Inc.: Accounting for Capitalism*, translated by George Holoch. Ithaca, NY: Cornell University Press, 2006, pp. 16-18, 89-91.

[2] Karthik Ramanna, *Political Standards: Corporate Interest, Ideology, and Leadership in the Shaping of Accounting Rules for the Market Economy*. Chicago: University of Chicago Press, 2015, pp. 143-148.

[3] Mark T. Bradshaw and Richard G. Sloan, 2002. "GAAP versus the Street: An Empirical Assessment of Two Alternative Definitions of Earnings." *Journal of Accounting Research* 40: 41-66. 根据《分析师会计观察》（*The Analyst's Accounting Observer*）的报告，超过90%的标普公司在2015年发布了非GAAP报告，非GAAP收入较上一年平均增长6%，而GAAP收入却平均下降了11%（*New York Times*, April 24, 2016, S1）。

## 三、银行系统

政府为金融系统提供了核心的基础设施，包括发行货币、制定货币政策、通过银行系统引导资金、运营国有银行、监管私有银行、执行金融合约。银行监管生动地展示了规制如何支持市场。存款人需要建立信任才会把他们的资金存入银行，而银行也需要建立信任来把这些资金贷出去。这种信任可能是基于一个人对另一个人的私人信任，也可能是通过抵押品的形式和/或通过法律上的结构设计来保证负责任的行为。有效的监管体制能够增进信任，从而让更多金融交易以更低的成本得以达成。银行体系具有特别的脆弱性，因为银行的资产如商业贷款和住房抵押贷款是缺乏流动性的和不透明的，而银行的负债如支票账户和大额存单（certificates of deposit）则是流动性强且透明的。由于银行吸收短期存款而发放长期贷款，银行的资产和负债存在不匹配的问题。[1] 银行仅仅留存很少比例（通常是 10%）的现金以备存款人提取。从根本上来说，银行是通过将其吸收的存款放贷出去来赚钱的，所以它们希望尽可能多地放贷，仅仅留存最低的准备金。然而，这样就导致银行容易被挤兑，因为如果很多存款人同时要求提取存款，银行不可能有那么多的资金。

银行一旦破产将极具灾难性，因为这不仅会损害到金融企业、公司客户和零售客户，还将破坏人们对整个经济的信心。一家银行的破产可能切断很多正常企业的信贷，从而严重损害到实体经

---

[1] Jonathan R. Macey, "Regulation in Banking: A Mechanism for Forcing Market Solutions." In *Creating Competitive Markets: The Politics of Regulatory Reform*, edited by Mark K. Landy, Martin A. Levin, and Martin Shapiro, 43-59. Washington, DC: Brookings Institution Press, 2007, pp. 43-44.

济。只有防止银行破产，政府才能让银行的业务以更高的杠杆率和更大的规模进行，而这是通过事前的存款保险和/或事后的救助来实现的。存款保险的魅力在于它能够从一开始就防止挤兑的发生，因为如果存款人相信其存款是安全的，他们就不会跑到银行去提现。这一方案一直非常有效，然而也产生了自身的问题。由于存款被保险所覆盖，银行容易发生"道德风险"：银行可能因为有了保险而去承担更大的风险。另外，由于金融机构寻求在监管政策更加宽松的辖区开展业务，不同辖区的监管竞争——例如，美国的州之间，或者国际层面的国家政府之间——可能加剧道德风险问题。[①]于是，政府又采取了各种方式来解决道德风险问题：通过设定准备金要求来强制银行保留一定比例的流动资产；规定银行可以投资的资产类型，从而限制风险敞口；对银行进行监督，以保证其审慎地经营。

　　银行监管对市场设计提出了多重挑战。监管者必须在允许银行从事获得更高收益的业务和限制银行的风险敞口之间进行权衡。很多主张对金融业"放松管制"的论者其实误解了规制与金融市场发展的关系，认为规制越少，市场就越自由。然而，实际上，减少规制可能会损害市场设计，从而逐渐削弱市场。

　　美国和日本在战后时期均拥有相对稳定的银行系统，然而它们却是通过不同的方式来实现的。美国有一套正式的存款保险制度，

---

[①] 金融行业中的监管竞争可能导致"朝底竞争"(race to the bottom)，即金融机构寻求监管政策更宽松的辖区；也可能导致"朝顶竞争"(race to the top)，即投资者寻求将资金分配到规制体系更有效的辖区，具体可阅大卫·沃格尔对这两种逻辑的讨论(David Vogel, *Trading Up: Consumer and Environmental Regulation in a Global Economy*. Cambridge, MA: Harvard University Press, 1995)，以及斯蒂文·沃格尔对监管补贴和监管松弛中的竞争的讨论(Steven K. Vogel, 1997. "International Games with National Rules: How Regulation Shapes Competition in 'Global' Markets." *Journal of Public Policy* 17: 169-193)。

而日本则是由大藏省提供了一个默示的承诺，即：如果有必要的话，大藏省会组织对银行的救助。美国的监管者更多地依赖详尽的正式规则、检查和处罚措施，而日本的监管者则采用更为非正式的"行政指导"（administrative guidance）① 以及与金融机构进行持续而密切的交流。美国的监管主体分散在很多机构中，而日本的监管主体则集中在大藏省和日本银行（Bank of Japan）。美国的银行体系在20世纪80年代的储贷危机（详见第三章）之前一直保持着非常成功的记录，日本的银行体系在20世纪90年代出现危机之前亦未曾失败过（详见第四章）。

## 四、资本市场

有限责任的公司制度和会计制度代表了金融市场治理的两大要素：投资者需要知道他们的责任是有限的，以及他们能够得到关于公司财务的准确信息。除此以外，现代金融市场还需要详尽的法律和制度基础。毕竟，强大的证券市场要求投资者将资金转移给陌生人以换取无形的权利，这些权利的价值取决于投资者所获得信息的质量和卖方的诚实。② 卡塔琳娜·皮斯托（Katharina Pistor）通过其金融的法律理论（legal theory of finance）将这一点阐释得非常清楚：

> 金融市场并非存在于规则之外，而是由规则所构建。规则及其制定者可分为私人的与公共的。某些论者据此认为行为人可以选择退出法律体系而构建其自己的体系……然而，这一体系也是

---

① 行政指导系指不具有约束力的指令（non-binding directives）。
② Bernard S. Black, 2001. "The Legal and Institutional Preconditions for Strong Securities Markets." *UCLA Law Review* 48：781-855，p. 782.

市场治理术：
政府如何让市场运作——

受规则约束的。随着金融体系从关系融资转向机构实体乃至完全转向市场，它就越来越依赖于正式的法律制度，该制度能够权威地维护合同当事人权利义务或通过其强制力来执行这些主张。①

换句话说，法律为金融市场奠定了基础；私人治理可能会起到补充作用，但私人治理仍然受规则约束，并最终以法律为基础。

强大的证券市场的核心要求可归结为两个主要方面：股东需要关于公司业务价值的优质信息，以及他们需要相信公司的经理人和控股股东不会骗走他们的投资。然而，要实现这两个目标，现代金融市场需要一套规模宏大的法律法规体系。伯纳德·布莱克（Bernard Black）认为，充满活力的证券市场所需的关键制度清单包括：（1）一个有效的证券监管机构；（2）强大的法院系统；（3）对市场操纵的禁止；（4）制定强有力的规则，限制内部人士从事对自己有利而损害其他股东利益的交易，并完全禁止股票的内幕交易；（5）内部人士、会计师、投资银行家和独立董事的民事责任；（6）故意违反披露规则和自我交易规则的内部人士的刑事责任；（7）确保市场透明度的规则（如交易价格的披露）；（8）良好的证据开示规则；（9）制定会计规则的有效组织；（10）良好的会计和审计规则；（11）具有严格上市标准和监控内幕交易的证券交易所；（12）公司董事会中包含独立董事。②

可见，布莱克明确摒弃了以下观点：作为现代资本主义核心的

---

① Katharina Pistor, 2013. "A Legal Theory of Finance." *Journal of Comparative Economics* 41: 315-330, p. 321.
② Bernard S. Black, 2001. "The Legal and Institutional Preconditions for Strong Securities Markets." *UCLA Law Review* 48: 781-855. 第817—819页以汇总表形式列举了核心制度，第781—819页进行了详细分析。布莱克区分了直接自我交易和间接自我交易（内幕交易）。前者中内部人士进行交易是为了让自己或其同盟获益，后者中内部人士利用有关公司的信息进行股票交易（第804页）。

金融市场是自由交换的产物，或者说，欲使金融市场得以存在，只需保护私有财产的规则就足矣。事实上，他强调，支持充满活力的资本市场的制度基础设施不仅仅包括政府规制，还包括金融市场运行于其中的更广泛的社会背景，例如职业规范、培训项目和活跃的金融媒体。会计师事务所、投资银行、律师事务所、信用评级机构以及证券交易所等中介机构在提供财务信息和限制经理人的自我交易方面也发挥着关键作用。政府规制发挥其最大效力的一个前提是，金融专业人士具有强烈的专业主义的伦理和合规文化，从而促使他们遵守各类准则，即使狭隘的成本收益分析可能诱使他们做出相反的行动。[1]

当然，即便是美国也没有达到布莱克的资本市场治理标准（见第三章）。而其他国家，如日本，虽然与这一理想模型相差甚远，却取得了强劲的经济表现（见第四章）。事实上，战后的日本并没有独立的证券监管机构，信息披露的要求非常薄弱，内幕交易规则松懈，法院司法宽容，证券市场缺乏流动性。公司经理人守卫着他们不受股东控制的自主权，并支持灵活的会计规则。他们故意通过交叉持股策略使自己免受股东压力的影响。股票交易员没有建立抵制内幕交易行为的严格职业规范，大型的证券经纪公司甚至在操纵股价。战后日本的资本市场不如美国发达，然而它通过其特有的金融模式取得了经济上的成功，在该模式中政府有意地促进储蓄和投资，并通过政府金融机构和私有银行分配信贷。

## 五、公司治理

公司需要规则来明确谁运营该实体，并建立有效管理的程序。

---

[1] Bernard S. Black, 2001. "The Legal and Institutional Preconditions for Strong Securities Markets." *UCLA Law Review* 48: 781-855, pp. 786-789.

## 市场治理术：
### 政府如何让市场运作——

公司需要确保经理人履行其职责，不得将自己的利益置于股东或其他利益相关者的利益之上，或直接进行欺诈。如前所述，公司法和证券法形塑着公司治理，但公司惯例和社会规范同样对公司治理有重要影响。

学者、政策制定者和商业领袖就公司是应该完全代表其股东的利益还是服务于更广泛的利益相关者（包括雇员、银行、关联公司、客户以及社区）进行了广泛的论争。① 美国和英国等自由市场经济体倾向于股东中心主义模式，而德国和日本等协调型市场经济体则倾向于利益相关者模式。② 在美国，如果公司没有为股东利益而采取行动，即使这样做是为了回报工人或客户，法律也支持股东到法院起诉公司。美国公司的股权更为分散，德国公司的股权则集中于金融机构，而日本则是在关联公司间存在较多的交叉持股。德国和日本的大额持股（blockholding）使银行能够在监督公司管理层方面发挥更大作用。③ 美国公司的经理层在任命董事方面具有很大的决定权，大型德国公司的监事会中必须有金融机构和劳动者利益的代表（"共同决策制"，co-determination），日本董事会则由公司高管所主导。在过去的40年里，美国朝着股东中心

---

① 古雷维奇和希恩提供了学术文献的简要综述，主要关注经理人（"代理人"）是否为股东（"委托人"）利益而行动的问题，其逻辑预设是经理人的主要关注点应该是为股东带来最大回报。Peter A. Gourevitch and James Shinn, *Political Power and Corporate Control*. Princeton, NJ: Princeton University Press, 2005, pp. 27-51.

② Peter Hall and David Soskice, eds., *Varieties of Capitalism: The Institutional Foundations of Comparative Advantage*. New York: Oxford University Press, 2001.

③ 范尼昂阐述了德国公司法的独特之处是如何促成德国模式中企业与银行的紧密组织连接特点的。Robert Fannion, "Goldilocks and the Three Corporate Forms: Bank Finance and the Creation of the German Economy, 1870-92, 2014" (Manuscript).

主义模式大力迈进(第三章将进一步讨论)。①与此同时,日本的领导人已经接受了股东价值的说辞,政府和公司均已进行了大量的改革,但日本在实践中仍未融入股东中心主义模式(见第四章)。

主要位于美国的积极机构股东推动着许多国家向股东中心主义模式转变。它们敦促各国政府改善对股东的保护,要求公司提高股东回报。它们致力于通过游说来增加对独立董事设置的要求,允许股票期权,放宽对股票回购的限制,并通过代理投票和参加年度股东大会来提高股东代表制的标准。它们要求在公司治理方面有更多的发言权,提起了若干集体诉讼,并赢得了越来越多的庭外和解,这在美国尤其突出。②

许多国家已通过立法来允许或提倡股票期权,该制度据称能够通过将经理人的薪酬与公司股价挂钩,从而使经理人的激励机制与股东保持一致。③然而,在2002年安然丑闻和2008年全球金融危机之后,股票期权失去了一些光环。批评者认为,股票期权未能恰当地安排好激励机制,因为它奖励良好的业绩表现,却不会对糟糕的表现甚至欺诈进行惩罚。它鼓励高管最大化短期回报

---

① Neil Fligstein, *The Architecture of Markets: An Economic Sociology of Twenty-First Century Capitalist Societies*. Princeton, NJ: Princeton University Press, 2001, pp. 147-169, 184-185.(中译本可参阅:〔美〕尼尔·弗雷格斯坦:《市场的结构:21世纪资本主义社会的经济社会学》,甄志宏译,上海人民出版社2008年版。——译者注)

② Nicolas Véron, Mattieu Autret, and Alfred Galichon, *Smoke & Mirrors, Inc.: Accounting for Capitalism*, translated by George Holoch. Ithaca, NY: Cornell University Press, 2006, pp. 136-139.

③ Michael C. Jensen and Kevin J. Murphy. 1990. "Performance Pay and Top Management Incentives." *The Journal of Political Economy* 98: 225-264. 然而,维伦等人强调,股东最终将为期权的成本买单。Nicolas Véron, Mattieu Autret, and Alfred Galichon, *Smoke & Mirrors, Inc.: Accounting for Capitalism*, translated by George Holoch. Ithaca, NY: Cornell University Press, 2006, pp. 76, 112-113.

市场治理术：
政府如何让市场运作——

（基于高管能够行使期权的日期来瞄准好时间点）而不是长期价值，鼓励高管操纵账目以尽可能地抬高名义股价。股票期权还导致高管薪酬的飙升，而这会削减股东的回报。①

股东价值模式的提倡者也支持引入更多独立董事，亦即与公司或管理层没有较强的先前关系的董事。他们将这些董事视为对管理层的重要制约，因为独立董事不太可能盲目听从管理层的指挥。然而，一些经理人认为，外部董事的能力低于内部人士，他们更可能是在浪费时间或提出不恰当的行动方案。学术研究亦未发现外部董事与公司业绩之间存在明显的正相关关系。②

从理论上讲，活跃的公司控制权市场将会支持股东中心主义模式。那些未能让股东价值最大化的经理人很容易遭到恶意收购的驱逐。外部机构可能对股东发出敌意收购的要约，对管理层不满的股东们也可能联合起来驱逐管理层。即使最终没有成功收购，收购的威胁也会惩戒管理层，激励其更好地为股东利益服务。然而，只有美国和其他一些经济体，如英国和中国香港，才拥有活跃的公司控制权市场。而即使是在美国，公司也发动了大量的"毒丸"（poison pills）计划来抵挡收购的企图。③

与本章所述的其他情形一样，在公司治理领域，一个表面上

---

① Lucian A. Bebchuk and Jesse Fried, *Pay without Performance: The Unfulfilled Promise of Executive Compensation*. Cambridge, MA: Harvard University Press, 2004.

② Sanjai Bhagat and Bernard Black, 2002. "The Non-Correlation between Board Independence and Long-Term Firm Performance." *Journal of Corporation Law* 27: 231-273; Benjamin E. Hermalin and Michael S. Weisbach, 2003. "Boards of Directors as an Endogenously Determined Institution: A Survey of the Economic Literature." *Federal Reserve Bank of New York Economic Policy Review* 9: 7-26, pp. 12-13.

③ "毒丸"是指一系列保护公司免受敌意收购的法律机制，例如，当外部收购者在没有管理层批准的情况下累积购买了一定数量的股票时，该机制授权现任股东以大幅折扣购买股票。

## 第二章　市场治理术的内容

"自由的"愿景与另一个愿景存在矛盾。有人可能认为，拥有活跃的公司控制权市场的股东中心主义模式是资本主义或自由市场制度的终极体现。毕竟，如果经理人不为股东利益服务的话，我们怎么能有真正的资本主义呢？股东能够挑战那些未能使股东回报最大化的现任经理人，这不正意味着公司本身受制于市场机制吗？然而，培养股东中心主义模式——更不用说创造活跃的公司控制权市场——需要庞大的法律和规制架构，以及对特定惯例和规范的培育。

## 六、劳动力市场

劳动力市场的治理在适用本书所提出的论点时有些棘手，因为前一章所提出的市场治理与社会性规制之间的区别在这里变得特别模糊——也就是说，很难弄清楚多少治理对于劳动力市场的正常运行和繁荣是**必要的**（necessary），以及多少治理仅仅对于保护工人免受剥削是**值得做的**（desirable）。尽管认识到许多劳动规制旨在保护工人而非赋权市场，我仍然认为劳动力市场**需要**（require）充分的治理才能正常运行。

在最低限度上，劳动力市场需要通过治理来避免可能彻底破坏该市场的两种极端结果：一是因雇主的过度剥削而摧毁劳动力，如造成劳动者的死亡、疾病、过度疲惫或工伤；二是因劳动者的过度抵抗而终止工作，如过长时间或过大范围的罢工，或彻底的叛乱。这些极端结果或许不太可能发生，但有效的劳动力市场治理也能够防止出现在某一个方向上走得太远的局面——亦即，劳动力市场的管理体制不应该给予经理人过多自由而要求员工承担人身风险，或者在因经理人的过失而导致的员工事故中让经理人承担过少的责任。该体制也不应该在经理人向员工下达命令或要求

―― 市场治理术：
政府如何让市场运作 ――

员工的忠诚度方面给予经理人太少权力，因为这样会破坏正常的商业活动。除此之外，像其他市场一样，劳动力市场还需要各种制度来确保其良好运行。例如，该市场需要培训员工、匹配雇主与雇员以及解决纠纷的机制。

与本章所讨论的其他问题一样，劳动力市场的治理也没有自由市场的解决方案。政府为劳动合同设定了基本法律框架，这些框架可能有利于雇主或有利于员工，但均不是明显的或自然的市场解决方案。如果政府允许担任重要角色的公共部门工作人员（如空中交通管制员）罢工，那么这是一个市场解决方案吗？如果允许雇主采取破坏工会的策略又会怎么样？或者，如何评价政府对旷日持久的纠纷的调解？以及谁应该对工伤负责，雇主还是员工？劳动法律和规章所涉及的判断常常难以归类于更多还是更少市场化。雇主和雇员在一定的时间和空间范围内被锁定在与市场相隔离的关系中，因此他们需要有效的治理机制来调节这种关系。[1] 劳动法规定了劳动争议的条款，制定了指导方针来判断构成善意谈判或合理解雇的要素。

政府还可以制定积极的劳动力市场政策，例如再培训、就业选配（job matching）或纠纷调解，这些政策需要更多政府行动，却能够增强市场。政府可以设定最低工资的规则或提供失业保险，从而直接影响劳动力市场的结果。政府可以通过将定额收益养老金计划（defined benefit pension plans）转变为定额缴费养老金计划（defined contribution pension plans）来提高劳动力的流动性。政府还可以通过补贴公司福利计划（如企业住房和健康计划）来提升工作保障。

---

[1] Simon Deakin and Frank Wilkinson, "Labour Law and Economic Theory: A Reappraisal." ESRC Centre for Business Research, University of Cambridge, Working Paper No. 92, 1998, p. 17.

## 第二章 市场治理术的内容

法和经济学学派的学者们通常秉持自由主义世界观,他们传统上主张最低限度的劳动规制,认为任何规制都会产生效率成本。①然而,最近有学者认为,规制可以提高劳动力市场的绩效。迪肯(Deakin)和威尔金森(Wilkinson)总结道:

> 我们在这里提出的劳动法和劳动力市场理论颠覆了传统观念。我们认为,在"自由的"劳动力市场中,工资无法发挥传统上认为它们所应具有的分配和激励功能,而劳动力市场的规制对于恢复公平和效率均是必要的。我们对"效率"的理解不是指静态意义上的分配效率,而是指在经济增长动态过程意义上的效率,其是在有利于创新和经济可持续发展的条件下进行的。②

具体而言,他们认为,不受规制的市场往往不能适当地对付出与回报进行匹配,并会对工作场所的事故责任或违反合同的责任进行错误分配。此外,"自由"市场在动态和静态方面可能都是缺乏效率的,因为它们可能无法从长期上促进劳资合作、组织学习和技术创新。与本书的观点一致,迪肯和威尔金森并不认为规制必然会使市场更有效率,他们主张,不应该以理想化的自由市场来评判规制行动,而应该在对劳动力市场如何才能有效运行进行冷

---

① Richard Posner, 1984. "Some Economics of Labor Law." *University of Chicago Law Review* 51: 988-1005; Richard Epstein, 1984. "In Defense of the Contract at Will." *University of Chicago Law Review* 51: 947-982(cited in Simon Deakin and Frank Wilkinson, "Labour Law and Economic Theory: A Reappraisal." ESRC Centre for Business Research, University of Cambridge, Working Paper No. 92, 1998).

② Simon Deakin and Frank Wilkinson, "Labour Law and Economic Theory: A Reappraisal." ESRC Centre for Business Research, University of Cambridge, Working Paper No. 92, 1998, p. 35.

市场治理术：
政府如何让市场运作——

静评估的基础上审慎考量。①

不同国家在对待劳动力市场问题上采取了显著不同的方式。像美国和英国这样的自由市场经济体更偏爱竞争性的劳动力市场，伴之以对雇主有利的谈判规则、宽松的解雇规则、较弱的积极劳动力市场政策以及较少的员工保护。德国则拥有强大的集体谈判制度（虽然它正在逐渐衰弱）、更严格的解雇规则、更有力的积极劳动力市场政策以及更强的员工保护。较之德国，日本的长期雇佣制度更少依据硬法，而更多地基于商业惯例和社会规范。日本法院倾向于在解雇的适当理由方面遵循社会规范。日本的积极劳动政策和员工保护比美国强，但弱于德国。

私营部门的惯例也有力地影响着劳动力市场。美国的私立机构提供了更多的职业培训，德国的行业协会在协调着关键部门的培训计划，日本的私人制造企业则提供了更多的在职培训。私营职业介绍所（private employment agencies）、临时工作中介机构（temp agencies）和劳工律师在美国均发挥着更大的作用，而公共职业介绍所（public employment agencies）和政府调解在日本发挥的作用更为突出。

前一节讨论的公司治理制度也影响到劳动力市场。由于股东回报最大化的压力，美国企业更有可能在经济低迷时解雇员工。而日本企业则不太可能解雇员工，因为它们依赖忠诚的劳动力，从而投资于针对特定公司技能的培训，并通过促进管理层和劳动者的协作以进行质量控制。美国的工会更有可能与管理层存在对立关系，不太可能在管理决策中拥有发言权。而日本的工会则往往与管理层具有更加紧密的协作关系，并拥有良好的沟通渠道。

---

① Simon Deakin and Frank Wilkinson, "Labour Law and Economic Theory: A Reappraisal." ESRC Centre for Business Research, University of Cambridge, Working Paper No. 92, 1998.

## 七、反　垄　断

竞争是市场经济的核心，但它却并非自然产生的。正如亚当·斯密所认识到的那样，如果可以选择的话，商人们更愿意串通而不是竞争。[①]商人们可能会进行彻底的合谋，例如固定价格（fixing prices），也可能采取更微妙的反竞争做法，例如与商业伙伴的独家交易安排。因此，在实践中，政府有时必须鼓励甚至强迫企业进行竞争，政府有时候不得不在竞争无法自然产生的情况下制造竞争。在反垄断和特定行业规制的情形中，限制政府行动和培育市场之间的悖论可能是最为明显的。在这些情况下，竞争性更强的市场反而需要更多的政府行动。

在实践中，反垄断政策主要针对三大类反竞争行为。其一，两个或两个以上的竞争者可能会设定"横向"限制，如固定价格或限制供应的协议。其二，制造商也可能与经销商或供应商进行"纵向"限制。例如，它可能会限制向某些经销商的销售，或者与供应商建立联盟以排挤竞争对手。其三，具有市场支配地位的企业也可能采取单方面的排他性做法，如掠夺性定价或捆绑销售产品，以阻碍市场进入。[②]反垄断机构颁布和实施规则以禁止或限制这些做法，并对企业合并行为进行监督以防止企业获得太多的市场势力。在某些情况下，它们可能要求具有市场支配地位的企业分拆或剥离业务。

---

① Adam Smith, *An Inquiry into the Nature and Causes of the Wealth of Nations*, edited by Edwin Cannan. Chicago: University of Chicago Press, vol. 1, 1976, p. 144.

② Herbert Hovenkamp, *The Antitrust Enterprise: Principle and Execution.* Cambridge, MA: Harvard University Press, 2005, pp. 20-25.

市场治理术：
政府如何让市场运作——

二战后，许多美国以外的国家，特别是德国和日本安排筹划了反垄断政策，以允许私营企业之间进行有价值的协同配合，包括大额持股、协同职业培训系统和研发联盟（R&D consortia）。同样与美国显著不同的是，上述国家中的私人反垄断诉讼极为罕见。① 日本政府从20世纪80年代末开始逐步加强反垄断制度，但仍然比美国更加容忍行业的协调与合谋。自20世纪80年代以来，欧盟在反垄断政策上变得更加成熟和积极，甚至在对待具有市场支配地位的企业的垄断做法和合并案件中采取了比美国监管者更加主动的立场。② 尽管日本和欧盟大大加强了它们的反垄断能力，但美国仍然拥有更强大的反垄断行政机构，并采用了更加全面和精细的经济分析。③

在美国，有关反垄断的论争存在两种不同的市场愿景：一种是自由放任式的观点，主张政府应保持克制，即使这意味着竞争的减少；另一种支持竞争的观点则主张采取更加积极主动的政府行动，以维持和促进竞争。这场论争表现为芝加哥学派与其批评者之间的较量，后者包括哈佛学派和后芝加哥学派。芝加哥学派的学者认为，垄断往往是脆弱的，而竞争则是强有力的，因为那些试图收取垄断价格的企业往往会受到新的竞争者的挑战。他们认

---

① 根据伦达等人的研究，私人诉讼在欧盟的反垄断诉讼中仅占不到10%，而在美国的占比则超过90%。Andrea Renda et al., "Making Antitrust Damages Actions More Effective in the EU: Welfare Impact and Potential Scenarios." Report for the European Commission. Brussels, Rome, and Rotterdam: European Commission, 2007, p. 28.

② 伯格曼等人发现，欧盟在合并案件中比美国更加严厉，导致了其市场份额的降低。Mats A. Bergman, Malcolm B. Coate, Maria Jakobsson, and Shawn W. Ulrick, "Atlantic Divide or Gulf Stream Convergence: Merger Policies in the European Union and the United States", 2010, Manuscript.

③ Antitrust Source, "Interview with Howard Shelanksi, Director, Fair Trade Commission Bureau of Economics." The Antitrust Source, December, 2012, p. 10.

## 第二章 市场治理术的内容

为，大多数可能被视为"排他性"的做法实际上是有利于竞争的，因为它们反映了公司降低价格或创新的努力。在任何情况下，政府都不可能设计出适当的救济措施，或者可能会被小企业等政治利益集团所俘获。因此，这些学者即使在发现某个企业支配了市场或从事反竞争行为的情况下，也不愿意让政府采取行动。①

相比之下，哈佛学派的学者更关注市场的结构属性，例如企业规模和产品差异。较之于芝加哥学派的学者，他们倾向于认为反竞争行为更持久，并支持通过更多的政府行动来控制这些行为。他们倾向于反对在较低的市场份额和不够集中的市场中进行的企业合并。然而，哈佛学派于20世纪70年代在某种程度上向芝加哥学派靠拢，放松了对市场进入障碍和纵向合并（vertical integration）的担忧，并倾向于在主张政府行动之前对企业行为进行详细审查。②

自20世纪80年代以来，后芝加哥学派一直主导着美国的反垄断实践，该学派源于哈佛学派对芝加哥学派模型忽视现实市场复

---

① Richard Posner, 1979. "The Chicago School of Antitrust Analysis." *University of Pennsylvania Law Review* 127: 925-948; William M. Landes and Richard A. Posner, 1981. "Market Power in Antitrust Cases: Concept and Measurement." *Harvard Law Review* 94: 937-996; Herbert Hovenkamp, *The Antitrust Enterprise: Principle and Execution.* Cambridge, MA: Harvard University Press, 2005, pp. 25-30. 有影响力的文献包括：George Stigler, 1964. "A Theory of Oligopoly." *Journal of Political Economy* 72: 44-61; Oliver E. Williamson, 1968. "Economies as an Antitrust Defense: The Welfare Tradeoffs." *American Economic Review* 58: 18-36; Harold Demsetz, "Two Systems of Belief about Monopoly." In *Industrial Concentration: The New Learning*, edited by Harvey J. Goldschmid, H. Michael Mann, and J. Fred Weston, 164-184. Boston: Little, Brown, 1974; Robert Bork, *The Antitrust Paradox: A Policy at War with Itself.* New York: Basic Books, 1978; Frank H. Easterbrook, 1984. "The Limits of Antitrust." *Texas Law Review* 63: 1-40。

② Herbert Hovenkamp, *The Antitrust Enterprise: Principle and Execution.* Cambridge, MA: Harvard University Press, 2005, pp. 35-38.

杂性的担忧。后芝加哥学派的学者更倾向于仔细评估市场的具体细节，而不是简单驳回反垄断诉讼，他们经常在博弈论的基础上设计企业之间的战略互动模型。① 他们认为，与芝加哥学派的想象不同，某些市场结构和企业实践可能对消费者更有害，而政府行动则可能更有益。例如，后芝加哥学派的学者认为，即使那些不具备市场支配地位的企业也有可能通过将消费者"锁定"到零配件市场或售后服务的方式来提高价格。②

信息技术革命给反垄断执法带来了新的挑战，这些挑战重塑了理论和实践。尽管某些潜在的作用机制——如网络效应和产品间的相互依赖性——并非高科技所独有，但它们已经以新颖的形式，有时甚至是更为极端的形式出现在高科技行业中。由于特定类型的网络效应容易产生主导性的标准，信息技术市场为先行者带来巨大的利益。消费者希望得到其他用户已经拥有的商品和服务，并且愿意为这些商品和服务支付更多费用。因此，拥有优质产品的龙头企业可以利用上述效应来淘汰竞争对手，正如微软和谷歌等行业巨头在美国所做的那样（详见第三章）。随着平台运营商——如谷歌、亚马逊、苹果、eBay 和 Airbnb——确立了市场支配地位并在其平台上设定了竞争条款，数字平台经济特别容易形成垄断。③ 丹尼尔·鲁宾菲尔德（Daniel Rubinfeld）认为，对以信息技术产业为代表的动态网络型产业所采取的反垄断政策至关重要，因为过去某一时刻所采取的创新路线对于未来的产品质量和价格将

---

① Stephen Wilks, "Competition Policy." In *The Oxford Handbook of Business and Government*, edited by David Coen, Wyn Grant, and Graham Wilson. Oxford: Oxford University Press, 2010. http://www.oxfordhandbooks.com/view/10.1093/oxfordhb/9780199214273.001.0001/oxfordhb-9780199214273.

② Herbert Hovenkamp, *The Antitrust Enterprise: Principle and Execution*. Cambridge, MA: Harvard University Press, 2005, pp. 38-39.

③ Martin Kenney and John Zysman, 2016. "The Rise of the Platform Economy." *Issues in Science and Technology* 32/3: 61-69, p. 68.

会产生巨大影响。在这些情况下,监管机构必须迅速采取行动,因为一旦市场被特定的技术标准锁定,再要消除某一家企业行为所引起的反竞争效应将会非常困难,甚至根本不可能。[1]

## 八、特定行业的规制

在某些行业,政府直接对价格和市场准入进行规制。电信和电力行业等网络型产业的特点是处于自然垄断状态,这意味着如果没有政府规制来制造竞争,私人垄断可能会普遍存在。例如,在传统的固定电话行业中,一旦某一个服务提供商建立起网络,它就比潜在的竞争对手具有压倒性的优势。由另一家公司来建立第二套网络不具有成本效益性,而且客户也不想更换网络,因为他们将无法连接到现有电话公司的客户。正如前一节所讨论的信息技术行业一样,网络型产业的收益非常明显地随着规模增加而递增,也就是说,随着用户数量的增加,网络将变得更有价值。

在这些行业中,大多数政府长期以来通过公共机构直接提供服务。政府也可能允许私营公司在特定行业或地区进行垄断,并要求其履行公共服务职能,如提供普遍可及的服务(universal access)。随后,政府将对费率进行规制,以确保该公司不会滥用其市场支配力。一些监管机构采用了回报率公式的方式,它们估算该公司的运营成本以计算其合理的回报率。这一做法的问题在于没有给服务提供商足够的动力来降低成本,因此其他监管机构更倾向于采用价格上限公式,将费率固定在与通货膨胀率挂钩的特定水平上。

各国政府在将竞争引入网络型产业时均遇到如何进行市场设计

---

[1] Daniel L. Rubinfeld, 1998, "Antitrust Enforcement in Dynamic Network Industries." *The Antitrust Bulletin* 43:869.

市场治理术：
政府如何让市场运作——

的艰难挑战。正如前一章所强调的那样，"**放松管制**"一词的通常用法并没有准确地反映出这些改革的实质。在电信领域，政府不得不面对老牌服务提供商的垄断力量。[①]老牌企业之所以拥有压倒性的优势，是因为它们拥有和运营基础设施，维系着客户资源，控制了技术标准，并掌握着技术专长。因此，政府不应该仅仅允许竞争，政府必须**创造**竞争。为此，政府通常采取某种形式的"不对称"规制，即对老牌企业施加限制并给竞争对手以优势。政府可以采取的措施包括：（1）将老牌企业拆分为多个企业（根据功能和/或区域进行分割）；（2）迫使老牌企业减少非竞争领域（如当地服务）的收费；（3）禁止老牌企业降低竞争领域（如长途电话）的收费；（4）限制老牌企业引入新服务；（5）要求老牌企业将其线路租赁给竞争对手。最后一项措施至关重要，因为老牌运营商控制着电话线路，要想创造可行的竞争，就必须迫使老牌企业向其竞争对手出租线路。之后，监管之争又集中于老牌企业向其竞争对手所收取的互联费率如何确定的问题。老牌企业和竞争对手经常会想出复杂的理由来证明其各自立场。老牌企业显然会倾向于采用"历史"成本计算（包括过去在基础设施方面的投资），而挑战者则倾向于采用"增量"成本（仅包括线路上的更多流量所增加的成本）。然而，这些辩论在本质上可归结为在多大程度上支持老牌企业或挑战者的政治判断。

20世纪80年代初，当英国政府推出一项大刀阔斧的电信业改革计划时，改革的倡导者认识到需要加强规制以产生竞争，但他们以为这将是一种暂时现象。随着竞争的确立，政府应该让规制

---

[①] Steven K. Vogel, "Why Freer Markets Need More Rules." In *Creating Competitive Markets: The Politics of Regulatory Reform*, edited by Mark K. Landy, Martin A. Levin, and Martin Shapiro, Washington, DC: Brookings Institution Press, 2007, pp. 34-35.

逐渐退出。①然而，这些改革者误解了该行业中规制与竞争之间的关系。规制调整过程并未结束，因为老牌企业从未完全失去其结构优势，而技术和市场的变化要求不断重新调整规制均衡。鉴于电信业以及不同业务线（如固定电话、移动通信、卫星通信、有线电视和互联网服务）之间的相互关系均日益复杂，整体的规制强度日趋增强，而非减少。

在传统上，一般由政府机构主导着电力行业的发电和配电，政府也可能对私人垄断进行特许，并对其价格、质量和安全进行规制。电力的独特之处在于其无法有效存储，因此系统运营商必须即时地匹配电力供给和需求。电力传输网络（即电网）连接着发电厂和消费者。大型发电厂（通常为核电或煤电）持续运行并提供基本负荷发电，而较小的发电厂则间断地运行并提供峰值负荷发电。因此，规制改革的形式是允许独立发电厂供应一些峰值负荷，从而允许在批发市场而不是零售市场进行竞争。政府在设计市场时遇到了严峻的技术挑战。它们必须协调电力系统的运行和竞争性电力市场之间的矛盾，前者要求集中化，而后者则允许电力交易。它们必须建立独立的系统运营商，从而让政府和市场参与者都无法控制电网。它们必须设计出一套复杂的拍卖制度，将不同时间点的拍卖加以组合，如前一天和前一小时。它们必须根据电力市场的特点调整市场设计，如需求方的出价者人数有限以

---

① 斯特恩指出，利特柴尔德在1983年的报告中认为充分的竞争大约将会在五年内形成，因此对价格上限的规制可以在之后废除。然而，竞争的形成比利特柴尔德所期望的要缓慢，而规制的需要从来没有消失。Stephen Littlechild, *Regulation of British Telecommunications Profitability*. London：Department of Industry, 1983；Jon Stern, "What the Littlechild Report Actually Said." In *The UK Model of Utility Regulation：A 20th Anniversary Collection to Mark the "Littlechild Report" Retrospect and Prospect*, edited by Ian Bartle, 7-30. Bath, UK：University of Bath, Centre for the Study of Regulated Industries, 2003.

---市场治理术：
政府如何让市场运作——

及供应相对缺乏弹性。此外，政府还必须仔细权衡竞争的益处与发电商和交易商可能滥用市场支配力量的风险。①

运输行业的市场改革也采取了在公用基础设施上人为制造竞争的形式，但市场设计的技术挑战没那么复杂。这些案例最接近字面意义上的"放松管制"，因为它们需要较少的规制来创造和维持竞争。例如，在卡车运输业中，政府可以仅仅运营基础设施（高速公路系统），并允许货运公司使用该基础设施进行竞争。由于卡车运输业没有进行市场规制的功能上的必要性，因此规制改革相对简单。然而由于铁路部门需要协调路线和技术接口，创造竞争就更具挑战性。英国政府于1992年对铁路采取了高速公路的管理模式，建立了单一的公共铁路轨道管理机构，并向服务提供商拍卖特许经营权，结果出现了一系列问题。铁路工人很快开始罢工，新的独立公司对铁路服务造成了严重破坏——提高价格、取消服务以及拒绝投资购买新的火车。②在航空领域，竞争者们必须共享机场和空域等公用的基础设施和有限的航线容量，但市场设计的挑战比电信或电力行业更加容易对付。

在之前的著作中，我比较了英国和日本"放松管制"运动的经验。20世纪80年代，两国都在一系列行业开展了广泛的改革，政府领导人对这些改革的表述和说辞也是类似的，即努力减少政府对经济的干预。然而，这两个国家制定了截然不同的政策。在一

---

① Richard O'Neill and Udi Helman, "Regulatory Reform of the U.S. Wholesale Electricity Markets." In *Creating Competitive Markets: The Politics of Regulatory Reform*, edited by Mark K. Landy, Martin A. Levin, and Martin Shapiro, 128-156. Washington, DC: Brookings Institution Press, 2007, pp. 129-130, 133-143.

② Steven K. Vogel, *Freer Markets, More Rules: Regulatory Reform in Advanced Industrial Countries*. Ithaca, NY: Cornell University Press, 1996, pp. 124-125.

系列行业中，英国政府积极推动竞争，将权力下放给独立规制机构，对规制进行法典化和法制化，以分散和对抗的方式进行规制改革。在同样的行业中，日本政府则通过精心策划引入竞争，维护中央部委的规制权力，保护部委的自由裁量权，并以平稳和协调的方式实施了改革。在此期间，美国规制改革的模式与英国相似，而法国和德国的模式更接近于日本。①第三章和第四章将进一步研究美国和日本最近的规制改革。

## 九、知识产权

知识产权制度尤其明显地证明了本书的核心论点，因为如果没有基于政治选择的创造和维持，知识产权市场根本就不会存在。专利制度将所有权分配给发明物，包括生产的产品、设计或流程，从而创造了一种特殊类型的人造财产权。正如斯科特·莫尔顿（Scott Morton）和夏皮罗（Shapiro）所说：

> 根据定义，专利是一种排除权（a right to exclude），或者更确切地说，是一种诉诸法院以阻止被指控侵犯该专利的当事人使用该专利，或向该当事人收取专利使用费的权利。转让或然性的"排除权"从根本上不同于转让更传统的资产，如生产设施，或其他无形资产，如商业秘密、品牌或技术人员。②

假如市场经济中没有专利制度，发明者将得不到足够的回报，

---

① Steven K. Vogel, *Freer Markets, More Rules: Regulatory Reform in Advanced Industrial Countries*. Ithaca, NY: Cornell University Press, 1996, pp. 58-60, 256-260.

② Fiona M. Scott Morton and Carl Shapiro, 2014. "Strategic Patent Acquisitions." *Antitrust Law Journal* 2: 463-499, p. 464.

社会中产生的发明创造也将远低于最佳水平。诚然，除了物质回报以外，发明者还受到许多其他因素的激励，如个人的好奇心或对社会做贡献的愿望，但只有专利才提供了强大且持久的、能引发更高水平创新的激励机制。因此，一个充满活力的市场经济必须提供某种形式的补贴以促进更多的创新。[1]正如道格拉斯·诺斯所说的那样，当创新的私人回报（发明人得到的回报）与社会回报（社会获得的福利）的比率上升时，社会将实现更大的技术进步和经济增长，而专利是实现这一目标的首要机制。[2]

几乎每一项创新都建立在之前的创新之上，因此美国专利法要求申请人证明其创新具有新颖性、非显而易见性和实用性。如果申请人能满足这些要求，就有权在20年内阻止他人使用他的发明。然而，专利也有很大的弊端：它授予专利持有人一项垄断权，因而会提高价格并限制产出，同时将财富从消费者转移到专利持有人。专利也可能阻碍其他发明者，他们必须避免侵犯到现有专利持有人的排他性权利。这会导致那些生产基于多项专利的复杂设备的厂商陷入异常艰难的境地。[3]与本章讨论的其他问题一样，市场自由主义者对知识产权的立场也是模棱两可的。一方面，市场自由主义者可能将强有力的专利制度作为对私有财产的基本保护而对其予以支持；另一方面，他们可能将专利视为政府对企业自由发展的侵犯而加以反对。在实践中，专利政策面临着复杂的

---

[1] Gary Reback, *Free the Market: Why Only Government Can Keep the Marketplace Competitive.* New York: Penguin Group, 2009, p.141.（中译本可参阅〔美〕加里·L.里巴克:《美国的反省：如何从垄断中解放市场》，何华译，东方出版社2011年版。——译者注）

[2] Douglass C. North, *Structure and Change in Economic History.* New York: W. W. Norton, 1981, pp.5-6, 16.

[3] Gary Reback, *Free the Market: Why Only Government Can Keep the Marketplace Competitive.* New York: Penguin Group, 2009, p.142.

市场设计问题，因为政府官员需要权衡促进创新的好处与限制竞争的成本。

制药行业清楚地展现了专利保护的挑战性。一方面，专利对于促进创新至关重要，另一方面，无法获得受专利保护的药物所导致的结果可能是致命的。美国国会于1984年通过了《哈奇-瓦克斯曼法案》（Hatch-Waxman Act）①，简化了低成本仿制药的监管审批程序，同时为品牌制药公司继续创新提供了足够的回报。这导致了仿制药行业的繁荣，但品牌制药公司随后利用该法律中的一个漏洞对仿制药公司提起专利侵权诉讼，并通过谈判公开寻求反竞争性和解。在达成的"反向支付"（exclusion payment）交易中，品牌制药公司向仿制药公司进行支付以要求其停止生产该药物。实际上，品牌制药公司将基于高价格而获得的利润分给了仿制药竞争对手，后者取得了不劳而获的报酬。法院对这些反向支付行为作出了不利判决，但某些品牌制药公司仍然设法继续这种做法，从而让药物的价格保持高企。②

专利保护并非激励创新的唯一机制。政府可以直接进行研究和开发，或者通过补贴或减税来促进创新。政府也可以买断该创新，将其提供给公共领域并允许免费使用。这将为创新提供激励，而不会提高价格或限制对发明的进一步利用。然而，这一机制要正常发挥作用，支付的承诺必须是可信的，并且买断价格也必须是适当的——亦即，价格必须足够高以提供激励，但又不应过高以至于拿纳税人的钱给发明者带来横财。政府还可以赞助研究竞赛，

---

① 该法案又称为《药品价格竞争与专利期补偿法案》（Drug Price Competition and Patent Term Restoration Act）。——译者注

② Gary Reback, *Free the Market: Why Only Government Can Keep the Marketplace Competitive*. New York: Penguin Group, 2009, pp. 150-152. 与之形成对比的是，在欧洲，反向支付行为本身是违法的。

市场治理术：
政府如何让市场运作——

无论发明是否完成，均在特定日期提供现金奖励。例如，把奖金奖励给在新药研发上取得最大进展的公司。当然，政府将面临如何判断正在进行中的创新以及如何设定合适价格的困难。[①]

如果说专利促进了像技术这样的"实用工艺"（useful arts）的发展，版权则主要针对包括音乐、电影等在内的"作品"，以鼓励文化、艺术和一般知识的发展。与专利一样，版权旨在为创造性活动提供激励。版权保护通常比专利保护更易获得且持续时间更长。版权人可以禁止他人制作副本和衍生作品，但不能禁止他人使用类似的主题和概念。作品的独立创作构成对版权侵权主张的抗辩。[②]此外，合理使用原则允许人们基于学术或创作的目的使用一定数量受版权保护的材料而无须付费。[③]

## 十、人为创设的市场

所有的市场都受到治理，因此从某种意义上来说，所有的市场都必须被精心设计（crafted）。然而，某些市场需要更加有意识的人为创设（fabrication）。我们可以设想存在一个从"自然演进的"（organic）市场到更加"人为创设的"（fabricated）市场的"光谱"，后者的特点是：（1）对市场设计的有意规划；（2）市场在特定时刻启动；（3）对某一产品和市场的创造，如果没有有意识的设计，该

---

[①] John McMillan, *Reinventing the Bazaar: A Natural History of Markets*. New York: W. W. Norton, 2002, pp. 115-117.（本书中译本可参阅〔美〕约翰·麦克米兰：《重新发现市场：一部市场的自然史》，余江译，中信出版社2014年版。——译者注）

[②] Gary Reback, *Free the Market: Why Only Government Can Keep the Marketplace Competitive*. New York: Penguin Group, 2009, pp. 100-101.

[③] John McMillan, *Reinventing the Bazaar: A Natural History of Markets*. New York: W. W. Norton, 2002, p. 105.

产品或市场将不可能存在。与传统推定刚好相反,在这些市场的情形中,自由放任将意味着根本不会有市场存在。随着市场越来越复杂和高级,有意识进行设计的需要和可能性也逐渐增加。前文已经提到了一个市场设计的例子——电力市场的创设。①

拍卖是人为创设市场的一个重要代表。计算机技术在市场设计领域的进展,包括博弈论模型和模拟实验,让更加复杂的拍卖模型得以实现。② 1994年,美国政府就无线寻呼业务中电磁波频谱的许可牌照进行了首次电子拍卖,通过在一小段波谱上授权了10个许可牌照而募集到6.17亿美元。政府最初基于对申请的审查作出行政决定来分配波谱。之后采取了抽签的方式,实际上是赠送牌照。甚至有一次,一群牙医中签后立刻将牌照卖给了电话公司,从而获得了4100万美元的意外之财。1993年,国会授权联邦通信委员会(Federal Communications Commission)对牌照进行拍卖。联邦通信委员会希望实现多重目标:(1)产生收益;(2)富有成效地利用电磁波谱;(3)技术升级;(4)促进竞争;(5)保证某些牌照分配给少数族裔和妇女创办的企业、小型企业以及偏远地区的电话企业。联邦通信委员会最终选择了一种同步上升式的拍卖模式。多个牌照同时开放投标,并且只要其中任何一个牌照还有人在投标,整个投标过程就是开放的。投标须进行多轮,每一轮的结果在下一轮投标开始之前宣布。联邦通信委员会设计了130多

---

① 市场设计作为经济学的一个分支学科,主要研究如何设计复杂的市场,如拍卖市场,也包括实习、就业或入学的配对系统(matching system)。对该学科的一个通俗易懂的介绍,可参见罗斯的论述。Alvin E. Roth, *Who Gets What—and Why*, Boston: Houghton Mifflin Harcourt, 2015.(中译本可参阅:〔美〕埃尔文 E. 罗斯:《共享经济:市场设计及其应用》,傅帅雄译,机械工业出版社2015年版。——译者注)

② Francesco Guala, 2001. "Building Economic Machines: The FCC Auctions." *Studies in History and Philosophy of Science* 32: 453-477.

市场治理术：
政府如何让市场运作——

页的规则对拍卖进行管理。例如，这些规则明确规定了投标保持有效的条件、出价增价的数额、撤回投标的惩罚等。相对于每一个牌照的简单依次拍卖而言，设计者更倾向于这种拍卖方式，因为很多牌照是互相依存的。举例来说，如果一家企业拥有毗邻区的两个牌照，那么这两个牌照将更有价值；某些企业还可能需要多个牌照来满足它们的商业目标。截止到2001年，政府已经筹集到420亿美元资金。墨西哥、加拿大、意大利、巴西、荷兰以及其他国家均效仿美国，采取了对波谱进行拍卖的做法。①

政府还设计了排污权市场。根据1990年《清洁空气法》，美国环境保护局发放了允许每个持有人在一年内排放一吨二氧化硫的排污权牌照。企业可以自由交易排污权。政府决定所允许的污染水平并对合规情况进行执法。政府设计了一个"双重拍卖"系统，潜在的买方将提交投标书，而潜在的卖方则提交价格要约。环境保护局对投标书从高到低进行排序，而对要约则从低到高进行排序。之后，政府对最高的投标与最低的要约进行匹配，并依此顺序进一步匹配，直到将所有超过要约出价的投标匹配完毕为止。这一市场设计的缺陷在于给了卖方出低价的激励机制。不过，市场参与者通过创制出与环境保护局的拍卖系统互补的排污权私人市场弥补了这一缺陷。那些能够以最节约的方式减少排放的工厂将会超过其减排目标，并将其排污权卖给那些需要花费更高成本来减少排放的工厂。这一市场激励了企业开发出更清洁的能源以及更好的除污化学品和程序。该项目大大降低了污染排放量，比政府设置的上限降低了30%，且其成本比其他替代性方案更低。②

欧盟设计了一个"总量管制和交易"（cap and trade）制度来控

---

① John McMillan, *Reinventing the Bazaar: A Natural History of Markets*. New York: W. W. Norton, 2002, pp. 80-85.

② Ibid., pp. 182-188.

## 第二章　市场治理术的内容

制碳排放，从而履行其基于1998年关于气候变化的《京都议定书》对降低碳排放的承诺。欧盟设定了排放量的最高限额，对主要的排放者设定排放权，然后允许国家之间进行交易。很多经济学家认为碳排放税（carbon tax）是更有效率的机制，因为它提供了最直接的降低排放的激励。然而这一意见由于政治原因而被否决了。欧盟成员国不愿意让越来越多的税收收入流入布鲁塞尔。进一步而言，这里的总量管制和交易方案之所以更容易通过，是因为它被归类于环境政策，只需要特定多数票通过即可，而不像征税政策那样需要全体一致通过。①排放交易机制（Emissions Trading Scheme，ETS）在2005—2007年开始试行，之后进入了四年的交易期。在试行阶段，明显可以看到，最初对排放许可证的数量估算过高，许可证的供给和需求均缺乏透明度，从而导致了严重的价格波动，到2006年市场价格已经暴跌至接近零。在第二阶段，排放许可证的价格仍然相对较低，表明市场设计存在失误。

在美国，九个北方的州于2008年发起了《地区性温室气体动议》，而加利福尼亚州则在2012年启动了自己的总量控制和交易制度。2016年，奥巴马政府宣布了《清洁能源计划》，打算为温室气体的排放设定统一的国家排放目标。不过，该计划允许各州在实现上述目标的方式上有相当大的灵活性，包括排放权交易机制。同年，联邦最高法院发布了一个诉讼中止令（stay），暂停了这一计划。该中止令有待法律上的质疑和挑战。然而，2017年3月唐纳德·特朗普总统（President Donald Trump）宣布对《清洁能源计划》进行审查。同年6月，美国正式退出了2015年的《巴黎气候变化协定》（Paris Climate Change Accord of 2015），根据该协定，

---

① Donald McKenzie, "The Political Economy of Carbon Trading." *The London Review of Books*, April 5, 2007, pp. 29-31.

**市场治理术：**
政府如何让市场运作——

签约国承诺为减缓全球变暖做出实质性的长期努力。

地方政府和非营利组织也设计了各种各样的市场来促进公共福利。2010年，英格兰的彼得伯勒市（Peterborough）推出了著名的社会影响力债券项目（social-impact bond program），以支持对罪犯的改造。投资者所投资的社会项目系针对执行完较短刑期后释放的男性罪犯，如果这些人员在被释放后的一年之内达到了减少再次犯罪的目标，投资者将得到一定的投资回报。如果该项目能够成功，将会减少政府开支，政府无须支付净成本即可偿付投资者，并能够同时提升公共福利。自此以后，社会影响力债券市场在全世界范围内迅速发展，广泛应用于健康、教育、培训、无家可归问题，以及退伍军人服务等一系列社会问题领域。[①]地方性货币，如伯克夏尔（BerkShares）代表着另一种人为创设的市场。伯克夏尔是一种与美元挂钩的货币形式，只在马萨诸塞州伯克夏县（Berkshire）的某些企业中有效。客户可以用95美分购买一股，然后向这些企业赎回一美元。当地的领导人与舒马赫新经济研究所合作设计了这一制度，以促进当地经济发展。当然，比特币本质上也属于人为创设的货币，它依赖于2008年发明的一款特别的软件协议（protocol），是一种去中心化的数字货币。

2010年《平价医疗法案》（Affordable Care Act of 2010）[②]下的美国各州医疗保险市场代表着一种混合型的例子，因为它们仅仅满足了本部分一开始界定"人为创设的市场"时的三个条件中的两个。也就是说，它们是有意安排的，并且在特定时刻开始运行，但它们并没有真正地创造一个本来不可能存在的产品或市场。然

---

① Andrew Palmer, *Smart Money*: *How High-Stakes Financial Innovation is Reshaping Our World — for the Better*. New York: Basic Books, 2015, pp. 89-112.

② 该法案又称为"奥巴马医疗法案"（Obamacare）。

第二章　市场治理术的内容

而，它们非常生动地展示了人为创设的市场的一个关键点，那就是，市场设计的微小细节能够产生巨大的福利影响。一项研究发现，加利福尼亚州的医疗保险市场比纽约州的更成功，因为前者选择了有限数量的保险公司来销售保险项目，这使它可能利用其选择保险计划的能力将最初的保险费保持在较低水平。加州的官方健康保险市场——加州全保（Covered California）估算出能够覆盖患者群体的风险的保险费率，同时让保险公司获得2%的利润。然后，它利用这些估算结果来选择第一轮的保险公司。同时，加州全保承诺在三年内不会将市场开放给其他保险公司。在保险项目的标准化方面，加州也比纽约州更进一步，让客户能够更容易地根据价格来购买保险。最终，该项研究的作者发现加州的竞争更有实效，尤其是在保险公司数量很少的地区。①总体上来说，《平价医疗法案》将没有健康保险的美国公民的比例从2010年的16%降低到了2015年的9%，并且为很多人提升了保险的质量。然而，它同时也存在着失去保险公司支持和保险费上升的问题，这是因为健康人士很少签署该类保险合同，而政府和保险公司无法控制医疗服务的提供以及药物价格的飞涨。这些缺陷本可以通过市场设计的调整来解决，但它们已经削弱了对该项目的政治支持。当时作为总统候选人的唐纳德·特朗普和国会的共和党候选人在2016年竞选时将矛头对准奥巴马医疗法案的市场设计缺陷。然而，共和党人自己也面临着市场设计的挑战，因为他们企图在不引起健康保险市场在更大范围内失灵的前提下，取消全面保险项目的强制要求和该法案的其他核心特征。②众议院在2017年5月通过了

---

① Richard M. Scheffler and Sherry Glied, "How to Contain Health Care Costs." *New York Times*, May 3, 2016, A21; Richard M. Scheffler, Daniel R. Arnold, Brent D. Fulton, and Sherry A. Glied, 2016. "Differing Impacts of Market Concentration on Affordable Care Act Marketplace Premiums." *Health Affairs* 35: 880-888.

② *New York Times*, February 7, 2017, A1.

市场治理术：
政府如何让市场运作——

一项旨在废除和代替《平价医疗法案》的议案，然而该议案在参议院经过三轮大张旗鼓的尝试后并未得以通过。

政府并不一定必须成为人为创设市场的主要设计师。私营部门的参与者在很多金融市场的设计中一路领先，如抵押支持证券（mortgage-backed securities）市场（将在第三章进一步讨论）。信息革命引发了很多新型市场的创设，这些市场能够省却很多常见的交易成本，让买方和卖方几乎可以无缝对接。广受欢迎的互联网市场 eBay 能够非常迅速地传播信息，从而让买方和卖方几乎可以瞬间匹配。eBay 制定了一系列精细复杂的正式规则和非正式的交易指南对市场进行治理。不同于面对面市场中通过长时间的收集和积累来建立信任，eBay 市场的参与者依赖的是第三方的信誉评分。事实上，eBay 市场的交易最终依赖的是以更大的财产权体制来作为发生纠纷时的后备方案。换句话说，eBay 具有不同于之前市场的市场文化和制度结构，但 eBay 仍然与更广的市场治理体系紧密相连。因此，尽管信息技术革命影响到了市场制度的形式，但并未挑战到本书目前为止所阐述观点的基本逻辑。即使互联网市场也需要一些规则来对财产、交易和市场结构进行治理，而政府已经积极地制定了这些规则。①

~~~~~~~~~~~~~~~~~~~~~~~~~~~~~~~~~~~~~~~~~~~~~~~~

本章中所展示的例子明确地反驳了"自由市场论"的一个观点，即认为政府只要提供包括保护私有财产在内的基本法治，市场就会繁荣。上述例子以不同的方式表明，必须由政府采取行动

---

① Abraham Newman and John Zysman, "Transforming Politics in the Digital Era." In *How Revolutionary Was the Digital Revolution? National Responses, Market Transitions and Global Technology*, edited by J. Zysman and A. Newman, 391-411. Stanford, CA: Stanford University Press, 2006.

## 第二章 市场治理术的内容

来创造、培育和赋权市场。当然，一种更加成熟的市场自由主义的观点有待进一步讨论，即主张政府应该建立那些最能有效赋权市场的制度（将在第五章进一步讨论）。

需要澄清的是，我并非认为政府从来不会阻碍市场。事实上，我们已经看到，在很多例子中，政府与市场相对立是这些故事的核心。在政治经济学和国际贸易领域的典型重大问题中，关税代表了限制市场的政府行为。而在货车运输业和航空业的规制改革中，政府规制阻碍了竞争，因此对规制的废除确实促进了竞争。这意味着字面意义上的**减少规制**（deregulation）①，规制的净减少伴随着竞争的增加。然而，正如第一章所主张的那样，本书的主导逻辑仍然是市场治理将赋权市场而不是限制市场。本章的研究表明，政府创造和维持市场的问题领域和行业部门的范围是相当广泛的。随着市场越来越复杂并需要更加精巧细致的治理，随着信息技术对反垄断和知识产权提出了新的挑战，并为市场设计创造着新的可能性，市场治理术涉及的领域正在不断拓展，而不是缩减。

---

① 尽管国内学者习惯于将 deregulation 翻译为"放松管制"，译者在本书的其他部分亦从之，但作者在这里特别强调的是该词的字面意思，故此处直译为"减少规制"。——译者注

# 第三章
## Chapter 3

市场治理的美国模式：
为什么世界上最自由的
市场经济受到最多的
治理

## 第三章 市场治理的美国模式：为什么世界上最自由的……

与其他国家一样，美国不仅对市场进行规制，而且其自由市场模式所具有的市场化特征本身就是法律、惯例和规范的产物。我们不能以消极的方式来理解美国的市场体系，例如将其表述为缺乏日本式的政府干预或私营部门协调，而要以积极的方式将其理解为特定市场治理制度的产物。事实上，美国这样一个"最自由的"市场经济体，被认为受到了最多的治理。美国政府规制的数量和复杂程度在全世界首屈一指。[1]事实上，自20世纪70年代中

---

① 根据全球规制数据库的规制复杂程度指数，美国处于或接近规制复杂程度的顶端，而日本接近或低于平均水平。规制复杂程度指数系基于规制性法律的数量和每部法律的字数来计算的（Global Regulation Database, 2017. https://www.global-regulation.com/）。就银行监管来说，美国在法律数量和复杂程度方面均（与英国和法国一起）处于最高组别，日本的法律数量处于较低组别，法律的复杂程度则处于平均水平组别。对于互联网规制而言，美国在这两个方面都（与澳大利亚一起）处于最高水平，日本的法律数量排名较低，而复杂程度则处于平均值。截至2016年，美国《联邦登记公报》（Federal Register）共有31184份文件，合计97069页；美国《联邦法规》（Code of Federal Regulations）共242卷，合计185053页（Office of the Federal Register, 2017. https://www.federalregister.gov/reader-aids/understandingthe-federal-register/federal-register-statistics）。根据莫卡特斯中心（Mercatus Center）的估计，截至2016年美国《联邦法规》中"限制"（restrictions）一词共出现36508955次，该词的出现被视为意味着有某种义务需要被遵守（Mercatus Center, George Mason University, 2017, "Mercatus RegData," https://quantgov.org/regdata/）。

市场治理术：
政府如何让市场运作──

期以来，美国的规制在整个"放松管制"时代一直在不断加强。①这看上去似乎是矛盾的，然而仍可以从目前提出的论点中自然推论而来：亦即，如果市场需要治理的话，那么拥有最发达的资本市场、最具流动性的劳动力市场以及最具竞争力的产品市场的经济体就应该需要最详尽复杂的治理。诚然，法律和规章也有可能限制市场，但一个充满活力的市场经济体显然需要更多特定类型的法律和规章，例如公司法、金融监管和促进竞争的规制。②

本章首先通过考察战后模式的核心特征，论证美国经济依赖着大量市场治理的基础设施（第一章中的论断8）。然后，通过回顾自1980年以来在特定重要领域的改革来阐明，与其说市场改革（"放松管制"）是一个解除限制的过程，不如说是一个加强市场治理的过程（论断3）。最后，本章将讨论两个美国式的、同时具有全球影响力的市场治理案例——信息革命和金融危机，前者促进了创新和增长，后者则摧毁价值并削弱了增长。

## 一、战 后 模 式

美国的战后模式并不是一个"自由"市场，而是由一系列特定的政治和市场制度相互连接而成的独特的市场治理体系。美国的

---

① Regulatory Studies Center, George Washington University, 2016. "Reg Stats." https://regulatorystudies. columbian. gwu. edu/reg-stats; Mercatus Center, George Mason University, 2017, "Mercatus RegData," https://quantgov. org/regdata/.

② 普拉萨德认为美国并不是真正的自由市场经济，因为它存在重度的规制（Monica Prasad, *The Land of Too Much: American Abundance and the Paradox of Poverty*. Cambridge, MA: Harvard University Press, 2012, pp.6-7, 175-177, 243）。然而，如果我们将自由市场经济的特征界定为竞争性的资本市场、劳动力市场和产品市场，那么这里的论证将会预见，自由市场经济将会需要更加重度的市场规制。

模式并非庞大而单一：它随着时间、地区、行业以及企业的不同而变化。① 本章重点关注美国宏观上的国家模式，从而与下一章要讨论的日本的情形区分开来，但也会涉及行业和区域的差异，尤其是本章的最后两部分。

本部分回顾了美国从20世纪50年代至70年代的战后模式的核心特征，聚焦于政治制度、金融体系、劳动力市场和竞争制度。表3.1列出了这些特征的精选实例，但并不意味着这些特征不会随着时间和空间的改变而有所变化。实际上，一直有论者以不同方式对这些特征提出质疑。将美国模式置于特定的时间框架内进行考察非常重要，因为通常与美国模式密切相关的某些特征，如支持竞争的反垄断制度，自1980年以来就受到挑战；而其他一些特征，如公司治理的股东价值模式，则自1980年以来才真正占据主导地位。

表3.1　美国的市场治理，1945—1980年（精选实例）

|  | 法律与规章 | 惯例与标准 | 规范与信念 |
|---|---|---|---|
| 会计 | 大量的信息披露要求；某种程度上的标准化 | 私营部门作为标准制定机构 | 管理层在财务报告中应具有某些自由裁量权 |
| 银行 | 分散的规制体系；固定的存款利率；存款保险制度 | 银行与行业间保持着臂长距离 | 银行家应该培养与其企业客户的密切关系 |
| 资本市场 | 固定佣金 | 经纪人的职业准则 | 经纪人应该代表其客户的利益 |
| 公司治理 | 在特拉华州成立公司的门槛较低 | 从经理人模式到财务模式 | 经理人对于企业运营应该具有自治权（经理人主义）|

---

① 关于行业差异，参见沃格尔的论述。Steven K. Vogel, *Japan Remodeled: How Government and Industry Are Reforming Japanese Capitalism*. Ithaca, NY: Cornell University Press, 2006, pp. 12-13, 157-158, 198-201.

市场治理术：
政府如何让市场运作──

(续表)

| | 法律与规章 | 惯例与标准 | 规范与信念 |
|---|---|---|---|
| 反垄断 | 沃伦法院时期（1953—1969年）采取了激进政策 | 存在某些合谋等反竞争做法，比日本的行业协调少 | 无论是从经济上还是政治上来看，大的就是坏的；企业之间应该竞争，而不是勾结 |
| 劳动力市场 | 工会认证规则；全国劳动关系委员会的准司法审查 | 工会的黄金时期；劳动者—管理层关系 | 雇主应该支付公平的工资 |
| 电力部门 | 价格和准入规制 | 协调的传输，独立的发电厂，一定程度的电力交易 | 电力服务应普遍可及；公用事业的安全比低成本更重要 |
| 航空业 | 价格和准入规制 | 服务质量的竞争超过价格竞争 | 航空公司应将安全和服务置于低成本之上 |
| 电信业 | 价格和准入规制 | 为具有支配地位的通信公司设置障碍 | 电信服务应普遍可及；美国电话电报公司（AT&T）应为公共利益进行研发 |
| 专利 | 相对松散的保护，政府为研发提供支持 | 建立专利组合（patent portfolios） | 专利促进创新 |
| 版权 | 相对强的保护，政府为研发提供支持 | 诉讼 | 版权促进原创性著作 |

在20世纪50年代到70年代的战后黄金时代，美国政府比之前和之后的时代更加积极地重塑经济，促进创新，加强监管以及提升福利，工会则在企业、行业以及国家层面均更具影响力。之前的新政改革赋予联邦政府更大的权力，而战争动员则巩固了中央权威。战后的领导人对政府引导经济、支持工业增长和促进经济福利的能力产生了信心。然而，与其他国家相比，美国的政治制度仍然非常分散，政府不太倾向于指导经济，美国的工会也弱于西欧和日本的工会。

美国政治机构的分散化至少表现在三个方面：（1）联邦和州共享权力；（2）政府内部三权分立，且司法部门异常强大；（3）行政部门本身又分为多个部门，且规制机构的管辖权重叠。联邦结构使政府容易受到监管套利的影响，因为企业可以将其业务活动转移到监管环境更有利的州。规制权限的分散化使得联邦政府更加难以统一政策，对不同的问题领域进行协调，以及在长时间内保持一致性。由于法院在规制事务中的突出作用,加上对抗式和严格遵守法律的(legalistic)规制路径,导致政府官员拥有的自由裁量权较少,企业则更有能力在市场或法院中挑战规则。[1]美国模式显然不同于西欧国家稳定的社团主义商谈模式,也不同于日本普遍存在的牢固的政府—产业关系。[2]企业当然也会施加政治影响,但它们更倾向于各自游说,或者组建新协会而解散其他的协会,或者成立临时联盟以推动特定政策。[3]

美国的福利制度比大多数西欧国家更为适度,更少实行累进税制度,对经济不平等的容忍度更高。[4]美国的领导人原则上赞成自由贸易,尽管在实践中并非总能做到,并且总体上避免采取积极的产业政策以支持特定行业或技术。尽管如此,政府在许多经济部门中仍然偏离了市场自由主义的理想模型,例如国防、农业以

---

[1] 卡根将美国法律与规制体制的特征概括为"更加具体和说明性(prescriptive)的法律规则,更多诉讼,更昂贵的法律争议解决形式,更令人生畏的法律惩罚,更多的政治冲突,更高的法律可塑性(malleability)和不确定性"(Robert A. Kagan, *Adversarial Legalism: The American Way of Law.* Cambridge, MA: Harvard University Press, 2001, p. x)。他认为,随着改革者试图通过一个以对中央政府权威不信任为特征的支离破碎的政治体系来推动社会变革,对抗性的法条主义(adversarial legalism)在1960年以后增强了(pp. 34-58)。卡根还尝试对美国法律的复杂性进行了解释,包括碎片化的政治结构(Robert A. Kagan, 2010, "Fragmented Political Structures and Fragmented Law." *Jus Politicum* 4: 1-17)。

[2] Harold L. Wilensky, *Rich Democracies: Political Economy, Public Policy, and Performance.* Berkeley and Los Angeles: University of California Press, 2002; Harold L. Wilensky, *American Political Economy in Global Perspective.* New York: Cambridge University Press, 2012.

[3] David Vogel, *Fluctuating Fortunes: The Political Power of Business in America.* New York: Basic Books, 1989; Richard Lehne, *Government and Business: American Political Economy in Comparative Perspective.* New York: Chatham House, 2001, pp. 115-133.

[4] Harold L. Wilensky, *Rich Democracies: Political Economy, Public Policy, and Performance.* Berkeley and Los Angeles: University of California Press, 2002; Harold L. Wilensky, *American Political Economy in Global Perspective.* New York: Cambridge University Press, 2012.

及通信、交通和金融等受规制行业。①

战后的美国被描述为具有竞争性的劳动力市场、金融市场及产品市场的自由市场经济体。与德国和日本等协调型市场经济体相比，美国的企业与其雇员、银行以及供应商的关系均较弱。企业在协调工资谈判、职业培训、技术标准及研发方面的能力和意愿也较弱。霍尔（Hall）和索斯基斯（Soskice）将其描述为劳动力、培训、金融和竞争制度之间相互补充的稳定均衡。自由市场经济中企业的比较制度优势来自灵活的劳动力市场、动态的金融市场和竞争性的产品市场，而协调型市场经济中的企业更多地依赖与其雇员、银行和其他企业之间的长期合作关系。②

新政后兴起的金融体系的特点是分散化的银行业和碎片化的规制结构。规制机构包括联邦储备银行、财政部、货币监理署、证券交易委员会和证券交易所等。政府通过对金融系统的设计使其服务于当地社区并促进人们购买住房。政府单独创建了一类储贷机构（S&L），这些机构只能投资于长期住房贷款而不能投资于短期商业贷款，不过它们也具有某些特权，包括提供略高的存款利率的权利。到战后时代，美国已经成为一个所有权社会，其住房和股权所有权的水平均高于其他富裕国家，但它也同时拥有更高的抵押贷款和消费者负债水平。③与日本以信贷为基础的金融体系相反，美国的金融体系更多是以股权为基础，这意味着大型企业

---

① Fred Block, 2007. "Understanding the Diverging Trajectories of the United States and Western Europe: A Neo-Polanyian Analysis." Politics & Society 35: 3-33, pp. 12-13; Monica Prasad, The Land of Too Much: American Abundance and the Paradox of Poverty. Cambridge, MA: Harvard University Press, 2012, pp. 6-7.

② Peter Hall and David Soskice, eds. Varieties of Capitalism: The Institutional Foundations of Comparative Advantage. New York: Oxford University Press, 2001, pp. 27-33.

③ Monica Prasad, The Land of Too Much: American Abundance and the Paradox of Poverty. Cambridge, MA: Harvard University Press, 2012, p. 197.

更倾向于通过股票和债券市场以及留存收益进行融资,而不是通过银行贷款。①与日本基于关系的"主银行"(main bank)体系相反,美国企业与银行保持着更多的臂长距离(arms-length)。②

在战后初期,大多数美国公司的所有权分散,这让经理人得以控制董事的提名和选举,阻碍了股东对管理层的监督。③尼尔·弗里格斯坦(Neil Fligstein)认为,在20世纪50年代后期,公司的财务模式开始替代市场营销模式。根据前者,公司被视为一系列用于最大化短期收益的资产;而根据后者,公司通过市场营销、产品差异化和生产线多样化来最大化地进行销售。杜鲁门和艾森豪威尔总统任期内激进的反垄断政策阻碍了企业通过纵向兼并(例如与供应商)或横向兼并(与竞争对手)而发展壮大,因此越来越多财务导向的经理人转而通过与不同行业的企业合并从而转向多元化,并以此作为企业增长的战略。④

---

① John Zysman, *Governments, Markets, and Growth: Finance and the Politics of Industrial Change*. Ithaca, NY: Cornell University Press, 1983, pp. 269-272.

② 臂长距离(arms-length)系指交易双方之间互相独立、无关联,交易的成立不受私人特殊关系的影响。参见薛波主编:《元照英美法词典》,法律出版社2003年版,第94页。——译者注

③ John W. Cioffi, "The State of the Corporation: State Power, Politics, Policymaking and Corporate Governance in the United States, Germany, and France." In *Transatlantic Policymaking in an Age of Austerity*, edited by Martin Shapiro and Martin Levin, pp. 255-260. Washington, DC: Georgetown University Press, 2004.

④ Neil Fligstein, *The Transformation of Corporate Control*. Cambridge, MA: Harvard University Press, 1990, pp. 29-31, 191-294; Neil Fligstein, *The Architecture of Markets: An Economic Sociology of Twenty-First Century Capitalist Societies*. Princeton, NJ: Princeton University Press, 2001, pp. 130-131, 183-184.

市场治理术：
政府如何让市场运作——

  与大多数工业国家相比，美国劳动力市场的竞争更激烈，工会更弱，集体谈判的安排更少。政府为边缘劳动者（marginal workers）和失业者提供的社会安全网供给更少，政府也较少实施积极的劳动力市场政策，如创造就业机会，制订职业培训和就业安置计划等。①美国劳动者的流动性较高，无论是企业间的流动还是地区间的流动，工作稳定性较低。②美国劳动力市场的这些特征嵌入（embedded）在其法律、商业惯例以及社会规范当中。美国的劳动法使得工会比大多数其他工业国家的工会更难获得认证（certification），留给公司更多余地去阻碍工会的组建，并允许公司解雇参与罢工的工人。③美国没有像德国或日本那样发达的劳动仲裁机构，主要依靠法院裁决劳资纠纷。尽管如此，战后时期劳资关系的协作性相对更强，工资大幅提升，长期劳动合同增多，而罢工活动则减少。④这一时期管理层与劳动者的关系尽管不像德国和日本那样牢固，但与1980年之后相比明显更具协作性。韦斯顿（Western）和罗森菲尔德（Rosenfeld）认为，工会在这一时期促成了一种道德经济，它们对公平报酬的规范加以制度化，包括公平

---

  ① Richard B. Freeman, *America Works*: *Critical Thoughts on the Exceptional U. S. Labor Market.* New York: Russell Sage, 2007, pp. 7-19; Harold L. Wilensky, *American Political Economy in Global Perspective.* New York: Cambridge University Press, 2012, pp. 178-180.

  ② 罗森布鲁姆和桑德斯特罗姆认为，奴隶制的南方和自由的北方之间的地理分野促成了美国北方独特的"自由"劳动力的理念，这一理念随后在18世纪早期由法院加强，从而形成了一直以来的低忠诚度和高流动性的规范。Joshua L. Rosenbloom and William A. Sundstrom, "Labor Market Regimes in U. S. Economic History." National Bureau of Economic Research Working Paper No. 15055, June 2009, pp. 9-12.

  ③ Harold L. Wilensky, *American Political Economy in Global Perspective.* New York: Cambridge University Press, 2012, p. 219.

  ④ Marc Allen Eisner, *The American Political Economy*: *Institutional Evolution of the Market and State.* New York: Routledge, 2011.

工资和更小的薪资差距，甚至对非工会工人也是如此。①

与德国和日本相比，美国的反垄断政策更加支持竞争，通过限制企业间的协调影响了产业结构。霍尔和索斯基斯正确地指出，美国强大的反垄断体制与其较弱的企业间网络是同一枚硬币的正反两面。②美国的反垄断政策禁止很多在日本司空见惯的行业协调，例如研发联盟、衰退卡特尔（recession cartels）、综合贸易公司（general trading companies）以及特定形式的独家经销安排或工业集团。正是由于这个原因，如我们将在第四章所看到的那样，日本政府在二战后通过立法例外规定与宽松执法相结合的方式系统地削弱了其从美国引入的反垄断制度。在美国，由于私营部门缺乏协作的能力和意愿，即使在法律允许的领域，例如职业培训和技术标准的设定，企业间协调也相对较弱。在沃伦法院（Warren Court，1953—1969年）时期，法院不信任占市场支配地位的企业，对知识产权法持怀疑态度，认为积极的反垄断救济能够增进公共福利，因而加强了反垄断的实施力度。

战后创新体制的特点是联邦政府和私营企业对研发的大力投资，以及有利于技术扩散的相对宽松的知识产权制度。超过一半的联邦研发集中于国防部门，但这些研发以及国防采购催生了大量分拆出去的商业企业。联邦政府研发资金的独特之处在于很多资金流经美国电话电报公司（AT&T）、国际商业机器公司（IBM）

---

① Bruce Western and Jake Rosenfeld, 2011. "Unions, Norms, and the Rise in U. S. Wage Inequality." *American Sociological Review* 76：513-537. 作者解释说："工会是现代劳动力市场中道德经济的支柱。在各个国家和不同时期，工会广泛推行公平准则，主张为低薪工人提供公平的标准薪资，并认为管理人员和所有权人不受控制的收入并不公平。"（pp. 517-518）

② Peter Hall and David Soskice, eds. *Varieties of Capitalism*：*The Institutional Foundations of Comparative Advantage*. New York：Oxford University Press，2001，pp. 21-33.

以及杜邦公司（DuPont）等拥有强大研究能力的私营企业。较小的企业则在生物技术和信息技术等特定领域的创新中发挥了关键作用，这一作用在20世纪70年代显著增强。美国还拥有世界上最强大的研究型大学网络。①政府在某些情况下实施强制许可，而积极的反垄断执法通过促进自由许可和交叉许可支持了技术的扩散。②

本章以下部分将回顾自20世纪80年代以来美国模式在金融、公司治理、劳动关系、反垄断、规制改革和知识产权诸领域的演变情况（表3.2）。③这些案例详细说明了被描述为"放松管制"的运动实际上是市场治理的重建，而不是规制的退出。早在20世纪70年代，美国和英国就开始尝试进行规制改革，但旨在控制税收和政府支出、减少政府规制以及释放"自由市场"的全球新自由主义改革运动直到玛格丽特·撒切尔首相（Prime Minister Margaret Thatcher，1979—1990年在任）和罗纳德·里根总统（President Ronald Reagan，1981—1988年在任）上台时才全面占据主导地位。④

与德国和日本的企业相比，美国和英国的企业更加支持朝向新自由主义的转变。像美国这样的自由市场经济体中的企业，更多

---

① David C. Mowery and Nathan Rosenberg, "The U. S. National Innovation System." In *National Innovation Systems: A Comparative Analysis*, edited by Richard R. Nelson, 29-75. Oxford: Oxford University Press, 1993.

② Benjamin Coriat and Olivier Weinstein, 2012. "Patent Regimes, Firms and the Commodification of Knowledge." *Socio-Economic Review* 10: 279.

③ 以下三部分的写作基础为：Steven K. Vogel, *Japan Remodeled: How Government and Industry Are Reforming Japanese Capitalism.* Ithaca, NY: Cornell University Press, 2006, pp. 63-69, 143-146.

④ Steven K. Vogel, *Freer Markets, More Rules: Regulatory Reform in Advanced Industrial Countries.* Ithaca, NY: Cornell University Press, 1996, pp. 1-61.

基于成本而不是质量进行竞争，因此它们更可能支持市场改革和其他旨在降低成本的政策。由于这些企业较少依赖与其他企业或与政府的协调，它们不太倾向于支持能够培养、维护和加强对这种协调予以鼓励的制度和政策。[1]此外，美国的政治体制促成了更加迅速和广泛的市场改革，因为公司能够利用规制结构的分散和严格遵守法律的规制风格，积极在市场、法院以及通过政治渠道对规制进行挑战。行业协会并没有像在德国和日本那样对改革的反对者作出微妙的妥协。[2]美国的政治结构促进了支持竞争的改革，因为希望挑战现状的企业有多种途径可供选择；同时，一旦竞争被引入特定市场，反对者就不能轻易地推翻这一过程。

表 3.2　美国市场治理的改革，1980 年至今（精选实例）

|  | 法律与规章 | 惯例与标准 | 规范与信念 |
| --- | --- | --- | --- |
| 会计 | 《2002年萨班斯-奥克斯利法案》 | 合并会计报表的增加 | 公允价值会计规范出现 |
| 银行 | 《1980年储蓄机构放松管制和资金控制法案》；《1982年甘恩-圣哲曼储蓄机构法》；1994年取消州际银行限制 | 转向收费模式（fee-based model），银行合并 | 从以关系为基础转向以价格为基础的银行业规范 |
| 资本市场 | 《1999年格雷姆-里奇-比利雷法案》（也称《金融服务现代化法案》）；《2000年商品期货现代化法案》 | 金融创新，投资银行从合伙制转向公众公司 | 银行从关系模式转向利润最大化模式；公众在2008年金融危机后谴责华尔街 |

---

[1] Desmond King and Stewart Wood, "The Political Economy of Neoliberalism: Britain and the United States in the 1980s." In *Continuity and Change in Contemporary Capitalism*, edited by Herbert Kitschelt et al., 371-397. Cambridge: Cambridge University Press, 1999.

[2] Steven K. Vogel, 2001. "The Crisis of German and Japanese Capitalism: Stalled on the Road to the Liberal Market Model?" *Comparative Political Studies* 34: 1103-1133.

(续表)

| | 法律与规章 | 惯例与标准 | 规范与信念 |
|---|---|---|---|
| 公司治理 | 允许回购；鼓励股票期权；《2002年萨班斯-奥克斯利法案》 | 高管薪酬增加，尤其是通过股票期权；回购，外部董事，并购 | 转向股东价值模式的规范 |
| 劳动力 | 全国劳动关系委员会获得对商业友好的提名；改革的尝试分别在1993年和2007年失败 | 工会回避策略，裁员 | 公平薪酬的道德经济开始削弱 |
| 反垄断 | 反垄断执法在20世纪80年代放松；微软在1994年和2001年与政府达成和解 | 信息技术领域的合并和反竞争行为增加 | 主流思潮转向芝加哥学派，然后转向后芝加哥学派 |
| 电力市场 | 1978年和1992年的放松管制法案 | 20世纪90年代发生了市场操纵 | 公众对于竞争的支持度在2000—2001年的加利福尼亚州危机后减弱，之后又逐渐恢复 |
| 航空业 | 《1978年航空业放松管制法案》；1984年民用航空委员会解散 | 中心辐射模式固化；价格歧视现象增多 | 随着企业合并，航空公司之间开始出现地位等级 |
| 电信业 | 1982年AT&T分拆；《1996年电信法案》；网络中立性在2015年被确认，在2017年又受到挑战 | 新的竞争者挑战规则；占支配地位的运营商受到阻碍 | 竞争规范随着20世纪90年代不同板块之间的竞争而调整；网络中立规范在21世纪初开始出现 |
| 专利 | 《1980年拜杜法案》；联邦巡回上诉法院在1982年设立；《2011年美国发明法案》 | 专利蟑螂开始出现 | 开源运动扩散 |
| 版权 | 《1998年桑尼·博诺法案》；《1998年数字化千禧年版权法案》 | 文件共享；版权持有人移除通知 | 合理使用原则开始出现 |

# 二、金融改革

美国市场治理自20世纪70年代以来的彻底改革突出体现在金融领域。金融改革培育了一个更具竞争性却更不稳定的金融行业，

### 第三章 市场治理的美国模式：为什么世界上最自由的……

促进了金融创新，推动了金融行业占国民收入份额的持续增长，加剧了经济不平等，导致了金融业的重大整合，并促成金融业的公司治理朝着股东价值模式转变（将在下一节进一步讨论）。①金融改革还为20世纪80年代的储贷危机和本章末尾将要讨论的全球金融危机埋下了隐患。

美国的金融改革比其他工业国家，特别是日本，开始得更早并且进行得也更加深入。②美国的金融机构通过对现有监管制度的市场挑战以及对法律和规制变革的政治诉求推动了金融改革。20世纪60年代，几家投资银行对某些上市股票的交易佣金提供折扣，从而对纽约证券交易所的固定经纪佣金制度提出了挑战。同时，机构投资者开始抱怨佣金率是以机构投资者为代价来补贴个人投资者。最终，美国证券交易委员会迫使证券交易所在1975年实现了佣金的自由化。

20世纪70年代，通货膨胀率飙升，甚至超过了存款利率的上限。这意味着储户若把资金留在银行的话实际上是亏损的。投资银行通过创建货币市场基金来利用商业银行和投资银行业之间的监管差异进行竞争，商业银行的回应则是推出了被称为"可转让支付命令账户（negotiable order of withdrawal accounts，简称NOW

---

① Barry Eichengreen, *Hall of Mirrors: The Great Depression, the Great Recession, and the Uses—and Misuses—of History*. New York: Oxford University Press, 2015, pp. 66-77. 亦可参见克里普纳对金融改革（pp. 58-85）和之后的金融化（pp. 27-57）的论述（Greta R. Krippner, *Capitalizing on Crisis: The Political Origins of the Rise of Finance*. Cambridge, MA: Harvard University Press, 2011）。

② 本部分的写作基础为：Steven K. Vogel, *Freer Markets, More Rules: Regulatory Reform in Advanced Industrial Countries*. Ithaca, NY: Cornell University Press, 1996, pp. 223-228; Steven K. Vogel, *Japan Remodeled: How Government and Industry Are Reforming Japanese Capitalism*. Ithaca, NY: Cornell University Press, 2006, pp. 66-68.

账户)"的计息支票账户。由于存款人将资金从储蓄账户转移到货币市场基金,储贷机构(S&L)遭受到特别严重的打击。国会根据《1980年储蓄机构放松管制和资金控制法》逐步取消了存款利率上限,之后又通过《1982年甘恩-圣哲曼储蓄机构法》试图提升储贷机构和其他银行的竞争地位。后一部法案一方面放宽了银行对资金的使用限制,有助于银行通过投资获得更高回报;同时允许可变利率按揭贷款,从而减少了银行的风险敞口;此外还批准了货币市场存款和超级NOW账户,以帮助银行留住更多的存款人。然而,政府在没有加强规制的情况下就允许储贷机构承担更多风险,这为20世纪80年代后期储贷行业的大规模危机埋下了伏笔。

与此同时,美国信孚银行(Bankers Trust)在1978年通过代公司客户向投资者发行商业票据而对《格拉斯-斯蒂格尔法案》的公认解释进行了试探,即银行不得承销商业票据(短期无抵押本票)。这导致了其他机构向联邦储备委员会的抗议,美联储否决了该抗议的请求。该争议随后到了最高法院,最高法院在1984年推翻了美联储的否决。之后美联储进行了澄清,并在1987年决定允许包括信孚银行在内的三家大型商业银行设立证券子公司。与此同时,克林顿政府于1994年放开了州际银行业务,从而推动金融业整合。随后大型商业银行和投资银行积极游说国会以求完全废除《格拉斯-斯蒂格尔法案》,并最终在1999年获得成功。该年通过的《金融服务现代化法案》允许银行、证券公司和保险公司组建金融集团。

20世纪80年代和90年代的金融改革不仅为后来的全球金融危机埋下了伏笔,也推动了美国经济的金融化(financialization)。[1]

---

[1] Greta R. Krippner, *Capitalizing on Crisis*: *The Political Origins of the Rise of Finance*. Cambridge, MA: Harvard University Press, 2011, pp. 27-57.

近几十年来，金融业在经济中所占的份额越来越大，却没有为投资者带来更多收益。尽管信息技术取得了巨大进步，金融业的成本却大幅增加——与批发或零售贸易的成本形成鲜明对比。①托马斯·菲利蓬（Thomas Philippon）认为，金融业成本高昂的部分原因是交易活动的大量增加，然而增加的交易活动却没有带来更具信息价值的股票价格或风险分担状况的改善。因此，他估计，金融业在国内生产总值（GDP）中所占的份额比它应占的份额高出了大约两个百分点。②

## 三、公司治理改革

自 20 世纪 80 年代以来，由于规制和商业惯例的重大变化，美国的公司治理明显地转向股东中心主义模式。20 世纪 80 年代，里根政府放宽了反垄断规则，从而促进了兼并和收购，同时还降低了企业所得税，为公司合并运动提供了更多的资金。③公司管理层与股东权益倡导者和公司蓄意收购者（corporate raiders）在法院和各州的立法机构中进行了一系列非同寻常的斗争，以维护管理层自主权并遏制公司控制权市场。与此同时，联邦政府在捍卫管理

---

① Thomas Philippon，2015. "Has the US Finance Industry Become Less Efficient? On the Theory and Measurement of Financial Intermediation." *American Economic Review* 105：1408-1438. 菲利蓬用金融中介机构的收入与中介化资产的比值来计算金融中介化的单位成本。

② Thomas Philippon，"Finance versus Wal-Mart：Why Are Financial Services so Expensive?" In *Rethinking the Financial Crisis*，edited by Alan S. Blinder，Andrew W. Lo，and Robert M. Solow，235-246. New York：Russell Sage，2012.

③ Neil Fligstein，*The Architecture of Markets：An Economic Sociology of Twenty-First Century Capitalist Societies.* Princeton，NJ：Princeton University Press，2001，p. 156.

层和加强股东保护之间摇摆不定。国会在1995年和1998年通过了侵权法改革,以降低经理人被证券诉讼伤及的可能性。与此同时,美国证券交易委员会则通过改革来加强管理层的问责制和财务透明度,从而促进股东利益。

美国政府比其他工业化国家更早开始将养老金负担从雇主转移到雇员,从而拓宽和增强了股权的范围和影响力。政府促进了养老金计划从定额收益计划(defined-benefit plans)向定额缴费计划(defined-contribution plans)的转变,后者包括个人退休金账户(IRAs)和401(k)计划等,而推动这一转变主要是通过为缴费提供税收减免来做到的。国会于1974年通过了《雇员退休收入保障法》(ERISA),该法案引入了个人退休金账户,并增加了公司从缺乏资金的定额收益计划中支付收益的责任,从而鼓励雇主转向定额缴费计划。1978年的修正案则设立了401(k)计划,允许养老基金和保险公司将投资组合的大部分投资于股票市场,从而推动了强大而有影响力的机构投资者的崛起。①

机构投资者利用其市场力量和直接呼吁来迫使公司提供更高的回报。它们认识到,很多公司尽管股价低,却拥有价值不菲的资产,因此它们试图收购这些公司,然后将其分拆并出售资产。希望保留控制权的公司经理们会采取各种策略来提高股价,包括回购股票、剥离某些部门以及裁员。②

尼尔·弗里格斯坦(Neil Fligstein)强调,对股东价值模式的信奉导致认知框架的转变并产生了新的企业观念。许多杰出的经济学家基于代理理论将股东和经理人分别视为委托人和代理人,认为经

---

① William Lazonick and Mary O'Sullivan, 2000. "Maximizing Shareholder Value: A New Ideology for Corporate Governance." *Economy and Society* 29: 13-35, 17.

② Neil Fligstein, *The Architecture of Markets: An Economic Sociology of Twenty-First Century Capitalist Societies*. Princeton, NJ: Princeton University Press, 2001, pp. 152-153.

理人拥有过多的自由裁量权而偏离了他们为股东效力的核心任务。他们主张，公司唯一的合法目的是实现股东价值的最大化，好的经理人应该提高公司的股价，而不成功的经理人则应该被董事会罢免。①

股东价值模式的支持者认为，如果经理人的薪酬与股票业绩更紧密地联系在一起，比如通过股票期权的方式，且经理人所任职的公司更容易被收购的话，经理人就会更加忠实地代表股东利益。②政府规制和税收政策鼓励公司发行股票期权：公司不必从损益表中扣除期权的价值③，公司高管在行使期权之前亦不必将期权作为收入上报。随着股票市场的蓬勃发展，以股票期权方式支付的高管薪酬飙升，在20世纪90年代和21世纪初表现最为明显。④

到20世纪80年代时，美国已经产生了一个公司控制权市场。⑤在

---

① Neil Fligstein, *The Architecture of Markets: An Economic Sociology of Twenty-First Century Capitalist Societies.* Princeton, NJ: Princeton University Press, 2001, p. 148.

② Michael C. Jensen and Kevin J. Murphy, 1990. "Performance Pay and Top Management Incentives." *The Journal of Political Economy* 98: 225-264; William Lazonick and Mary O'Sullivan, 2000. "Maximizing Shareholder Value: A New Ideology for Corporate Governance." *Economy and Society* 29: 13-35, 15-16.

③ 如前一章所述，该政策一直持续到2004年。

④ 首席执行官的报酬从1978年到2000年增长了1271%，而自1995年到2000年增长了200%（Lawrence Mishel and Alyssa Davis, "Top CEOS Make 300 Times More Than Typical Workers: Pay Growth Surpasses Stock Gains and Wage Growth of Top 0.1 Percent." Economic Policy Institute, Issue Brief #399, June 21, 2015）。股票期权和长期激励计划在首席执行官薪酬中的占比从20世纪80年代的7%和19%，分别增长至20世纪90年代的15%和32%，以及2000—2005年间的23%和37%（Carola Frydman and Dirk Jenter, "CEO Compensation." National Bureau of Economic Research, Working Paper No. 16585, 2010）。

⑤ Neil Fligstein, *The Architecture of Markets: An Economic Sociology of Twenty-First Century Capitalist Societies.* Princeton, NJ: Princeton University Press, 2001, pp. 185-189. 根据汤森路透（Thomson Reuters）2016年的数据，从1978年到1990年，美国共出现了541次敌意收购的尝试（其中175次成功），而日本出现了2次（其中1次成功）。从1991年到2015年，美国共出现了385次敌意收购的尝试（其中82次成功），而日本出现了20次（其中9次成功）。

**市场治理术：**
政府如何让市场运作——

金融改革之后，投资银行在传统业务领域面临更激烈的竞争和更微薄的利润，因此它们寻求能够产生更高收费的业务，特别是兼并和收购。在此过程中，它们逐渐发展出转让公司控制权的新技术，例如，能够让投资者以公司自身的资产作为抵押来收购该公司的杠杆收购（LBO）。来自德崇证券（Drexel Burnham Lambert）和其他公司的投资银行家将垃圾债券市场作为投资于杠杆收购的资金来源，大大推动了收购市场的扩张。①

政策制定者早已认识到美国公司治理模式中的结构性缺陷，但直到2000年股市崩盘以及2001—2002年安然公司的轰然破产和其他公司爆出丑闻之后，他们才被迫采取行动。作为回应，国会通过了《2002年萨班斯-奥克斯利法案》，该法案是自20世纪30年代以来最全面的公司治理改革法案。它创建了公众公司会计监督委员会（Public Company Accounting Oversight Board）这一新的规制机构，以实施更严格的会计标准，让公司董事会更加独立并加强其审计职能。②然而，改革倡导者仍然不满意，因为该法案未能解决美国公司治理体系中的一些主要缺陷，如经理人对董事提名的有效控制。与此同时，遵守新体制的巨大成本让公司经理人感到极为担忧和不安。③

---

① Mary A. O'Sullivan, *Contests for Corporate Control: Corporate Governance and Economic Performance in the United States and Germany*. Cambridge: Cambridge University Press, 2000, pp. 161-175. Neil Fligstein, *The Architecture of Markets: An Economic Sociology of Twenty-First Century Capitalist Societies*. Princeton, NJ: Princeton University Press, 2001, pp. 147-169.

② John W. Cioffi, "The State of the Corporation: State Power, Politics, Policymaking and Corporate Governance in the United States, Germany, and France." In *Transatlantic Policymaking in an Age of Austerity*, edited by Martin Shapiro and Martin Levin, pp. 265-271. Washington, DC: Georgetown University Press, 2004.

③ 本章的金融危机部分所讨论的《2010年多德-弗兰克法案》也包括公司治理改革。

## 第三章 市场治理的美国模式：为什么世界上最自由的……

有效的公司治理可以促进生产力提高、经济增长和创新。①然而近年来，美国的股东价值模式已经削弱了商业绩效和经济平等。股票期权形式的薪酬让企业高管们有动力参与投机和操纵，而不是通过投资来促进创新、就业和长期增长。很多高管通过夸大公司业绩然后行使期权以投机获利，还通过股票回购计划来操纵股价。②从长远来看，这些管理实践损害了公司运行状况并削弱了整个美国的经济。③一项研究甚至发现，股东价值模式影响到产品安全：越是拥有条件优厚的股票期权计划的公司，越有可能发生严重的产品召回事件。④

金融监管和公司治理的改革也导致了经济不平等的加剧，尤其是最富有的前1%和前0.1%的富豪的资产大幅增长。金融业高管的薪酬涨幅非常之大，非金融业的高管们则通过股票期权获得财务收益。从定额收益向定额缴费养老金计划的转变促进了金融服务市场的发展，并将政府和雇主所面临的市场风险转移到员工个人

---

① Filippo Belloc, 2012. "Corporate Governance and Innovation: A Survey." *Journal of Economic Surveys* 26: 835-864.

② 公司在公开市场上回购自己的股票已经没有实质性的规制限制。标准普尔指数所选取的449家上市公众公司自2003年至2012年使用了其盈利的54%——2.4万亿美元来回购其股票（William Lazonick, 2014. "Profits without Prosperity: Stock Buybacks Manipulate the Market and Leave Most Americans Worse Off." *Harvard Business Review*, September, 2-11）。

③ William Lazonick, "The Fragility of the U. S. Economy: The Financialized Corporation and the Disappearing Middle Class." In *The Third Globalization: Can Wealthy Nations Stay Rich in the Twenty-First Century?*, edited by Dan Breznitz and John Zysman, 232-276. New York: Oxford University Press, 2013. 摩根士丹利资本国际的《环境、社会与公司治理研究》发现，2006—2016年期间美国首席执行官的薪酬与公司业绩之间存在负相关的关系（*Economist*, September 17, 2016, Special Report 15-16）。

④ *New York Times*, September 13, 2015, B1.

市场治理术：
政府如何让市场运作——

身上。①

## 四、劳动力市场改革

自20世纪50年代以来，美国政府一直没有对劳动法进行重大改革，但劳动力市场的治理在实践中已经发生了很大变化。国会未能通过立法来维护工会的力量；国家领导人采取其他措施来削弱工会的影响力；州政府通过了对劳工不利的法律；雇主越来越多地采取各种措施来阻止工会的组建。②企业中的工会密度下降，劳动者的政治权力减少，企业越来越愿意解雇工人。戈尔登（Golden）、瓦勒斯坦（Wallerstein）和兰格（Lange）的研究发现，在包括日本在内的12个工业化国家的样本中，只有美国和英国在20世纪80年代和90年代经历了工会影响力的急剧下降。他们认为政府政策在这一下降中起到了重要作用。③

里根政府对公共部门的工会采取敌对态度，促进公司重组以及削减劳动保护，从而削弱了工会的权力。它还通过减税、减少福利待遇以及对抗通货膨胀等措施降低了工人阶级的生活水平。里根政府在1981年开除职业空中交通管制员组织中参与罢工的工作人员时就定下基调。布鲁斯·韦斯顿（Bruce Western）认为，这导致雇主将打造无工会的环境作为其合法目标，并展示了雇用替代

---

① Jacob S. Hacker, *The Great Risk Shift: The Assault on American Jobs, Families, Health Care, and Retirement and How You Can Fight Back*. New York: Oxford University Press, 2006.

② Harold L. Wilensky, *American Political Economy in Global Perspective*. New York: Cambridge University Press, 2012, pp. 157-158.

③ Miriam A. Golden, Michael Wallerstein, and Peter Lange, "Postwar Trade-Union Organization and Industrial Relations in Twelve Countries." In *Continuity and Change in Contemporary Capitalism*, edited by Herbert Kitschelt, Peter Lange, Gary Marks, and John D. Stephens, Cambridge: Cambridge University Press, 1999, pp. 201, 221-225.

工人以中断罢工的可行性。①韦斯顿和罗森菲尔德（Rosenfeld）认为，工会的衰落也侵蚀了公平薪酬的道德经济，导致工资不平等加剧以及管理层和专业人员的薪酬增加。②政府任命了更有利于企业的代表加入全国劳动关系委员会，并通过修改规则使公司更容易取消工会的认证资格，让工会更难赢得选举。③雇主在反对工会组建的过程中越来越激进，越来越多的专业顾问团队积极推动反工会的理念和战略。④工会回避的策略增加，违反《全国劳工关系法》的行为激增，罢工率则大幅下降。⑤尽管民主党在国会中占多数，但由于参议院的议员通过冗长的演说对议案进行阻挠，工会及其盟友推动劳动改革的两大关键努力均告失败。1993年，旨在

---

① Bruce Western, 1995. "A Comparative Study of Working Class Disorganization: Union Decline in 18 Advanced Capitalist Countries." *American Sociological Review* 60: 179-201, p. 187.

② Bruce Western and Jake Rosenfeld, 2011. "Unions, Norms, and the Rise in U. S. Wage Inequality." *American Sociological Review* 76: 513-537. 据作者估算，工会的衰落解释了1973年到2007年间男性工资差距扩大了1/3，女性工资差距扩大了1/5。

③ Jeffrey Cohen, *Politics and Economic Policy in the United States*. New York: Houghton Mifflin, 2000, pp. 133-134; Bruce Western, 1995. "A Comparative Study of Working Class Disorganization: Union Decline in 18 Advanced Capitalist Countries." *American Sociological Review* 60: 179-201, p. 186.

④ Martin Jay Levitt and Terry Conrow, *Confessions of a Union Buster*. New York: Crown, 1993; John Logan, 2002. "Consultants, Lawyers and the Union Free Movement in the USA since the 1970s." *Industrial Relations Journal* 33: 197-214.

⑤ Jacob S. Hacker and Paul Pierson, *Winner-Take-All Politics: How Washington Made the Rich Richer and Turned Its Back on the Middle Class*. New York: Simon & Schuster, 2010, pp. 58-60; Kate Bronfenbrenner, 2009. "No Holds Barred: The Intensification of Employer Opposition to Organizing." Washington, DC: Economic Policy Institute. 卡根指出，在美国每年有3万—4.5万个不公平劳动做法的案件向全国劳工关系委员会提起，而在日本每年向劳工委员会提起的此类案件数量为500—1000个（Robert A. Kagan, *Adversarial Legalism: The American Way of Law*. Cambridge, MA: Harvard University Press, 2001, p. 54)。

市场治理术：
政府如何让市场运作——

禁止永久替换罢工者的《工作场所公平法》未能通过。2007年，旨在便利工会组建和集体谈判并打击不公平用工行为的《雇员自由选择法》亦未获通过。①

美国公司向股东价值模式的转变影响到了公司重组的方式，加速了向出售资产和压缩劳动力的转变。②美国企业在20世纪70年代末开始大规模裁员，并在20世纪80年代和90年代进一步裁员。美国企业在经济衰退期间开启了裁员潮，但在经济上升时期又继续这一趋势。事实上，在经济状况更好的20世纪90年代却发生了**更多的**裁员。根据格雷戈里·杰克逊（Gregory Jackson）的估计，1991年到2001年期间，在美国发生的超过公司人数10%的裁员次数是日本的三到四倍。③日本职工的任职期在经济困难时期仍在延长，而美国职工的任职期在经济繁荣时期却在缩短。④

对美国裁员的研究表明，无论是从利润、生产效率还是股票价

---

① Taylor E. Dark III, 2008-2009. "Prospects for Labor Law Reform." *Perspectives on Work* 12: 23-26. 奥巴马竞选时承诺推进《员工自由选择法案》，但由于劳工影响力的逐渐消退，该提议停步不前（Jacob S. Hacker and Paul Pierson, *Winner-Take-All Politics: How Washington Made the Rich Richer and Turned Its Back on the Middle Class*. New York: Simon & Schuster, 2010, pp. 278-279）。

② Michael Useem, *Investor Capitalism: How Money Managers are Changing the Face of Corporate America*. New York: Basic Books/HarperCollins, 1996.

③ Gregory Jackson, 2005. "Stakeholders under Pressure: Corporate Governance and Labor Management in Germany and Japan." *Corporate Governance: An International Review* 13: 419-428, p. 424.

④ 日本的情况，参见沃格尔的论述（Steven K. Vogel, *Japan Remodeled: How Government and Industry Are Reforming Japanese Capitalism*. Ithaca, NY: Cornell University Press, 2006, p. 119）；美国的情况，参见拉让尼克和奥沙利文的论述（William Lazonick and Mary O'Sullivan, 2000. "Maximizing Shareholder Value: A New Ideology for Corporate Governance." *Economy and Society* 29: 13-35, p. 21）。

格来看，它对公司的财务业绩并没有积极影响，而对组织绩效却有负面影响，尤其是员工士气。①大规模裁员可能会增加工作失误、事故和停工，导致与供应商的紧张关系，破坏组织记忆，并需要昂贵的补偿金以及法律和外包服务。②阿尔特·布德罗斯（Art Budros）认为，美国的裁员并不符合经济合理性，而是符合**社会合理性**。管理人员为了追求非经济回报，如更好的声誉，而决定裁员，而不是为了追求经济回报（如更好的财务业绩）。③麦金利（McKinley）、赵（Zhao）和鲁斯特（Rust）采取了更加基于认知的方法，强调管理者理所当然地认为裁员是有效的。④美国企业不会出于对工人失业的担忧而反对裁员，反而会因为社会规范重视裁员的价值以及认为裁员具有功效的先入之见而**倾向于裁员**。

---

① Steven K. Vogel, *Japan Remodeled: How Government and Industry Are Reforming Japanese Capitalism.* Ithaca, NY: Cornell University Press, 2006, pp. 208-209. 布德罗斯以及麦金利、赵和鲁斯特对代表性的研究进行了评述（Art Budros, 1997. "The New Capitalism and Organizational Rationality: The Adoption of Downsizing Programs, 1979-1994." *Social Forces* 76: 229-249; Art Budros, 1999. "A Conceptual Framework for Analyzing Why Organizations Downsize." *Organization Science* 10: 69-82; William McKinley, Jun Zhao and Kathleen Garret Rust, 2000. "A Sociocognitive Interpretation of Organizational Downsizing." *Academy of Management Review* 25: 227-243)。鲍莫尔、布林德和沃尔夫发现，裁员并没有提升生产力，而是降低了股票价格，但它确实（通过压低工资）增加了利润（William J. Baumol, Alan S. Blinder and Edward N. Wolff, *Downsizing in America: Reality, Causes, and Consequences.* New York: Russell Sage Foundation, 2003）。

② Harold L. Wilensky, *American Political Economy in Global Perspective.* New York: Cambridge University Press, 2012, p. 169.

③ Art Budros, 1997. "The New Capitalism and Organizational Rationality: The Adoption of Downsizing Programs, 1979-1994." *Social Forces* 76: 229-249; Art Budros, 1999. "A Conceptual Framework for Analyzing Why Organizations Downsize." *Organization Science* 10: 69-82.

④ William McKinley, Jun Zhao and Kathleen Garret Rust, 2000. "A Sociocognitive Interpretation of Organizational Downsizing." *Academy of Management Review* 25: 227-243.

工会权力的下降加上股东价值模式的兴起，推动了劳动报酬在国民收入中占比的长期持续下降，从 1990 年的 62.6% 下降到 2016 年的 57.2%。①政治权力的衰退加剧了工会相对于雇主的影响力丧失，并催生了对劳动者不够友好而更支持雇主的政策。②特朗普政府进一步减少了对工人的保护：取消奥巴马时代就业法的方针，建议减少对工作场所危险性的研究，并寻求废除一个支持工会和非营利组织的项目。③

## 五、反垄断改革

正如前一章所述，美国 20 世纪 50 年代和 60 年代激进的反垄断政策在 20 世纪 70 年代和 80 年代越来越受到芝加哥学派的挑战。④政策的转变使得许多行业的市场势力在 21 世纪的前十年中逐步得到巩固，尤其是在以强大的网络效应为特征的信息技术领域中形成了某些具有显著优势地位的参与者。里根政府的反垄断局（Antitrust Division）⑤负责人威廉·巴克斯特（William Baxter）赞同芝加哥学派的保守观点，但倾向于更加详细的基于具体情形的

---

① Department of Labor, Bureau of Labor Statistics, 2017. https://www.bls.gov/lpc/#tables.

② Jacob S. Hacker and Paul Pierson, *Winner-Take-All Politics: How Washington Made the Rich Richer and Turned Its Back on the Middle Class*. New York: Simon & Schuster, 2010.

③ *New York Times*, September 4, 2017, B1.

④ 芝加哥学派的学术基础可以追溯至20世纪50年代和60年代。Richard Posner, 1979. "The Chicago School of Antitrust Analysis." *University of Pennsylvania Law Review* 127: 925-948.

⑤ 反垄断局是司法部下属的职能机构。美国竞争法的联邦执法机构主要包括司法部反垄断局和联邦贸易委员会。这两个机构在职能上既有分工，又有交叉，但在执法内容和程序上均有所不同。——译者注

分析。监管者对竞争的界定从关注竞争对手的数量转向了以消费者福利为中心的经济分析：低价格、高产出和创新的潜力。[1]巴克斯特撤销了一个针对 IBM 的重要的反垄断案件，并发布了缩小并购诉讼范围的指导方针。他反对针对制造商分销行为的案件，认为这些协议大多数都旨在降低成本，而很少会阻碍竞争。[2]反垄断局的律师人数从 1981 年的 456 位下降到 1988 年的 229 位。[3]由于法院为原告设置了更多的程序限制，反垄断案件的数量急剧下降。[4]企业合并在 20 世纪 80 年代蓬勃发展，包括与战后早期的多元化战略形成鲜明对比的加强核心竞争力的战略收购，以及旨在提高股东回报的敌意收购。[5]

最高法院在首席大法官威廉·伦奎斯特（William Rehnquist）的任期内（1986—2005 年）对反垄断案件的审查大大减少，导致下级联邦法院之间的分歧得不到解决，错误或过时的判决亦未能得到纠正。[6]在此期间，政府逐渐转向后芝加哥学派，保留了芝加哥学派对于激进反垄断政策的某些怀疑态度，但认识到反竞争行

---

[1] Herbert Hovenkamp, *The Antitrust Enterprise*: *Principle and Execution*. Cambridge, MA: Harvard University Press, 2005, p. 2.

[2] Gary Reback, *Free the Market*: *Why Only Government Can Keep the Marketplace Competitive*. New York: Penguin Group, pp. 45-47.

[3] Ibid., p. 163.

[4] 根据道-施密特等人的研究，司法部在1975—1979年期间提起了161个反垄断案件，在1980—1984年期间提起了127个反垄断案件，在1985—1989年期间提起了83个反垄断案件。Kenneth G. Dau-Schmidt, Joseph C. Gallo, Joseph L. Craycraft, and Charles J. Parker, 2000. "Department of Justice Antitrust Enforcement, 1955-1997: An Empirical Study." Maurer School of Law, Indiana University, Digital Repository, Paper 215.

[5] Neil Fligstein, *The Architecture of Markets*: *An Economic Sociology of Twenty-First Century Capitalist Societies*. Princeton, NJ: Princeton University Press, 2001, pp. 147-169.

[6] Herbert Hovenkamp, *The Antitrust Enterprise*: *Principle and Execution*. Cambridge, MA: Harvard University Press, 2005, pp. 5-7.

市场治理术：
政府如何让市场运作——

为可能会在特定情况下给消费者福利带来巨大的损失。然而，政府没有回到20世纪60年代时激进的促进竞争的立场。

鉴于信息技术领域强大的网络效应，反垄断制度面临着特殊的挑战，最突出地表现在微软案件中。微软与IBM达成了一项协议，允许微软将其MS-DOS操作系统[①]许可给IBM的竞争对手，从而打破了IBM对价值链的控制。之后，微软通过精心的战略部署巩固其市场支配地位。例如，微软利用其在操作系统中的主导地位进入应用软件市场。竞争对手声称，微软为其内部的应用软件团队提供了有关新操作系统具体规格的专有信息，为他们在Windows应用程序竞争中提供了先机。联邦贸易委员会于1990年启动了一项调查，然而联邦贸易委员会的委员就是否提起反垄断诉讼两次陷入僵局，该案件于1993年移交给了司法部。微软于1994年达成一项同意裁决（consent decree），该裁决禁止微软进行特定的许可行为，包括要求计算机制造商签署长期合同的做法。[②]微软在面对当时领先的浏览器企业——网景公司（Netscape）时采用了类似的反竞争策略。根据2001年的和解协议，微软同意给计算机制造商更多的自由来安装与其有竞争性的浏览器，并分享其应用程序的接口信息，但微软不承认自己负有任何责任，并保留在其操作系统中添加其他软件功能的权利。[③]然而在那时，网景公司已经不再对微软构成竞争威胁。

联邦贸易委员会在2011年对另一互联网巨头谷歌（Google）发起了挑战。批评者认为，谷歌利用其在搜索引擎市场的主导地

---

[①] MS-DOS操作系统是美国微软公司提供的磁盘操作系统，是个人电脑中最普遍使用的磁盘操作系统之一。——译者注

[②] Gary Reback, *Free the Market: Why Only Government Can Keep the Marketplace Competitive.* New York: Penguin Group, 2009, pp. 159-160.

[③] Ibid., pp. 236-237.

位,在互联网搜索结果的显示方面为其自身和合作伙伴提供了优惠待遇。①但联邦贸易委员会却发现谷歌的做法让消费者受益,而对竞争对手的任何负面影响都是附带发生的次要结果。谷歌也作出了一些小小的让步,同意不在专业化的谷歌搜索结果中包含第三方内容,并将关键性标准化技术的手机专利授权给竞争对手的智能手机、笔记本电脑和游戏机等设备。②欧盟委员会则采取了更加强硬的立场,因谷歌在搜索结果中偏袒其自身的购物服务而在2017年6月对谷歌作出了高达27亿美元的罚款。③

经济顾问委员会(Council for Economic Advisors)的一项研究发现,从1997年到2012年,许多核心部门的市场集中度均有所增加,其中运输、零售贸易、金融和保险、批发贸易、房地产和公用事业的增幅最大。④约翰·克伍卡(John Kwoka)对美国反垄断政策中合并决定这一要素的影响进行了量化研究,结论是大多数合并都会导致竞争性损害,通常是价格上涨。在许多情况下,该损害是巨大的,合并后的价格涨幅超过10%。而价格效应之外通常还伴随着非价格效应:导致价格上涨的合并也会引起数量、质量以及研发的减损。他还指出,旨在改正合并的政策,如资产剥离和行为补救措施,并未能限制价格的上涨。结论是,反垄断当局更有可能批准它们本不应该允许的合并,而不是不批准它们

---

① 根据IBISWorld,截至2016年,谷歌在美国占有75%的市场份额,在全世界则占有71%的市场份额。
② *New York Times*,January 4,2013,A1.
③ *Economist*,July 1,2017,55-56.
④ Council of Economic Advisers,"Benefits of Competition and Indicators of Market Power," Issue Brief. Washington,DC:Council of Economic Advisers,2016,p. 4. 这一结果系基于该行业最大的前十家公司的收入份额计算而来。该研究也指出可能表明竞争减少的其他趋势:越来越多的租金归于少数企业,企业进入的数量减少以及劳动力流动性降低。

本应该批准的合并。①

## 六、规 制 改 革

美国政府在 20 世纪 70 年代中期启动了全球性的"放松管制"运动,参议员爱德华·肯尼迪(Edward Kennedy)等人在国会的听证会上宣布了这一伟大事业。该运动给垄断和寡头行业带来了竞争,推动了经济性规制在范围和复杂性上的飞跃,并促成了信息革命和全球金融危机(将在本章最后两节进行讨论)。这里要讨论的三个关键案例——电力市场的创建、电信改革和网络中立性的争论——生动地展示了本书的一个核心论点:促进竞争可能需要积极主动、锐意进取和范围广泛的政府行动。

一个不同寻常的、涵盖了学术界、政府、企业和消费者团体在内的两党联盟支持了这一规制改革运动。经济学家们对规制的公共利益理由提出了挑战,认为政策制定者不应该假定一旦出现市场失灵就为政府行为提供了充分的正当化理由,而应该仔细权衡规制的成本和收益。他们还认为,技术变革和市场的动态变化让很多行业最初的规制理由不再能够站得住脚。

政府的规制改革从航空业开始,但很快就扩展到其他领域,包括货运行业和电力行业。在航空业,民用航空委员会在 20 世纪 70 年代中期开始批准大幅度的折扣并降低了进入航空业的门槛。国会于 1978 年通过了《航空业放松管制法》。该法案所产生的结果最为接近字面意义上的"放松管制",因为它取消了价格和市场准入规制,最终导致了民用航空委员会在 1984 年被解散。政府继续

---

① John Kwoka, *Mergers, Merger Control, and Remedies: A Retrospective Analysis of U. S. Policy*. Cambridge, MA: MIT Press, 2015, pp. 153-160.

通过协调对机场容量的投资和控制空中交通来应对拥堵问题。[①]航空业改革之后,机票价格下降。但是,要理清楚改革对价格的影响是很困难的,因为价格在改革之前已经开始下降了。改革还带来了服务质量的下降和某些小型机场服务的减少。[②]此外,随着行业结构从20世纪80年代的激烈竞争逐渐发展到21世纪10年代的寡头垄断,竞争的益处在这一时期也逐渐减少。1978年至1990年之间新进入的58家航空公司到2005年只剩下了一家。航空公司重组为中心辐射状的路线模式,占主导地位的航空公司控制着许多主要枢纽一半以上的运输量。到2014年,航空业由四家航空公司主导。[③]

在电力方面,政府在20世纪70年代的能源危机之后开始探索市场改革的方案。政府在1978年向独立供应商开放了发电市场,但仍保留了对电力传输网络的限制。联邦能源规制委员会(Federal Energy Regulatory Commission,FERC)试图通过各种规制手段开放电力市场。例如,它在批准几项合并时所附加的条件是,合并的公用事业公司须开放其电网。此外,根据《1992年能源政策法案》,政府创建了一类新的大规模发电企业,对其豁免了某些规制要求,并促进电力传输网络的开放。

---

① Marc Allen Eisner,"Markets in the Shadow of the State:An Appraisal of Deregulation and Implications for Future Research." In *Governments and Markets: Toward a New Theory of Regulation*,edited by Edward J. Balleisen and David A. Moss,526-529. New York:Cambridge University Press,2010.

② Alfred E. Kahn,2002. "The Deregulatory Tar Baby:The Precarious Balance between Regulation and Deregulation,1970-2000 and Henceforward." *Journal of Regulatory Economics* 21:35-56,pp. 36-42.

③ 根据IBISWorld,美国航空业2017年的市场份额占比情况为:美国航空占23.1%,达美航空占21.2%,美国联合航空占16.6%,西南航空占14.6%。IBISWorld,"Domestic Arilines in the US." IBISWorld Industry Report 48111b,2017. http://clients1.ibisworld.com/reports/us/industry/default.aspx?entid=1125.

市场治理术：
政府如何让市场运作——

在加利福尼亚州，一个有瑕疵的市场设计导致了2000—2001年的一场重大危机：大面积的限电和停电，纳税人遭受巨大损失以及一家大型公用事业公司的破产。进步主义者将危机归咎于市场改革，而市场自由主义者则谴责改革不够充分。然而问题的症结在于市场设计。加利福尼亚州的规制计划冻结了向消费者收取的零售价格，但没有冻结向发电企业支付的批发价格，因而使电力公司容易受到批发价格上涨的影响。电力市场特别容易受到操纵，因为它被按照地理区域进行了分割，同时缺乏阻塞管理的有效程序。这些特征一旦与供应短缺相结合，就会产生全面的危机。加利福尼亚州的事件特别令人恼怒的地方是，安然和其他交易公司极力地要求采取一个在供应短缺时对它们有利的市场设计，然后在改革之后无耻地对市场耍起了诡计。①

美国的其他区域则发展出更成功的电力市场设计。联邦能源规制委员会引入了"容量"（capacity）市场，允许公用事业公司购买储备作为应对供应变化的防范措施。但是，这些市场需要更加密集细致的行政管理，并且由于涉及巨大的利益关系，因而在政治上充满了争议。②

在电信方面，由于私人公司对AT&T垄断地位的挑战，联邦

---

① Richard O'Neill and Udi Helman, "Regulatory Reform of the U.S. Wholesale Electricity Markets." In *Creating Competitive Markets: The Politics of Regulatory Reform*, edited by Mark K. Landy, Martin A. Levin, and Martin Shapiro, 128-156. Washington, DC: Brookings Institution Press, 2007, pp. 143-147. 韦尔保守地估计，该电力危机造成的损失在400—450亿美元之间，包括更高的能源价格、断电的损失以及经济增长的降低。他强调该危机也彻底破坏了电力部门的规制和市场制度。Christopher Weare, "The California Electricity Crisis: Causes and Policy Options." San Francisco: Public Policy Institute of California, 2003, pp. 2-4.

② 2015年4月对联邦能源规制委员会官员的访谈。Richard O'Neill, "Toward Better, More Efficient Capacity Market Design." Presentation to the Harvard Electricity Policy Group, Cambridge, MA, February 22, 2014.

通信委员会开始更广泛地审查规制体制。① 司法部针对 AT&T 提起了一项反垄断诉讼，并在 1981 年进入审判程序。国防部认为，所提议的分拆计划将会因为分割通信网络而破坏国家安全。商务部认为，削弱 AT&T 的研发能力将有损美国技术的领先地位。许多政治领导人联合起来为 AT&T 辩护。然而在 1982 年，司法部反垄断局负责人巴克斯特（Baxter）宣布了一项同意法令，据此 AT&T 将剥离其所有本地电话公司，以换取进入计算机业务的许可。虽然很难评估该判决在当时的经济收益，但它显然为电信市场的腾飞和之后的信息革命奠定了基础。②

《1996 年电信法案》允许地方贝尔运营公司、长途运营商和有线电视公司进入彼此的业务范围。该法案的支持者认为，它将促进"多式联运"的竞争（例如，在电话公司和有线电视公司之间），并促进该行业的稳定竞争。然而，在实践中，有线电视公司和电话公司在各自的领域牢固确立了主导地位，两家公司（主导性的有线电视公司和主导性的电话运营商）逐渐控制了大多数本地的宽带互联网服务市场。相对于大多数发达国家而言，美国电信业的价格更高，而服务质量却较差。③

与此同时，政府当局面临着是否维持开放的互联网规则（又称为"网络中立性"）的问题，即禁止互联网服务提供商（Internet service providers，ISP）给予某些用户优先访问的权限，或者让自己

---

① Steven K. Vogel, *Freer Markets, More Rules: Regulatory Reform in Advanced Industrial Countries.* Ithaca, NY: Cornell University Press, 1996, pp. 218-223.

② 关于 AT&T 分拆的福利效应，参见 Christopher S. Yoo 教授的论述。Christopher S. Yoo, 2008. "The Enduring Lessons of the Breakup of AT&T: A Twenty-Five Year Retrospective." *Federal Communications Law Journal* 61: 1-10.

③ New America Foundation, 2014. "The Cost of Connectivity: Data and Analysis on Broadband Offerings in 24 Cities across the World." https://www.newamerica.org/oti/policy-papers/the-cost-of-connectivity-2014/.

> 市场治理术：
> 政府如何让市场运作——

的内容优先于其他互联网服务提供商的内容。网络中立性问题很好地说明了前一章所提出的论点，因为在这种情况下，开放性是通过施加规则而产生的，而不是缺乏规则的产物。网络中立性规则包括了为保护自由而设的限制，因为它限制互联网服务提供商对互联网上的内容传播担任看门人的角色，同时还通过保证新进入者不受劣质服务或额外收费的影响来促进互联网服务的竞争。正如马尔文·阿莫里（Marvin Ammori）指出的那样，对网络中立性的反对可被视为与企业家精神、市场竞争和言论自由的市场自由主义价值相抵触。① 此外，就美国而言，实现更加开放和更有活力的竞争的最直接途径是通过将互联网归类为公用事业而对其进行相对重度的规制。美国版的网络中立性故事也表明，对于关键规制问题的政治分歧挑战了通常的分类，如政府与市场的二分法，并可能使共和党人和民主党人均陷入矛盾之中。

2002年，时任联邦通信委员会主席的迈克尔·鲍威尔（Michael Powell）将互联网通信归类为"信息服务"，而不是《联邦通信法案》第二章中包括电话服务等在内的"公共承运"（common carriage），从而限制了联邦通信委员会对其进行规制的权力。鲍威尔认为，互联网不同于传统的通信基础设施，竞争可以保护消费者免受接入服务提供商的损害。② 尽管如此，联邦通信委员会在2010年发布了网络中立性规则，禁止互联网服务提供商偏袒它们自己的内容或付费的内容。互联网服务提供商坚决反对这些规则，认为它们有权对不同的用户提供不同的价格和服务，并游说两党的国会议员以寻求支持。威瑞森通信公司（Verizon）向法院起诉，挑战联邦通信委员会的上述规则，并在2014年1月的

---

① Marvin Ammori, 2014. "The Case for Net Neutrality." *Foreign Affairs* 93/4: 72-73.

② Susan Crawford, *Captive Audience: The Telecom Industry and Monopoly Power in the New Gilded Age*. New Haven, CT: Yale University Press, 2013.

> 第三章 市场治理的美国模式：为什么世界上最自由的……

联邦上诉判决中获胜。根据该判决，联邦通信委员会要么修改网络中立性规则以符合法院判决，要么将互联网服务重新归类为公用事业。2014年4月，联邦通信委员会发布了一项修订网络中立性规则的提案，允许宽带运营商向内容提供商收取基于更快服务的费用。包括Netflix和Twitter在内的大型公司、广大的科技公司以及公共利益集团都迅速提出抗议。虽然共和党人倾向于支持互联网服务供应商，民主党人倾向于支持网络中立性，但双方内部都出现了分歧。74名民主党的国会议员向联邦通信委员会致函反对2010年5月发布的网络中立性规则，而几位知名的共和党人则公开支持网络中立性规则。支持网络中立性的游说者称赞约翰·奥利弗（John Oliver）2014年6月在HBO电视网的戏仿。奥利弗对联邦通信委员会主席惠勒（Wheeler）和互联网服务供应商均进行了嘲弄，成为整个事件引起全国关注的转折点。①据报道，联邦通信委员会收到了400万条支持网络中立性的评论，美国总统巴拉克·奥巴马本人于2014年11月宣布支持重新分类。联邦通信委员会在2015年2月按照党派立场以3比2的投票结果决定进行重新分类，随后发布了一份313页的文件，详细说明和论证了其在3月所发布的规则。该规则禁止在互联网上屏蔽内容、减慢传输速度以及创建快速通道。②

2016年，联邦通信委员会提议打破有线电视公司和卫星公司对于大多数消费者所租用的机顶盒的控制，具体做法是迫使上述公司在不同的设备上提供其节目。这将允许消费者通过同一平台来访问流媒体内容和付费内容。因此，与网络中立性的情形一样，一个开放的平台和加剧的竞争都将是实施规则的结果。然而，随

---

① 2015年4月在华盛顿特区对网络中立性辩论所涉及的公共利益群体代表的访谈。
② *New York Times*, February 27, 2015, B1, and March 13, 2015, B1.

着特朗普在总统大选中的胜利,即将上任的联邦通信委员会主席阿言特·帕伊(Ajit Pai)放弃了开放有线电视机顶盒市场的计划,并着手推翻网络中立性规则。①

因此,美国的"放松管制"导致规制水平和复杂性的大幅提升,特别是在电力和电信领域。托尼·弗迈尔(Tony Freyer)指出了美国式规制改革导致治理范围扩大的一种不太明显的方式。随着政府命令—控制型规制的式微,私人反垄断诉讼有所增加。这不仅意味着私人诉讼取代政府规制的替代效应,而且诉讼的规模也表明,许多私营企业认为有必要对竞争规则进行检验。②相比之下,正如下一章将探讨的那样,日本有时会以私营部门的协调甚至勾结来取代政府对价格和市场准入的规制。③

## 七、知识产权

自1980年以来,美国的知识产权制度发生了根本性转变,因为政府将专利保护扩展到大学等新的参与者,以及软件和商业方

---

① *New York Times*,February 6,2017,A14.

② Tony A. Freyer,2010. "Deregulation Theories in a Litigious Society: American Antitrust and Tort." In *Governments and Markets: Toward a New Theory of Regulation*, edited by Edward J. Balleisen and David A. Moss,482-511. New York: Cambridge University Press. 自1945年至1988年,美国共提起了31745个私人反垄断诉讼,与之形成对比的是,日本同期的这一数字为15个(Ulrike Schaede, *Cooperative Capitalism: Self-Regulation, Trade Associations, and the Antimonopoly Law in Japan*. Oxford: Oxford University Press,2000,p. 110)。

③ 维尔特认为,美国的老牌企业对于"放松管制"的回应并不是公然地串通,而是策划出一系列市场战略以阻止新的进入者,包括市场分割及对分销渠道的操纵。Richard H. K. Vietor, *Contrived Competition: Regulation and Deregulation in America*. Cambridge,MA: Harvard University Press,1994,pp. 320-321.

法等新产品。这为专利创造了一个蓬勃发展的二级市场，但同时也产生了一些弊病，包括本节讨论的"专利丛林"（patent thicket）和"专利蟑螂"（patent troll）现象，这些弊病破坏了专利保护促进创新的核心目标。科里亚特（Coriat）和韦恩斯坦（Weinstein）认为，美国的各种政策变化结合起来产生了"知识的商品化"，即一个专利的市场以及大量拥有知识产权但不通过销售商品和服务而是通过销售知识产权来获利的企业。这在知识产权制度与美国金融市场之间形成了一种互补性，因为知识的商品化为金融机构提供了投资高风险企业和参与不断扩大的知识产权市场的新机会。①

《1980年拜杜法案》授权对公共资助的研究成果的研发单位授予专利，并允许大学和公共实验室向私营企业授予专利独占许可，或者与这些企业建立合资企业以利用其知识产权。许多大学很快就动员其技术转让办公室向第三方出售专利。② 20世纪80年代，美国专利局开始为计算机软件颁发专利；而在此之前，计算机软件被认为是不属于人类发明的数学算法，从而不具有可专利性。1982年，国会为专利案件设立了联邦巡回上诉法院，该法院在1998年认定商业方法也可被授予专利。美国专利局随后被大量涌入的计算机软件和商业方法的专利申请所淹没。

在此期间，专利制度的成本增加，而鼓励创新的收益却在下降。③随着专利的激增，开始产生了"专利丛林"现象，即公司必

---

① Benjamin Coriat and Olivier Weinstein, 2012. "Patent Regimes, Firms and the Commodification of Knowledge." *Socio-Economic Review* 10: 284-289.

② Ibid., pp. 281-282.

③ Gary Reback, *Free the Market: Why Only Government Can Keep the Marketplace Competitive*. New York: Penguin Group, 2009, pp. 143-145; Benjamin Coriat and Olivier Weinstein, 2012. "Patent Regimes, Firms and the Commodification of Knowledge." *Socio-Economic Review* 10: 287-289. See also Council of Economic Advisers, "The Patent Litigation Landscape: Recent Research and Developments." Issue Brief. Washington, DC: Council of Economic Advisers, 2016.

须穿过密集的专利权之网才能对新技术进行商业化应用。①很多公司为了战略性目的储备专利,包括产生诉讼收入,防范诉讼威胁以及进行专利交易。非专利实施实体(non-practicing entities),通常被称为"专利蟑螂",是指那些没有自己的发明却做着专利生意的公司。它们购买大量的专利(通常是软件专利),搜寻可能的侵权行为,然后寻求财务和解或诉讼判决。②在这个过程中,它们阻碍了新产品的开发,增加了企业和消费者的成本,并堵塞了司法系统。③日本和欧洲没有发生"专利蟑螂"现象,部分原因是它们在颁发软件和商业方法专利方面的限制性更多。

美国政府已经进行了改革,但并没有从根本上解决这些问题。2011年,国会通过了《美国发明法案》,该法案从"先发明制"转向大多数国家通用的"先申请制";拓宽了"现有技术"(prior art)的界定范围,即在产生一项发明之前的实用知识;并在专利局内设立了一个行政委员会,该委员会有权在争议提交法院之前宣布专利无效。④2013年,奥巴马总统指示专利局要求企业对它们的专利涵盖的范围作出更加具体的说明,加强对过于宽泛的专利申请的审查,并限制针对仅仅使用现成技术的消费者或小企业的专利

---

① Carl Shapiro, 2000. "Navigating the Patent Ticket: Cross Licenses, Patent Pools, and Standard Setting." *Innovation Policy and the Economy* 1: 119-150.

② 非专利实施实体占美国所有专利诉讼的比例从2006年的20%增加到了2013年的67%。Fiona M. Scott Morton and Carl Shapiro, 2014. "Strategic Patent Acquisitions." *Antitrust Law Journal* 2: 463-499, p. 466.

③ Randall Rader, Colleen Chien, and David Hricik, "Make Patent Trolls Pay in Court." *New York Times*, June 5, 2013, A21. 斯科特·莫顿和夏皮罗认为,专利蟑螂阻碍了创新并损害了消费者。Fiona M. Scott Morton and Carl Shapiro, 2014. "Strategic Patent Acquisitions." *Antitrust Law Journal* 2: 463-499, p. 482.

④ *Forbes*, March 15, 2013.

# 第三章 市场治理的美国模式：为什么世界上最自由的……

侵权诉讼。①最高法院还在 2010 年至 2015 年间作出了若干具有限制滥用专利诉讼的潜在效果的判决。它限制了抽象思想、自然现象和自然法则申请专利的资格，明确了被告全额收回律师费的标准，并提高了起诉标准，从而要求原告的诉讼请求必须得到事实主张的支持。②

信息革命也从根本上改变了版权政策，引发了版权人和用户之间新的较量。根据《1976 年版权法》，美国国会特别将思想、流程、程序、系统和操作方法排除在版权保护之外。与此同时，一个特别委员会讨论了计算机程序是否应受到保护这一棘手问题。它建议对计算机程序的文本给予版权保护，但不对程序中包含的流程给予版权保护。这种方法在 1980 年通过的对《1976 年版权法》的一项修正案中被采用。③软件对版权法提出了独特的挑战，因为软件程序很容易将菜单命令等行业标准与更多专有内容相结合，这让法院面临着判断什么构成行业标准的合理使用这一微妙任务。④一些软件开发人员认为软件应该是非专有的，他们还发起了一场声势浩大的开源运动。⑤在政治上，关于版权的争论让包括有影响力的电影业和唱片业在内的版权人与包括高科技企业和普通大众在内的用户对立起来。但事态变化可能会很复杂，因为一些大型商业集团在争论的两方均有代表，而很多科技公司随着时间的推移而改变了立场。共和党和民主党各有分歧，主张严格执

---

① *New York Times*, June 5, 2013, B1.

② Council of Economic Advisers, "The Patent Litigation Landscape: Recent Research and Developments." Issue Brief. Washington, DC: Council of Economic Advisers, 2016, pp. 5-7.

③ Gary Reback, *Free the Market: Why Only Government Can Keep the Marketplace Competitive*. New York: Penguin Group, 2009, pp. 101-102.

④ Ibid., pp. 107-138.

⑤ Steven Weber, *The Success of Open Source*. Boston: Harvard University Press, 2005.

市场治理术：
政府如何让市场运作

法和宽松执法者在两党内部均有之。

根据《1998年桑尼·博诺版权期限延长法案》，美国将版权保护期限从作者死亡后的50年延长至70年，甚至还追溯适用此延期。支持者认为，艺术家的寿命越来越长，应该在他们有生之年从作品销售中受益，更长久的保护期也将激励版权人修复、更新和改进遗留的作品。反对者则指责该延期只不过为公司带来福利，却对公共领域的文化产生腐蚀性影响。该延期不符合版权保护的核心原理，因为作者不太可能受到额外20年的激励，更不会受到追溯性延长的激励。

复制作品的成本在过去是进行版权侵权的主要障碍，但数字技术使复制更容易且成本更低，尤其在复制电脑文件时基本上没有成本。这导致寻求版权保护最大化的内容制作者与希望自由复制、分享内容的内容使用者和互联网企业之间产生了严重冲突。媒体行业游说要求为保护版权而规定更严厉的处罚措施和更长的保护期。《1998年数字千禧年版权法案》为版权人提供了针对潜在侵权行为的新救济措施，例如，版权人有权发出"移除"通知（"takedown" notices），要求违规者从互联网上删除内容，而无须采取费用高昂且耗时的诉讼。它还规定单项侵权行为的法定损害赔偿金最高可达15万美元，这些侵权行为包括规避技术性的版权保护，如加密技术等。根据该法的规定，破解受版权保护商品的防复制算法或其他电子锁，甚至（除非符合一些例外的情况）开发能够进行上述规避行为的软件工具，均为非法。[①]批评者认为这一规定走得太远了，因为它允许内容制作者通过加密的技术法令

---

① Steven Weber, "From Linux to Lipitor: Pharma and the Coming Reconfiguration of Intellectual Property." In *How Revolutionary Was the Digital Revolution? National Responses, Market Transitions and Global Technology*, edited by John Zysman and Abraham Newman, Stanford, CA: Stanford University Press, 2006, p. 221.

(technological fiat) 而不是依赖合理使用原则等法律标准来限制传播。①

美国唱片业协会积极利用移除通知来追究像 Napster 那样的提供广泛传播数字化内容的点对点文件分享服务的责任，同时针对个人提起诉讼以获得损害赔偿并制止其复制行为。由于公众的反对，美国唱片业协会后来放弃了对文件分享行为的大规模诉讼，转而仅仅对文件分享软件的提供商追究责任，如 Limewire 和 Megaupload。美国唱片业协会与 Spotify 等流媒体服务公司达成了赔偿版权人的协议，同时将 Pandora 等其他公司诉诸法庭。2014年，美国唱片业协会提出了更好地适应流媒体时代许可程序的根本性改革方案：通过在一揽子许可下汇总作品来简化许可程序，涵盖了将音乐发行到市场上所需的所有权利；同时确保价值链中的所有各方都获得与其贡献相称的公平市场价值。

以下两节的案例研究将展示美国市场的独特制度是如何推动了近期历史上最重要的两大发展：信息革命和全球金融危机。前者展示了美国制度创造新财富的力量，后者则揭示了这些制度在应对市场风险方面的脆弱性。

## 八、信息革命的市场治理术

信息革命提出了一个双重悖论：它既是一种全球现象，又具有独特的美国根源；它使最接近完全市场的事物成为可能，然而这些"无缝"市场需要更多而不是更少的治理。它阐释了本章的核

---

① Brodi Kemp, "Copyright's Digital Reformulation." In *How Revolutionary Was the Digital Revolution? National Responses, Market Transitions, and Global Technology*, edited by John Zysman and Abraham Newman, 379-390. Stanford, CA: Stanford Business Books, 2006.

**市场治理术：**
政府如何让市场运作——

心论点：美国的市场受到了重度的治理，且是以独特的方式被治理着。但它同时也阐释了市场治理的福利影响，我们将在最后一章回到这一主题。现在让我们逐个解答上述两个悖论。

信息革命的特点是处理和传播数字化数据的能力大幅提升，从而彻底改变着产品、生产流程和市场。[①]美国军方、大学和企业的研究系统促进了半导体计算能力的指数级增长，并在传输、网络和应用方面取得关键的技术进步。[②]英特尔联合创始人戈登·摩尔（Gordon Moore）在20世纪60年代就预测，硅芯片上的晶体管密度，也就是计算能力，每18个月将会翻一番，他提出的这一"摩尔定律"自此大致成立。[③]这推动了数字革命，使信息成为一种可以用二进制形式表达且几乎没有任何传输成本的商品。

美国政府的政策和市场制度为这场革命赋予了独特的形式。政府在信息革命中的角色与下文将要讨论的政府在金融危机中的角色形成了鲜明对比：政府表现出卓越的行政管理能力、远见卓识以及相对不受利益集团压力的影响。反垄断政策对信息革命的形塑作用表现为防止像IBM和AT&T这样纵向整合的公司主导电子行业。反垄断当局迫使IBM发布技术信息，以便独立的维修公司

---

① John Zysman, "Creating Value in a Digital Era: How Do Wealthy Nations Stay Wealthy?" In *How Revolutionary Was the Digital Revolution? National Responses, Market Transitions, and Global Technology*, edited by John Zysman and Abraham Newman, pp. 29-32. Stanford: Stanford University Press, 2006.

② 马祖卡托强调，美国政府资助了很多导致信息革命的研究。Mariana Mazzucato, *The Entrepreneurial State: Debunking Public vs. Private Sector Myths*. London: Anthem Press, 2014, pp. 73-112.

③ Abraham Newman and John Zysman, "Transforming Politics in the Digital Era." In *How Revolutionary Was the Digital Revolution? National Responses, Market Transitions and Global Technology*, edited by J. Zysman and A. Newman, Stanford, CA: Stanford University Press, 2006, p. 393. 某些迹象表明，进入21世纪10年代以来，"摩尔定律"正在放缓（*Economist*, March 12, 2016, Technology Quarterly）。

可以为 IBM 的机器提供服务。其他制造商可以利用 IBM 发布的这些规格信息来生产可以运行 IBM 机器的相关软件并能够连接到为这些机器而制造的设备的计算机。IBM 将软件销售从硬件销售中分出来,以降低其受到反垄断诉讼的可能性,从而形成了独立的软件部门。①当局允许 IBM 和 AT&T 为了在它们自己的计算机和通信系统上使用而制造半导体,但不得在市场上销售。他们担心允许销售的话,IBM 和 AT&T 会将半导体开发的一些成本纳入它们的计算机销售中去,通过交叉补贴半导体业务来驱除竞争。结果就是,美国半导体行业由 AMD 和英特尔等专业公司组成,而不是像日本那样由日本电气股份有限公司(NEC)和日立公司(Hitachi)等纵向整合的电子公司组成。分析人士认为,这导致在 20 世纪 80 年代的美日半导体战争期间,美国公司陷入劣势。②然而,美国的反垄断政策也为 "Wintelist" 范式下的价值链分解奠定了基础。该范式是以微软视窗系统(Windows)加上英特尔(Intel)而命名的,因为像微软这样的软件公司和像英特尔这样的组件制造商逐渐对价值链中各自的环节掌握了更多控制权。它们不再仅仅是组装公司的分包商,而是在推动市场发展,制定技术标准以及塑造技术接口(technological interfaces)。③通过限制 IBM 和 AT&T 等系统集成商,美国当局为新进入新兴信息技术行业的企业留下了比日本和欧洲更多的发展空间。

向 Wintelist 生产范式的转变也促使生产过程更广泛地分解为

---

① Gary Reback, *Free the Market: Why Only Government Can Keep the Marketplace Competitive.* New York: Penguin Group, 2009, pp. 247-249.

② Michael Borrus, *Competing for Control: America's Stake in Microelectronics.* New York: Harper and Row, 1988.

③ Michael Borrus and John Zysman, 1997. "Globalization with Borders: The Rise of Wintelism as the Future of Industrial Competition." *Industry and Innovation* 4: 141-166.

市场治理术：
政府如何让市场运作——

全球供应链。技术接口变得更加开放和通用，从而可能实现从整体生产模式向模块化生产模式的转型。在前一模式下，组装公司控制着生产过程；而在后一模式下，一国之内的所有制造商均可以生产标准子系统，例如硬盘驱动器等，安装在世界任何地方的终端产品中。[1]组装公司可以将生产外包出去，从而更专注于研究、设计和营销。与此同时，上游供应商可以获得更多的生产价值。

AT&T 的分拆以及随后的规制也促进了电信业的竞争。[2]该系统被分为不同的市场部分：终端设备、长途服务、本地服务以及增值服务。小贝尔公司（Baby Bells）在本地服务方面仍然处于垄断地位，但在其他业务领域则面临竞争。这促使小贝尔公司设计出应用信息技术的新方法，以提高效率和提供创新服务。该公司逐渐成为信息技术的企业用户，并推动了用户驱动的创新。此外，规制改革还降低了通信成本，包括统一费率的本地服务，这使创业企业能够提供增值服务，家庭用户也可以用合理的花费来尝试新的应用。规制改革还为金融行业创造了一个更具竞争性的环境，推动金融服务企业整合信息技术以获得竞争优势。[3]

从某种意义上来说，美国政府"创建"了互联网，因为国防部的高级研究计划局（DARPA）资助了阿帕网（ARPANET）的开发，后者为互联网提供了基础架构。阿帕网通过分组交换（packet switching）传输数据，将信息分解为较小部分，然后在其到达目的

---

[1] John Zysman, "Creating Value in a Digital Era: How Do Wealthy Nations Stay Wealthy?" In *How Revolutionary Was the Digital Revolution? National Responses, Market Transitions, and Global Technology*, edited by John Zysman and Abraham Newman, Stanford: Stanford University Press, 2006, pp. 26-29.

[2] Steven K. Vogel, *Freer Markets, More Rules: Regulatory Reform in Advanced Industrial Countries*. Ithaca, NY: Cornell University Press, 1996.

[3] Stephen Cohen, Bradford DeLong, and John Zysman, "Tools For Thought: What Is New and Important about the 'E-conomy.'" Berkeley Roundtable on the International Economy, Working Paper 138, 2000.

## 第三章 市场治理的美国模式：为什么世界上最自由的……

地之前重新组合。①它连接了各种军事研究机构和大学实验室，实现了电子通信（如电子邮件）以及数据和分析的共享。1985 年，高级研究计划局将阿帕网转移到国家科学基金会（National Science Foundation），并宣布所有与国家科学基金会相关的站点都使用 TCP / IP 协议，从而将其确立为主导性的数据传输协议。政府在 1991 年放宽了对网络商业使用的限制之后，私营商业互联网服务于 1992 年开始出现。1991 年，瑞士的欧洲核研究组织（CERN）的一名研究人员开发了支持万维网的软件和规范。1993 年，伊利诺伊大学的研究人员为微软视窗平台创建了 Mosaic 网络浏览器。②网络互联的优势得以体现，每一台个人计算机均成为全球数据存储的窗口，进而推动了互联网的蓬勃发展。③随着应用程序的数量激增和日益复杂，它们需要宽带基础设施的支持。各国政府以不同的方式支持这种推广。美国政府依靠有线电视公司和电话公司的结合来建设网络，导致了更低的整体覆盖率和更多差异的网络形式变化，而日本政府则更直接地进行投资。④

美国的市场制度，特别是硅谷模式，促进了创新型初创企业的

---

① Abraham Newman and John Zysman, "Transforming Politics in the Digital Era." In *How Revolutionary Was the Digital Revolution? National Responses, Market Transitions and Global Technology*, edited by J. Zysman and A. Newman, Stanford, CA: Stanford University Press, 2006, p. 398; Mariana Mazzucato, *The Entrepreneurial State: Debunking Public vs. Private Sector Myths*. London: Anthem Press, 2014, pp. 74-79.

② Martin Kenney, "The Growth and Development of the Internet in the United States." In *The Global Internet Economy*, edited by Bruce Kogut, Cambridge, MA: MIT Press, 2003, pp. 71-73, 81-84.

③ Stephen Cohen, Bradford DeLong, and John Zysman, "Tools For Thought: What Is New and Important about the 'E-conomy.'" Berkeley Roundtable on the International Economy, Working Paper 138, 2000.

④ Abraham Newman and John Zysman, "Transforming Politics in the Digital Era." In *How Revolutionary Was the Digital Revolution? National Responses, Market Transitions and Global Technology*, edited by J. Zysman and A. Newman, Stanford, CA: Stanford University Press, 2006, p. 399.

**市场治理术：**
*政府如何让市场运作*——

发展，并在设备、信息处理技术、传输和服务方面进行了创新。创新型初创企业在互联网商业化方面发挥了关键作用。美国政府也资助了大量产生相关技术的研究，并为许多非常成功的高科技公司提供了早期资本。①美国的研究型大学成为创业企业的孵化器和合作伙伴。移民则提供了重要的专业技术来源，同时还与其他国家和地区，特别是印度和大中华地区建立了研究联系。流动的劳动力市场提供了人才供给，并使企业家更愿意承担风险，因为他们知道，如果某项风险投资失败，他们将很可能会获得新的机会。硅谷地区提供了与主要研究型大学的联系、深厚的人力资源网络、强大的支持服务部门（如专业的法律、会计和人力资源行业）以及充满活力的风险投资行业。②风险投资企业让初创企业能够更快地成长，因为初创企业不再需要长期积累留存收益或依靠银行贷款。风险投资企业还与初创企业密切合作，提供管理建议和业务联络。③金融市场为初创企业上市或被收购提供了途径。政府政策促进了股票期权的发行，这些期权能够提高管理人员的潜在薪酬，同时限制即时支出。下一章将叙述日本政府如何在过去的几十年里模仿硅谷模式，却未能取得成功。

美国所引领的信息革命具有几个鲜明的特征：（1）层级价值链的细分；（2）来自上游行业的更大的价值创造和技术领先，例如组件和软件企业；（3）初创企业在数据通信、软件和电子商务方面的动态创新；（4）来自大型企业用户的新型信息技术战略；（5）消费

---

① Mariana Mazzucato, *The Entrepreneurial State: Debunking Public vs. Private Sector Myths.* London: Anthem Press, 2014, pp. 73-112.

② Annalee Saxenian, *Regional Advantage: Culture and Competition in Silicon Valley and Route 128.* Cambridge, MA: Harvard University Press, 1994.

③ Martin Kenney, "The Growth and Development of the Internet in the United States." In *The Global Internet Economy*, edited by Bruce Kogut, Cambridge, MA: MIT Press, 2003, pp. 77-81.

者进行的大规模实验。虽然创新模式主要是自下而上的——从用户到生产者,从组件生产者到组装生产商——但是美国政府培育了支持创新的制度环境。美国企业在这一新兴领域具有先发优势,并且受益于它们的商业模式与诞生于美国制度的新生产模式很好地融合在一起这一事实。美国企业在操作系统、商业软件和搜索引擎领域占据了主导地位。①

现在让我们谈谈第二个悖论:互联网市场是如何受到更多而不是更少的治理。②在某种层面上,互联网似乎是最接近完全市场的,因为交易成本急剧下降到接近于零。消费者可以在 eBay 上无缝地找到交易对方并执行交易,企业则可以通过电子方式在虚拟市场(如 Perfect Commerce)获取产品和服务。但即使是这些市场,也有一套精心制定的规则,既有正式的,也有非正式的。这些规则依赖于更广泛的、界定和执行产权的法律体系作为基础。

通盘考虑本章所讨论的一些关键议题以及之前的议题——反垄断、电信规制和知识产权——我们现在可以得出第一章的论断10:信息经济需要更多而不是更少的市场治理。信息革命挑战着反垄断政策,因为它让占支配地位的企业在面对挑战者之时更容易锁定优势。希望维持竞争的反垄断当局必须更加积极地打击滥用市场支配地位的行为,无论是在调查商业实践方面,还是在必要时迅速采取行动方面。在对合并计划作出判断时,反垄断当局还必须评估信息经济中竞争的独特性质。同样地,电子市场是由网络配置软件的架构所界定的。正如埃尔文·罗斯(Alvin Roth)所

---

① 根据 Statista 的统计,美国公司在计算机操作系统方面拥有98%的全球市场份额(2017年),在商业智能和分析工具软件方面占86%(2015年),在桌面搜索引擎方面占98%(2016年)。Statista,2017. https://www.statista.com/statistics/268237/global-market-share-held-byoperating-systems-since-2009/.

② Thomas Friedman, *The Lexus and the Olive Tree*: *Understanding Globalization.* New York: Anchor Books, 1999, p. 81.

说，"互联网市场具有非常精确的规则，因为当市场形成于网络上时，其规则必须定型在软件中。"①控制网络的人能够决定谁可以参与市场，并为市场制定规则。他们可以选择开放或限制市场准入，提供平等或有区别的准入权限，并安排买卖的流程。②然而，政府有权最终决定是否允许企业根据其喜好来设置具体规则，或是否需要通过施加限制来促进竞争。同时，信息具有非排他性，因此信息经济的核心商品是一种法律规则的创造物——知识产权。基于数字技术，复制和重新分发内容的成本几乎为零，这使得版权规则对于内容制作者能否获得回报至关重要。③随着美国专利权的范围扩展到商业模式，以数字形式表达的流程——例如 eBay 的拍卖协议或者亚马逊的结账策略——将共享知识转化为法律所界定的商品。④政府当局必须不断努力，在内容创建者和用户之间取得平衡，从而促进市场竞争和创新，同时保护好个人隐私。

## 九、全球金融危机的市场治理术

2008 年，雷曼兄弟（Lehman Brothers）的破产引发美国股市暴跌，并迅速升级为全球性危机。是什么引起了这场危机？美国

---

① Alvin E. Roth, *Who Gets What—and Why*. Boston: Houghton Mifflin Harcourt, 2015, p. 7.

② François Bar, "The Construction of Marketplace Architecture." In *Tracking a Transformation: E-commerce and the Terms of Competition in Industries*, edited by The BRIEIGCC E-conomy Project Task Force on the Internet, Washington, DC: Brookings Institution Press, 2001, p. 41.

③ Abraham Newman and John Zysman, "Transforming Politics in the Digital Era." In *How Revolutionary Was the Digital Revolution? National Responses, Market Transitions and Global Technology*, edited by J. Zysman and A. Newman, Stanford, CA: Stanford University Press, 2006, pp. 400-401.

④ Ibid., p. 401.

政治经济的独有特征是如何影响该危机的形式的？学者和业界人士列出了导致该危机的因素的清单，并对各种因素如何影响具体进展作出了判断。①我们可以首先将驱动美国房地产市场泡沫的宏观经济因素与导致金融危机的微观制度因素区分开来。美国的金融体系并非唯一脆弱的：拥有不同类型金融体系的多个国家均经历过金融危机。②拥有一套完全不同制度的日本在20世纪90年代亦曾经历过一次特别拖累经济的危机。然而，我在这里的论点是，美国资本主义的各种制度对房地产泡沫的规模、崩盘的猛烈程度以及危机对普通业主的影响均起到了推波助澜的作用。

宽松的货币政策显然助长了房地产泡沫。③联邦储备银行的捍卫者，包括其主席艾伦·格林斯潘（Alan Greenspan）本人，均认为美联储的主要任务是防止通货膨胀，而不是资产价格膨胀；将资产泡沫与资产内在价值的合理升值区分开来是特别困难的；很难通过提高利率来消除泡沫；而且任何消除泡沫的举动在政治上

---

① Joseph E. Stiglitz, *Freefall: America, Free Markets, and the Sinking of the World Economy*. New York: W. W. Norton, 2010, pp. 1-26；Simon Johnson and James Kwak, *13 Bankers: The Wall Street Takeover and the Next Financial Meltdown*. New York: Pantheon Books, 2010；National Commission on the Causes of the Financial and Economic Crisis in the United States, *The Financial Crisis Inquiry Report*. New York: Public Affairs, 2011；Barry Eichengreen, *Hall of Mirrors: The Great Depression, the Great Recession, and the Uses—and Misuses—of History*. New York: Oxford University Press, 2015.

② Carmen M. Reinhart and Kenneth S. Rogoff, *This Time Is Different: Eight Centuries of Financial Folly*. Princeton, NJ: Princeton University Press, 2009.

③ 这与20世纪80年代关于日本银行和日本经济泡沫的论争相类似。William W. Grimes, *Unmaking the Japanese Miracle: Macroeconomic Politics, 1985-2000*. Ithaca, NY: Cornell University Press, 2002, pp. 136-143；Steven K. Vogel, *Japan Remodeled: How Government and Industry Are Reforming Japanese Capitalism*. Ithaca, NY: Cornell University Press, 2006, pp. 23-25.

市场治理术：
政府如何让市场运作——

都是不受欢迎的。①然而，美联储的使命是监督美国经济的整体健康状况，以及更广泛地监督全球经济的健康状况，因此它有义务来关注资产泡沫。除了利率之外，它还有其他政策工具，包括限制银行对高风险抵押的风险敞口或提高资本要求。一度有证据表明，美国的住房和股票市场已经处于危险的膨胀状态，一些专家也曾对即将爆发的金融危机作出了警告。②

资本流动的全球性失衡也助长了房地产泡沫。中国和其他亚洲及中东国家的高储蓄导致了大量资产在全球范围内寻求有吸引力的投资机会，但由于许多市场的盈余资金过多而无法找到足够的机会。于是，全球储蓄涌入美国，投资于房地产市场。这推动了全球利率走低，迫使投资者寻求风险更高的资产和更大的杠杆来实现回报最大化。

导致这场危机的具体发展变化——所有这些发展变化均受到美国资本主义制度框架的影响——的简要清单包括：(1) 金融改革（本章前面部分已经简述）；(2) 未能有效规制金融衍生品；(3) 监管当局松懈的监督；(4) 依赖私营部门的自我规制；(5) 抵押贷款支持证券市场的发展，打破了借款人与贷款人之间的直接联系，使贷款人能够发放高风险的抵押贷款，而金融专业人士将其用于

---

① Alan Greenspan, *The Age of Turbulence*: *Adventures in a New World*. New York: Penguin Press, 2007, pp. 200-202.

② Raghuram G. Rajan, "Has Financial Development Made the World Riskier?" Paper presented at Federal Reserve Bank of Kansas City Symposium, Jackson Hole, Wyoming, August 27, 2005. See also Dean Baker, "Bush's House of Cards." *The Nation*, August 9, 2004. https://www.thenation.com/article/bushs-house-cards/; Robert J. Shiller, "Bubble Trouble." *Project Syndicate*, September 17, 2007. https://www.projectsyndicate.org/commentary/bubble-trouble?barrier = accessreg; Nouriel Roubini, "The Rising Risk of a Systemic Financial Meltdown: The Twelve Steps to Financial Disaster." *EconoMonitor*, February 5, 2008. http://www.economonitor.com/nouriel/2008/page/18/.

投机；（6）私营部门监督者的失败，包括评级机构、会计师和金融分析师；（7）投资银行、贷款人和借款人的不负责任行为。

一些分析人士指责促进房屋所有权的政策助长了房地产泡沫，尤其是鼓励向低收入者提供贷款的措施。特别是，他们指责房利美（Fannie Mae）和房地美（Freddie Mac）扭曲了抵押贷款市场，因为它们的业务由政府提供隐性担保，从而人为地增加了对抵押贷款和房屋的需求。①然而，房利美和房地美提供的大部分是优质抵押贷款，而不是导致危机的次级贷款；而其所提供的针对低收入借款人的《社区再投资法案》贷款的违约率实际上低于平均水平。②在房地产繁荣的后期阶段，推动抵押贷款市场（尤其是次级市场部分）发展的并非房利美和房地美，而是其他金融机构。③

如前所述，在最主要的工业化国家中，美国政府最早和最深入地采取行动来促进金融业的竞争，并对新的金融产品采取了相对宽容的态度。与信息革命的情况相反，金融监管显示出明显的规制俘获的迹象。金融行业拥有着金融资源、组织权力以及与政府的网络联系，使其能够形成有利的规制制度。政府和金融界的精英们互相渗透，华尔街的高层管理人员在财政部和金融监管机构中扮演着重要角色。此外，政治领导人需要强健的经济，而金融行业在提供信贷和推动股市方面发挥了关键作用。因此，任何政

---

① Peter J. Wallison, "Financial Crisis Inquiry Commission Dissenting Statement." In *The Financial Crisis Inquiry Report*, by the National Commission on the Causes of the Financial and Economic Crisis in the United States, 441-450. New York: Public Affairs, 2011.

② Joseph Stiglitz, *The Great Divide: Unequal Societies and What We Can Do about Them*. New York: W. W. Norton, 2015, p. 58.

③ Barry Eichengreen, *Hall of Mirrors: The Great Depression, the Great Recession, and the Uses—and Misuses—of History*. New York: Oxford University Press, 2015, pp. 80-83.

府都会谨慎地采取可能会削弱金融行业发挥这些作用的能力的措施。①美国的大型投资银行通过游说降低银行业与证券业之间的壁垒，或允许衍生产品，从而尽可能实现其创新的自由。相比之下，日本的金融机构更倾向于通过游说来维持监管规则，例如固定经纪佣金和存款利率，以达到缓和竞争和稳定收入的目的。

美国金融监管体制的分散化不仅对于各监管机构之间进行高水平的协作提出了要求，而且还使该体系容易受到规制失误的影响，例如在规制缝隙之间的滥用行为。它使金融机构有能力进行监管套利：利用不同市场或不同管理范围的规制差异来增加利润。②鉴于规制权限的分散和更加严守法律的（legalistic）监管风格，美国对金融监管的方法更多是事后的，而不是事前的，也就是说，金融机构先对业务边界进行尝试，然后监管机构判断这些机构是否违反了某一规则。③美国的私营部门在衍生工具方面进行的创新在日本是不可能发生的，因为日本的金融机构不会在没有事先咨询监管当局的情况下引入新产品。事实上，日本当局的运作原则恰恰相反：他们禁止一切没有明确允许的业务（"正面清单"），而不

---

① 林德布洛姆认为，由于政府依赖企业来提升经济绩效，企业因而享有特殊待遇。这一论断尤其适用于金融行业（Charles E. Lindblom, *Politics and Markets: The World's Political-Economic Systems*. New York: Basic Books, 1977, pp. 170-188）；另可参见郭庚信对文化俘获的讨论（James Kwak, "Cultural Capture and the Financial Crisis." In *Preventing Regulatory Capture: Special Interest Influence and How to Limit It*, edited by Daniel Carpenter and David A. Moss, 71-98. New York: Cambridge University Press, 2014）。

② 拉韦尔强调碎片化的规制便利了美国的监管套利。Kathryn C. Lavelle, *Money and Banks in the American Political System*. New York: Cambridge University Press, 2013, p. 7.

③ David G. Litt, Jonathan R. Macey, Geoffrey P. Miller, and Edward L. Rubin, 1990. "Politics, Bureaucracies, and Financial Markets: Bank Entry into Commercial Paper Underwriting in the United States and Japan." *University of Pennsylvania Law Review* 139: 369-453.

是允许一切没有明确禁止的业务（"负面清单"）。

很难将美国模式中的意识形态因素与制度因素彻底分开，因为两者在实践中相互强化，但某些普遍的思想张力肯定会影响金融监管。许多学者和从业者均相信，更复杂的金融市场可以提高市场效率和整体经济的表现，精心设计的对冲策略可以实现效率和稳定的结合。许多人信奉"有效市场"假说，即金融市场是理性的，因为这一市场将有关股票价值的所有可得信息均考虑进去了。此外，政治人物和意见领袖倾向于相信私营部门自我规制的有效性。他们认为，私营部门的参与者会有动力进行有效的自我规制以保持其声誉，因为这些声誉在金融业中至关重要。[①]

美国政治经济的这些显著特征塑造了特定的政府规制政策，包括对场外衍生证券市场采取不予规制的态度。衍生品包括期货、期权和权证等类型，是指其价格衍生自债券、股票或房地产等基础资产的价值的金融工具。例如，在期货合约中，一方同意在未来某个日期以特定价格将特定资产出售给另一方。衍生品最初被设计出来用于对冲风险，但也可用于投机。它们通常在柜台交易，这意味着没有控制交易的集中市场，对交易及其背后资产的规制也较少。根据1992年《期货交易实践法》下国会所给予的法定授权，商品期货交易委员会（CFTC）豁免了衍生证券的规制。

---

[①] 坎贝尔讨论了新自由主义思想在规制失灵中的作用（John L. Campbell, "Neoliberalism in Crisis: Regulatory Roots of the U. S. Financial Meltdown." In *Markets on Trial: The Economic Sociology of the U. S. Financial Crisis*, edited by Michael Lounsbury and Paul M. Hirsch, 367-403. Bingley, UK: Emerald Group, 2010）；艾肯格林讨论了意识形态对美国金融监管的影响（Barry Eichengreen, *Hall of Mirrors: The Great Depression, the Great Recession, and the Uses—and Misuses—of History*. New York: Oxford University Press, 2015, pp. 72-73）；弗雷格斯坦和勒卡斯则讨论了假定竞争性市场将会抑制非法行为背后的理论（Neil Fligstein and Alexander Roehrkasse, 2016. "The Causes of Fraud in the Financial Crisis of 2007 to 2009: Evidence from the Mortgage-Backed Securities Industry." *American Sociological Review* 81: 625-626）。

市场治理术：
政府如何让市场运作——

在布鲁克斯利·波恩（Brooksley Born）主政商品期货交易委员会期间（1996—2000年），委员会质疑衍生品豁免规制是否合理，因为它们带来了越来越多的风险，而且在1992年后衍生品市场快速增长。[①]财政部长罗伯特·鲁宾（Robert Rubin）、副部长拉里·萨默斯（Larry Summers）、美国证券交易委员会主席亚瑟·莱维特（Arthur Levitt）和美联储主席艾伦·格林斯潘都反对对衍生品予以规制。他们认为，《期货交易实践法》只授予商品期货交易委员会进行豁免的权限，而没有授予其进行额外规制的权限。此外，商品期货交易委员会的行动可能会给衍生品市场带来非常大的不确定性，从而可能会破坏金融市场的稳定。[②]

监管者对于对冲基金和其他旨在通过复杂交易策略来降低投资风险的类似业务基本上采取了不予规制的态度，因为这些基金针对的是拥有专业顾问的高净值个人和机构，而非普通投资者。监管者认为，政府无权禁止成熟投资者拿自己的钱去冒险。然而，由于这些基金涉及晦涩的衍生品，通过相互关联的投资组合方式进行运作，以及缺乏市场透明度，从而引起了系统性风险。它们所依赖的交易策略建立在对异常事件高度敏感的统计预测技术之上。随着对冲基金规模的激增，投资门槛下降，更多个人投资者接触到高风险的投资策略，同时对冲基金越来越难以获得高回报，结果就是助长了更大的冒险行为。

在20世纪80年代，美国大多数主要的投资银行从合伙企业转型为上市公司。这意味着经理人与公司长期运行状况的利害关系

---

[①] Commodity Futures Trading Commission, "Concept Release on Over-the-Counter Derivatives," May 6, 1998, Washington, DC: Commodity Futures Trading Commission.

[②] Arthur Levitt, "Testimony of Chairman Arthur Levitt before the Senate Committee on Agriculture, Nutrition, and Forestry, Concerning the Regulation of the Over-the-Counter Derivatives Market and Hybrid Instruments," July 30, 1998, https://www.sec.gov/news/testimony/testarchive/1998/tsty0998.htm.

不大，而对短期利润最大化的兴趣更大，这也鼓励了更加冒险的行为。它还开启了以股票期权形式向高管提供薪酬的可能性，进一步助长了冒险行为。

美国证券交易委员会在2004年修订了对投资银行的资本要求，基本上允许它们依靠自己的内部模型来评估风险，从而设定其各自的资本要求。①这次修订并未放宽杠杆限制本身，但的确让投资银行相较于其他资产更青睐抵押贷款支持证券，从而导致这些工具的风险敞口迅速增加。②

各种各样的规制决策和不决策（non-decisions）为之后的危机奠定了基础，其中，抵押贷款支持证券市场起到了最重要的作用。通过将许多抵押贷款汇集到大型资产池中并将其证券化，然后出售给投资者，抵押贷款证券化阻断了贷款人和借款人之间的直接联系。投资银行将抵押贷款分为不同的层级，最低层级的抵押贷款（次级抵押贷款）能够获得最高回报。投资银行更有动力去开展次级贷款业务，因为该业务能够让投资银行拓展抵押贷款市场并获得更高的回报。③更糟糕的是，投资银行通过提高杠杆率最大限度地利用小额交易保证金进行大规模交易从而获利——本质上，它们是在通过借入更多资金来进行更大的冒险行为，而更高的杠杆率使它们容易受到房价下跌的影响，哪怕只是小幅的下跌。

与此同时，投资银行还通过精心设计的对冲策略确保自身免受

---

① Barry Eichengreen, *Hall of Mirrors: The Great Depression, the Great Recession, and the Uses—and Misuses—of History*. New York: Oxford University Press, 2015, pp. 74-75.

② 卡尼讨论了规制变革为何导致此种效应，并驳斥了人们通常所认为的该修订允许投资银行提高其杠杆率的误解。John Carney, "The SEC Rule That Broke Wall Street." CNBC, March 21, 2012, https://www.cnbc.com/id/46808453.

③ Neil Fligstein and Alexander Roehrkasse, 2016. "The Causes of Fraud in the Financial Crisis of 2007 to 2009: Evidence from the Mortgage-Backed Securities Industry." *American Sociological Review* 81: 617-643.

违约风险的影响。像美国国际集团（AIG）这样的公司就使用信用违约互换（credit-default swaps，CDS）来帮助投资者（如银行）对冲抵押贷款支持证券的风险敞口。从本质上讲，信用违约互换合同会规定投资者向另一方支付定期费用，后者承诺当对贷款资产负有义务的一方违约时，其将会支付约定的金额。从理论上讲，这应该会降低风险，但在实践中，对冲策略让金融机构承担了更大的风险，并在系统性危机的情况下压垮了保险公司的偿付能力。

信用评级机构继续给予抵押贷款支持证券 AAA 评级，判定其属于分拆了风险的相对安全的投资。政府将对信誉度和信用风险进行评级的权限优先授予私人评级机构。信用评级机构在金融市场中拥有巨大的权力，因为它们的评级决定了企业和其他机构融资的能力。评级机构因评估特定企业或资产的信用等级而收取费用。这就产生了利益冲突，因为支付这些费用的企业希望得到高评级。

金融危机也受到公允价值会计对繁荣—萧条周期的影响。如前一章所述，公允价值会计对金融资产的估值是基于这些资产在市场上的价格而作出的。随着房价在 2003—2008 年期间的持续上涨，抵押贷款支持证券的价值也在上涨，因为其基础资产在持续升值。然而，在萧条时期，房价又会迅速下跌，跌破稳定的市场价值。这迫使银行以市场价格重估其资产，并增加了出售资产的压力。[①]银行后来通过成功游说，停止使用公允市场价值会计核算，而恢复了历史成本会计法。

---

① 美国证券交易委员会的一项研究认为，公允价值会计很难对急剧波动的市场（如萧条或繁荣开始的时期）或缺乏流动性的市场中的资产进行估值。Securities and Exchange Commission, "Report and Recommendations Pursuant to Section 133 of the Emergency Economic Stabilization Act of 2008: Study on Mark-to-Market Accounting," December 30, 2009. Washington, D.C.: Securities and Exchange Commission.

● 第三章 市场治理的美国模式：为什么世界上最自由的……

事后看来，我们可以认识到，规制的反对者过于相信金融创新能够通过对冲策略带来更多效率和安全性方面的好处，而忽视了这些策略会增加风险的可能性。抵押贷款支持证券使投资者免受单个抵押品赎回权丧失的风险，因为它们汇集了很多贷款，从而分散了风险。但是，这些个别贷款的违约风险并非真正相互独立，也就是说，房价大幅下跌可能引发一场系统性危机，从而导致普遍性违约。此外，监管机构并未充分认识到对冲策略本身加上信用违约互换等具有保险特征的工具对对冲能力的增强，将会大大加剧风险。

总而言之，金融危机事件凸显了本书的核心主题，因为它说明了美国监管机构如何犯下市场设计的根本错误。监管者过于相信市场参与者解决问题和自我规制的能力。他们认为，私营部门的参与者会谨慎行事以保护自己的声誉，并维持其自身和客户的业务。格林斯潘在向国会作证时公开放弃了这一观点：

格林斯潘：我们当中很多人（尤其是我自己）曾经指望贷款机构从自身利益出发去保护股东权益，我们目前对此深表怀疑……

主席［亨利·韦克斯曼］：我对你所提的问题是关于你的一种意识形态。你信仰自由、竞争的……引用你自己的原话就是："我确实有一种意识形态。我的判断是，自由竞争的市场是迄今为止无与伦比的组织经济的方式。我们尝试过规制，但均未真正起到作用。"你拥有权限去阻止导致次贷危机的不负责任的贷款行为。很多人都建议你这样去做。现在，我们的整个经济都在付出代价。你认为你的意识形态促使你作出让你后悔的决定了吗？……

## 市场治理术:
### 政府如何让市场运作——

> 格林斯潘:我想说的是,是的,我发现了一个缺陷……①

监管者将过多的事项委托给私人机构,如信用评级机构和会计师事务所。他们过分强调了拥有专业人士支持的高净值个人和专业机构与更广泛的金融消费者之间的规制差别。他们认为可以放宽对前者的规制,同时保留对后者的保护。然而,在这样做时,他们忽略了市场设计的整体性和不同细分市场之间的相互关系。

根据一家专注于金融改革的公共利益组织 Better Markets 的估计,在 2008—2012 年金融危机仅仅给美国造成的实际 GDP 损失就高达 12.8 万亿美元,尚且不算因紧急采取的财政和货币政策而避免的 GDP 损失。然而,宏观经济的数字低估了损害,因为危机造成了非常严重的人道代价。失业率从 2008 年 1 月的 5% 飙升至 2009 年 10 月的 10.2%。家庭财富从 2007 年 7 月的 74 万亿美元下降到 2009 年 1 月的 55 万亿美元。家庭收入中位数从 2007 年到 2010 年下降了 7.7%,从 49600 美元下降到 45800 美元。2008 年至 2012 年期间,至少有 370 万所房屋被银行取消赎回权(foreclosed)②。贫困线以下的家庭数量从 2007 年的 12.5% 上升到 2010 年的 15.1%。③

美国国会在金融危机之后就改革方案进行了长时间的辩论,最终在 2010 年制定了《多德-弗兰克华尔街改革和消费者保护法案》

---

① Alan Greenspan, "Testimony to the Committee of Government Oversight and Reform of the United States House of Representatives," October 23, 2008. https://www.gpo.gov/fdsys/pkg/CHRG-110hhrg55764/html/CHRG-110hhrg55764.htm.

② 取消赎回权,是指房屋所有权人(借款人、抵押人)因还款违约而失去赎回抵押品(房屋)的权利,作为抵押权人(贷款人)的银行因而取得房屋的所有权,并可对房屋进行出售。——译者注

③ Dennis Kelleher, Stephen Hall and Katelynn Bradley, "The Cost of the Wall Street-Caused Financial Collapse and Ongoing Economic Crisis Is More Than $12.8 Trillion." Washington, DC: Better Markets, 2012, pp. 13-58.

(以下简称《多德-弗兰克法案》)。该法案试图解决导致危机的许多难题，包括规制权限的不足、银行过度从事高风险业务以及银行"大而不倒"的问题等。然而，改革倡导者认为该法案由于在立法程序、后续规则制定和实施以及修正案中的让步而受到了削弱。该法案创建了一个新的消费者金融保护局（Consumer Financial Protection Bureau）并解散了旧的储蓄机构监理局（Office of Thrift Supervision）。它建立了金融稳定监督委员会，以协调监管机构之间的监督，且侧重于——正如其名称所暗示的——整个系统的稳定性。它加强了对衍生品交易的规制，要求金融机构将大多数交易转移到公开交易所。它对"具有系统重要性的金融机构"增加了额外的规制要求。以美联储前任主席保罗·沃尔克（Paul Volcker）的名字命名的"沃尔克规则"（Volcker Rule）限制了商业银行在对冲基金和私人股权方面的自营交易和投资，并制定了关于允许银行进行何种交易的复杂准则。在《多德-弗兰克法案》以外，《巴塞尔协议 III》提高了银行资本充足率标准。一份研究报告认为，《多德-弗兰克法案》在整合监管权限或加强系统稳定性方面做得不够，但消费者金融保护局和更高的资本要求代表着有意义的改进。[1]从市场设计的角度来看，金融稳定监督委员会代表着非常重要的一步，因为该委员会具有监督整个金融体系的法定授权，并把金融稳定作为其主要目标。如果《多德-弗兰克法案》能够规定更高的资本要求，并通过禁止存款性机构参与高风险投机来贯彻《格拉斯-斯蒂格尔法案》的精神进行结构化改革的话，其改革将会更加有效。然而，特朗普总统在 2017 年发布了一项行政命令，

---

[1] Martin Neil Baily and Aaron David Klein, "The Impact of the Dodd-Frank Act on Financial Stability and Economic Growth." Presentation at the University of Michigan Center on Finance, Law and Policy, Financial Reform Conference, October 24, 2014.

市场治理术：
政府如何让市场运作——

旨在重构《多德-弗兰克法案》的主要条款。[1]众议院通过了《金融选择法案》(Finance Choice Act) 以撤销《多德-弗兰克法案》的规则，但参议院并未继续推进。

在最好的情况下，就像在信息革命中一样，美国的市场体系促进了竞争和创新，从而大大提高了生产力和人类福利。在最糟糕的情况下，就像在金融危机中一样，它助长了市场波动和过度冒险，从而毁灭了价值并让普通公民陷入贫困。美国以拥有最接近"自由市场"的模式而自豪，但本章证明这一模式是精心设计的市场治理的产物，而不是缺乏市场治理的产物。实际上，本章中的证据支持第一章中论断8的更强版本：像美国这样的自由市场经济体比像日本这样的协调型市场经济体受到了**更多的**治理。美国的经济中显然有更多、更精细的法律和规章，更多的律师和监管机构，以及更复杂的执法机制。正如第一章所述，竞争性市场与重度规制之间存在着逻辑联系。美国式的市场改革通过精心设计的、促进竞争的规制以及更为复杂的市场创设（如电容量市场）取代了垄断。反垄断机构已经设计出更为精致的模型来评估、实施和促进竞争。美国政府不断地革新其市场治理术，其间既有巨大的成功，也有毁灭性的失败。

---

[1] *New York Times*, February 4, 2017, A1.

# 第四章
Chapter 4

市场治理的日本模式：
为什么创造自由市场
经济如此之难

## 第四章 市场治理的日本模式：为什么创造自由市场经济如此之难

在战后时期，日本政府违背了主流经济学的很多信条，但却创造了世界上最大的经济成功。①它限制市场进入并阻碍市场退出，通过精心设计的牌照和许可证体制来规制竞争条件。它优先将信贷分配给某些部门，有计划地改变着国家的产业结构。它组建了研究联盟（research consortia）以开发成长行业的技术，并批准"衰退卡特尔"（recession cartels），以减少衰退行业的生产能力。与此同时，日本企业通过行业协会、横向行业集团、垂直供应链和其他企业间网络进行协作。随着日本经济在1990年之后由盛转衰，意见领袖们对日本模式的这些典型特征逐渐持批评态度，要求其朝着美国式的自由市场模式进行重大转变。②

然而，日本要实现经济"自由化"所真正需要的是什么呢？在这里，日本为本书的核心论点提供了一个测试案例。根据市场自由主义的范式，诊断和处方都很简单：政府应该停止干预，让自

---

① Laura D'Andrea Tyson and John Zysman, "Preface: The Argument Outlined." In *Politics and Productivity: The Real Story of Why Japan Works*, edited by Chalmers Johnson, Laura D'Andrea Tyson, and John Zysman, xiii-xxi. Cambridge, MA: Ballinger, 1989, p. xiii.

② 本章的写作基础为：Steven K. Vogel, *Japan Remodeled: How Government and Industry Are Reforming Japanese Capitalism.* Ithaca, NY: Cornell University Press, 2006, pp. 4-10, 78-105.

市场治理术：
政府如何让市场运作——

由市场茁壮成长即可。然而，我认为日本政府必须做**更多**，而不是更少。它必须建立法律和规制的基础设施，以支持更具竞争力的资本市场、劳动力市场和产品市场。

同样，市场自由主义者认为，日本的私营部门参与者过度协作，从而让传统做法和社会规范阻碍了市场行为，因此它们应该放弃这些"遗产"并拥抱自由市场。前一章已经揭示了这一逻辑的缺陷：自由市场模式本身就是法律、惯例和规范的产物。因此，日本若欲实现"自由化"，那么企业、银行和工人并不能简单地拒绝一贯的商业惯例，而是要培养新的商业惯例。企业必须发展更具竞争力的行为模式，而日本人民也必须采用更加以市场为导向的规范。

如第一章所述，多个学科已经逐渐达成初步共识，并将这一逻辑应用于发展中国家和转型经济体的市场制度的发展。学者和业界人士得出的结论是，这些国家面临的挑战更多是如何积极加强政府能力和建立市场制度，而不是消极地让政府从经济中退出。显然，日本是一个至关重要的案例，因为它是一个具有法治根基的发达工业国家。[①]然而，即使对日本来说，自由化并不意味着摆脱束缚，而是市场基础设施的构建。

本章阐述了维系日本现代市场经济的法律、惯例和规范的复杂

---

① 埃克斯坦认为，"至关重要的案例"提供了验证一个假设的近乎理想的条件。它也可以用来证明一个假设不成立，因为如果一个假设在这一案例中不能成立，那么就可以合理地驳斥它（Harry Eckstein, "Case Studies and Theory in Political Science." In *Handbook of Political Science: Scope and Theory*, edited by Fred I. Greenstein and Nelson W. Polsby, vol. 7, 94-137. Reading, MA: Addison-Wesley, 1975）。就我们的目的而言，有争议的假设是，加强竞争（"自由化"）需要减少而不是增加规制。由于日本已经拥有有效的法治和强有力的产权保护——不同于发展中国家和转型经济体——但与自由市场经济相比，它的金融市场、劳动力市场和产品市场的竞争性较弱，因此它应该提供了证明假设的最佳条件。

▶ **第四章 市场治理的日本模式：为什么创造自由市场经济如此之难**

组合，以及加强竞争所需的一系列措施。下一节将循着第三章的结构——回顾日本战后模式（1945—1980年）的核心特征，但本章增加了对日本转变为自由市场经济所需要素的评估。接下来将探讨自1980年以来在劳动关系、金融、公司治理、反垄断、特定行业的规制以及知识产权领域的那些旨在改变日本市场治理的改革。最后两节将介绍试图进行更广泛的制度变革的案例研究：日本学习硅谷模式促进创新以及推动信息技术革命的努力。各种例子表明，日本政府和产业界已经制定了雄心勃勃的市场改革计划，公开宣称要让日本走向美国的自由市场模式。与本书的核心论点一致，这些改革不仅仅是消除竞争障碍的努力，更是市场重新设计的冒险：建立的新法律和规章以治理市场，采用新的商业惯例，以及重整社会规范。然而，这些改革并不具有足够的变革性，主要表现在四个方面：（1）它们旨在使日本模式适应新环境而不是推翻它；（2）它们采取了某些可能会使日本走向自由市场模式的措施，而不是全部；（3）法律和规章的形式变化并不一定会导致私营部门惯例和社会规范的相应调整；（4）它们最终并没有实现许多实质性目标，包括促进竞争、增长、创新和生产力。因此，日本模式在不断发展演变，但并没有趋同于自由市场模式。

## 一、战后模式

在战后时期，执政的自民党（Liberal Democratic Party，LDP）带来了政治稳定和对经济增长的坚定承诺，而主要的部委，特别是大藏省（Ministry of Finance，MOF）和通产省（Ministry of International Trade and Industry，MITI）制定并实施具体的经济政策。这些部门中的精英官员享有很高的声望和合法性，且相对独

市场治理术：
政府如何让市场运作——

立于政治压力，与其所管辖范围内的公司密切合作。[①]他们认为，政府应积极推动和重组产业，并规范市场行为。他们部署了大量的政策工具以增加储蓄和投资，将信贷分配给资本和技能密集型行业，对竞争进行管理，促进公司之间的合作。他们将存入邮政储蓄账户的日本公民个人储蓄引导给政府的金融机构，以支持对公共基础设施的投资。他们还通过"行政指导"（非正式指令）来说服私人银行向其看好的行业提供贷款。他们将技术知识扩散到产业界，并促进跨企业的研究合作。他们不鼓励"过度竞争"，因为他们认为企业可能为了争夺市场份额而导致利润的消失并威胁某些企业的生存。他们通过精心设计的牌照、许可和其他规制来进行"供需调整"（*jukyuu chousei*）。[②]行业协会则斡旋于政府和产业界之间，不仅游说政府，还强制行业遵守政府指令，组织成员

---

[①] 因此，战后的日本符合伊万斯（Evans）的"嵌入性自治"模型：国家官僚机构与私营部门保持着密切关系，而私营部门则对特殊性要求（particularistic demands）具有某种不受影响的自主权（Peter Evans, 1995, *Embedded Autonomy: States and Industrial Transformation*. Princeton, NJ: Princeton University Press, p. 12）。在关于日本战后政治经济学和产业政策的大量文献中，颇具代表性的著作包括：Chalmers Johnson, *MITI and the Japanese Miracle*. Stanford, CA: Stanford University Press, 1982; Richard Samuels, *The Business of the Japanese State: Energy Markets in Comparative and Historical Perspective*. Ithaca, NY: Cornell University Press, 1987; Daniel Okimoto, *Between MITI and the Market: Japanese Industrial Policy for High Technology*. Stanford, CA: Stanford University Press, 1989. 对于战后时代日本政府特征的进一步详细阐述，可参见沃格尔的论述：Steven K. Vogel, 1994. "The Bureaucratic Approach to the Financial Revolution: Japan's Ministry of Finance and Financial System Reform." *Governance* 3: 219-243; Steven K. Vogel, *Freer Markets, More Rules: Regulatory Reform in Advanced Industrial Countries*. Ithaca, NY: Cornell University Press, 1996, pp. 51-54, 265-269.

[②] Steven K. Vogel, *Freer Markets, More Rules: Regulatory Reform in Advanced Industrial Countries*. Ithaca, NY: Cornell University Press, 1996, pp. 51-54.

### 第四章 市场治理的日本模式：为什么创造自由市场经济如此之难

之间的协作，有时甚至是勾结。①

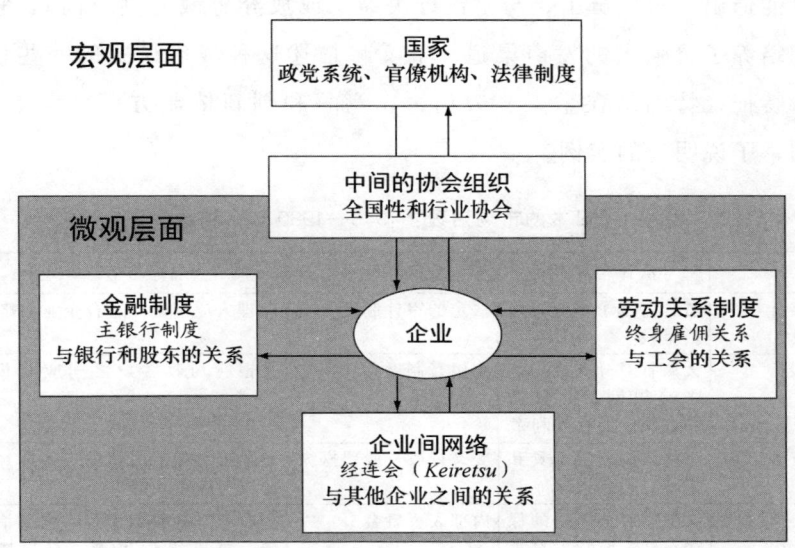

**图 4.1 二战后日本的市场模式**

之所以说日本是一个协调型市场经济体，是因为与美国这样的自由市场经济体相比，日本企业之间的合作更为广泛（如图 4.1 所示）。公司与其主要合作伙伴——员工、银行家和供应商——建立了长期关系，因此，劳动力市场、金融市场以及企业间市场中基于价格的竞争较少。②用艾伯特·赫尔希曼（Albert Hirschman）的话来说就是，日本企业不太可能对这些伙伴采取"退出"（断绝

---

① 参见维特对于政府产业间网络的讨论。Michael A. Witt, *Changing Japanese Capitalism: Societal Coordination and Institutional Adjustment*. New York: Cambridge University Press, 2006.

② Peter Hall and David Soskice, eds., *Varieties of Capitalism: The Institutional Foundations of Comparative Advantage*. New York: Oxford University Press, 2001.

关系）的方式，更有可能发出"声音"（谈判）。①而正是因为不太可能退出（解雇员工，与主银行决裂，或放弃忠诚的供应商），它们培养了更强大的发声渠道。下文将描述这种战后模式的一些核心特征，特别是在金融、劳动力、竞争和创新体制方面。表 4.1 列举了说明性的实例。

表 4.1　日本的市场治理：1945—1980 年（精选实例）

|  | 法律与规章 | 惯例与标准 | 规范与信念 |
|---|---|---|---|
| 会计 | 监管者授予企业自由裁量权 | 法定的审计制度 | 经理人应使会计适合企业战略 |
| 银行 | 大藏省对分支机构扩张的规制，行政指导，固定的存款利率 | 主银行制度 | 主银行与其客户之间应互相忠诚 |
| 资本市场 | 严格限制金融工具和交易，行政指导 | 交叉持股，股票操纵 | 股票市场是不可靠的，实体经济应与股市相隔离 |
| 公司治理 | 法务省对公司法的保守态度；监管者尊重管理层自治 | 内部人董事会 | 企业应坚持股东模式、内部治理、对主银行忠诚、对集团忠诚 |
| 反垄断 | 执法不力，对行业协调持容忍和支持态度 | 牢固的行业协作，强大的企业集团 | 行业协作有益无害；政府和企业应将增长置于竞争之上 |
| 劳动关系 | 劳动基准和工作时间的严格规则，通过判例法限制解雇行为 | 长期雇佣关系，二元结构的劳动力市场（正式和非正式员工） | 雇主和雇员应对彼此忠诚；男性养家模式 |
| 电力市场 | 私有的地区性垄断企业，价格规制 | 地区性企业具有市场支配力 | 电力企业应强调普遍可及的服务，安全优先于低成本 |
| 航空业 | 价格和准入规制 | 市场细分为三部分 | 日本航空公司（JAL）是龙头企业；航空公司将质量与安全置于价格之上 |

---

① Albert Hirschman, *Exit, Voice and Loyalty: Responses to Decline in Firms, Organizations, and States*. Cambridge, MA: Harvard University Press, 1970.

## 第四章 市场治理的日本模式：为什么创造自由市场经济如此之难

（续表）

|  | 法律与规章 | 惯例与标准 | 规范与信念 |
|---|---|---|---|
| 电信业 | 日本信息技术公司（NIT）对自身进行规制；邮政省（MPT）的有限监督 | 日本信息技术公司占支配地位，高额投资和研发 | 日本信息技术公司应建设基础设施并进行研发，提供普遍可及的服务 |
| 专利 | 有限的保护范围以及法院的限制性解释 | 企业引进和扩散技术，进行研发合作 | 相比专利保护，政府应更注重技术的引进和扩散 |
| 版权 | 在1970年之前进行有限的保护；此后与国际标准进行了实质性的协调 | 企业在实践中并未受到版权顾虑的严重限制 | 相比版权保护，政府应更注重知识的扩散 |

日本的战后金融体系是以信贷为基础的，这意味着公司主要通过向银行借款而不是通过发行债券或股票来进行融资。[①]大多数大型企业都依赖于一家"主银行"：该企业的大部分银行业务，包括贷款和交易，都依赖于主银行。主要的工业集团——横向经连会（keiretsu）[②]，如三菱集团，其集团银行担任着成员企业的主银行。[③]银行和其他集团公司持有企业的股权，保护它们免受股东的压力，并允许它们在服务于更广泛的利益相关者群体特别是债权人和员工时拥有更大的自由裁量权。主银行担任企业业绩的监督员，如

---

[①] John Zysman, *Governments, Markets, and Growth: Finance and the Politics of Industrial Change*. Ithaca, NY: Cornell University Press, 1983, pp. 234-251.

[②] 经连会是一种日本式的企业组织，其日语发音与"系列"一词相同，指的是金融机构、经营者、生产商、销售商等多种类型经济组织的一种联合，日本各级政府也积极参与其中，并且担当协调者甚至是组织者的重要角色，因此经连会也被视为"政府发起的企业联合"。经连会分为两种基本类型：一种是纵向结构的经连会，又可细分为生产型和销售型两种；另一种是横向结构的经连会，其内部聚集了不同类型的商业组织，一般以银行等金融机构为中心，向外横向联结多种生产企业及综合商社，形成一个跨市场的企业集群。参见刘容、林忠：《日本经连会信任关系的演化与生成》，载《财贸研究》2018年第11期。——译者注

[③] 日本从一开始就将横向经连会区别于其他类型的经连会，称之为产业集团（kigyou shuudan）。

———— 市场治理术：
政府如何让市场运作 ——

果企业业绩严重下降，它们将会介入，并在必要时组织救助。银行这样做不仅是出于道德义务，还因为它们拥有这些企业的股权并与其存在业务关系，从而与企业的存亡休戚相关。由于存在连锁的业务关系网络，一家企业的失败还可能会影响该银行的其他企业客户。日本银行的收入稳定，因为它们能够以很低的成本获得丰富的资金，而这要归功于日本的高储蓄率和较低的定期存款利率。

在日本的长期雇佣制度下，大型企业不太可能挖走其他企业的核心员工（正式员工），这些员工也不太可能跳槽至竞争对手企业。日本劳动力市场被描述为"内部的"劳动力市场，因为正式员工可能会在一家企业或公司集团内部不同的工厂、部门或地点之间轮换，但不会在企业之间轮换。企业通过各种方式来培养员工的忠诚度，包括将工资增长与员工在企业的资历相挂钩，以及提供与特定公司绑定的福利，如不可转移的养老金计划和公司住房等。企业更愿意投资于在职培训，因为它们可以指望大多数正式员工长期留在公司。日本的工会是在企业层面组建的，这使它们与管理层在提高企业的生产率方面具有共同的利益。日本企业通过一个严格分层的雇佣制度保持了灵活性，在该制度安排下，正式员工（*shain*）享有公司社区完全的会员资格，而就非正式员工（*hiseiki roudousha*）而言，尽管他们当中的许多人都在技术岗位上全职工作，却只能拿到更低的工资、更少的福利和更差的工作保障。二元结构的劳动制度也加剧了社会性别分工，因为正式员工主要是男性，而非正式员工大多是女性。

日本政府在被美军占领期间继受了美国严格的反垄断法，但后来又系统性地对其予以废除。美国占领军终止了战时管制协会，解散了战前的工业集团（*zaibatsu*），并敦促日本国会于1947年通过了《禁止垄断法》。日本当局于1953年修订了该法律，取消了

## 第四章 市场治理的日本模式：为什么创造自由市场经济如此之难

日本公平交易委员会（Japan Fair Trade Comission，JFTC）分拆占支配地位企业的权力，放宽了对反竞争行为的限制，并允许衰退卡特尔的组建。通过最后一项措施，处于衰落行业的公司可以通过协调的方式达成减少产能的合意。在实践中，新法律允许很多行业以某些公共利益为理由（如促进出口）来证明卡特尔是合理的。通产省担心其中的某些安排仍然可能容易受到日本公平交易委员会的质疑和挑战，因此它提交了批准特定行业卡特尔的法案，其他部委效仿了这一做法。[1]与美国反垄断当局相比，日本公平交易委员会面临着提起案件的较高证据要求、有限的执法权力、不宽裕的预算以及人手不足等困难。[2]私人反垄断诉讼也不是一个有吸引力的选择，原因是其成本高、和解金额小以及成功率低。[3]废除美国所强加的反垄断法对于日本战后模式的演进至关重要，因为许多形式的协调——包括研究联盟、衰退卡特尔、独家交易安排和综合贸易公司（general trading companies）——均会违反严格的反垄断制度。

日本的工业被组织成精心设计的企业间网络。横向的工业集团坚持"一体化"（"one set"）原则，这意味着它们在大多数主要业务领域都只有一家公司，而不会彼此成为直接的竞争对手。它们

---

[1] Ulrike Schaede, *Cooperative Capitalism: Self-Regulation, Trade Associations, and the Antimonopoly Law in Japan.* Oxford: Oxford University Press, 2000, pp. 72-97.

[2] 一些专家认为，执法并没有太大的威慑作用，因为罚款旨在产生收入而不是阻止反竞争行为，并且罚款金额是自动计算的，因而未能反映出共谋的严重程度。Zenichi Shishido, "Introduction: The Incentive Bargain of the Firm and Enterprise Law: A Nexus of Contracts, Markets, and Laws." In *Enterprise Law: Contracts, Markets, and Laws in the US and Japan*, edited by Zenichi Shishido, Cheltenham, UK: Edward Elgar, 2014, p. 42.

[3] Ulrike Schaede, *Cooperative Capitalism: Self-Regulation, Trade Associations, and the Antimonopoly Law in Japan.* Oxford: Oxford University Press, 2000, p. 110.

**市场治理术：**
政府如何让市场运作——

拥有优先的业务关系，集团内的公司相互依赖彼此提供物资和服务。①同时，制造商与其分包商共同发展出垂直**经连会**（供应网络）。它们对核心供应商非常忠诚，以换取控制成本、保持质量、开发产品、及时交付产品以及提供售后服务等方面的回报。

日本战后创新体制的特点是政府鼓励外国技术的转让和传播，并协调私营部门技术能力的发展。通产省利用其管理外汇的权力来限制外国直接投资，大力推动购买外国技术以及日本生产商之间的技术传播。政府补贴和协调私营部门的研发工作，尤其关注民用技术；私营部门组织则促进了工业集团成员之间、组装公司和分包商之间以及制造商和企业客户之间的技术扩散。②政府对专利范围的解释比其他国家更为狭窄，使模仿者有机会围绕现有专利进行发明。然而，专利审批的流程则较为缓慢且成本高昂。与此同时，在20世纪80年代之前，西方政府和跨国公司对知识产权的国外保护相对松懈，这也促进了日本公司对外国技术的利用。③

虽然学者们一直在争论这些制度是理性的还是文化的，但在实践中它们则兼具工具性和规范性的基础。④例如，青木昌彦

---

① Michael L. Gerlach, *Alliance Capitalism: The Social Organization of Japanese Business*. Berkeley and Los Angeles: University of California Press, 1992; James R. Lincoln and Michael L. Gerlach, *Japan's Network Economy: Structure, Persistence, and Change.* New York: Cambridge University Press, 2004.

② Mariana Mazzucato, *The Entrepreneurial State: Debunking Public vs. Private Sector Myths.* London: Anthem Press, 2014, pp. 37-39.

③ Ove Granstrand, "Innovation and Intellectual Property Rights." In The Oxford Handbook of Innovation, edited by Jan Fagerberg. Oxford: Oxford University Press, 2006, p. 273. http://www.oxfordhandbooks.com/view/10.1093/oxfordhb/9780199286805.001.0001/oxfordhb-9780199286805.

④ 沃格尔通过三个"理性圈"(circles of rationality)分析了这些基础:(1)简单的成本收益分析;(2)制度视角;(3)更广的社会视角。并通过案例研究和定量分析对其发展动态进行了经验主义的探索。Steven K. Vogel, *Japan Remodeled: How Government and Industry Are Reforming Japanese Capitalism.* Ithaca, NY: Cornell University Press, 2006, pp. 14-15, 157-204.

# 第四章 市场治理的日本模式：为什么创造自由市场经济如此之难

(Masahiko Aoki)运用制度经济学的逻辑来证明日本企业如何与其工人、银行以及供应商建立长期关系从而提升工人的技能、降低资本成本以及加强质量控制。①罗纳德·多尔（Ronald Dore）描述了类似的行为模式，但更多地从文化或社会学角度来解释它们。他承认青木昌彦等人所注意到的风险分担和长期关系的优势，但他强调，如果不考虑日本企业对商业伙伴的独特忠诚度以及对高度信任关系的偏好，就无法理解这些做法。②马克·格兰诺维特（Mark Granovetter）在对奥利弗·威廉姆森（Oliver Williamson）关于企业在纵向整合（企业自己制造关键部件）和转包（在市场上购买这些部件）之间选择的制度经济分析进行了著名的批评后，这一辩论有所转变。威廉姆森认为，企业的选择取决于该部件的"资产专用性"（asset specificity）：该部件对特定用途及特定商业伙伴的专用性程度，从而导致其对另一种用途或另一个商业伙伴的价值低得多。制造商将倾向于对具有更高资产专用性的部件进行纵向整合。③格兰诺维特则认为，威廉姆森忽视了日本供应链系统的本质：组装企业与其供应商之间的商业伙伴关系嵌入在个人关

---

① Masahiko Aoki, *Information, Incentives, and Bargaining in the Japanese Economy*. New York: Cambridge University Press, 1988. 另外，Shishido在"法律与经济学"的学术传统下研究日本的公司治理体系，他采用了制度经济学的基本分析框架，但更侧重于法律基础。Zenichi Shishido, "Introduction: The Incentive Bargain of the Firm and Enterprise Law: A Nexus of Contracts, Markets, and Laws." In *Enterprise Law: Contracts, Markets, and Laws in the US and Japan*, edited by Zenichi Shishido, 1-49. Cheltenham, UK: Edward Elgar, 2014.

② Ronald Dore, *Taking Japan Seriously: A Confucian Perspective on Leading Economic Issues*. London: Athlone Press, 1987, pp. 169-192.

③ Oliver E. Williamson, *The Economic Institutions of Capitalism*. New York: Free Press, 1985, pp. 30-32, 85-102.

系的密集网络中，该网络增强了信任度并限制了机会主义。①

日本的战后模式代表了一种稳定的均衡，即在系统的不同要素之间存在制度上的互补性。例如，青木昌彦认为，以耐心的银行资本为特征的金融体系能够支持长期雇佣制度，因为公司不必迎合那些可能要求裁员以提升财务回报的股东。②互补的逻辑对制度变迁可能具有两个非常不同的影响。一些学者认为，系统的一个元素的消亡可能会导致整个系统的崩溃。例如，沃尔夫冈·施特里克（Wolfgang Streeck）认为，德国的共同决策制度（即资本方和劳动者共同管理公司）的削弱意味着该模式在更广泛意义上的结束。③与此相反，我认为，日本的制度还没有经历过大规模的转型，因为在没有许多其他相关领域同时发生变化的情况下，仅仅一个领域的改变并不能充分发挥作用。

日本独特的市场制度推动其在战后时期取得了显著的经济和社会绩效。日本不仅实现了前所未有的经济增长，而且在各种社会

---

① Mark Granovetter, 1985. "Economic Action and Social Structure: The Problem of Embeddedness." *American Journal of Sociology* 91: 481-510. 多尔也针对威廉姆森的主张进行了讨论（Ronald Dore, *Taking Japan Seriously: A Confucian Perspective on Leading Economic Issues*. London: Athlone Press, 1987, pp. 172-174, 179-180）；赫尔希曼对该辩论进行了评判，并支持格兰诺维特的观点（Albert Hirschman, *Rival Views of Market Society and Other Recent Essays*. Cambridge, MA: Harvard University Press, 1992, pp. 85-87）；威廉姆斯后来进行了回应（Oliver E. Williamson, *The Mechanisms of Governance*. Oxford: Oxford University Press, 1996, pp. 229-231）。

② Masahiko Aoki, "The Japanese Firm as a System of Attributes: A Survey and Research Agenda." In *The Japanese Firm: Sources of Competitive Strength*, edited by Masahiko Aoki and Ronald Dore, 11-40. Oxford: Oxford University Press, 1994. 如第三章所指出的，霍尔和索斯基斯也强调了这些互补性（Peter Hall and David Soskice, eds. *Varieties of Capitalism: The Institutional Foundations of Comparative Advantage*. New York: Oxford University Press, 2001）。

③ Wolfgang Streeck, *Re-Forming Capitalism: Institutional Change in the German Political Economy*. New York: Oxford University Press, 2009.

## 第四章　市场治理的日本模式：为什么创造自由市场经济如此之难

指标方面也表现出色，包括教育、公共安全、健康和收入平等。①学者们讨论了促进经济高速增长的各种因素的均衡，包括健全的宏观经济政策、产业政策、企业管理、劳资关系以及企业间网络。虽然无法确定这些因素各自的贡献程度如何，但我们可以确定这些制度与绩效相关联的一些机制。政治稳定加上官僚自主性和行政能力支持了有利于增长的经济政策。协商一致的政策过程有利于政策权衡的作出，促进了社会行动者之间的互利谈判，并让政策实施的效率更高。②政府通过促进高储蓄、维持低利率以及将投资用于发展目的（如基础设施的投资和研发）来推动工业发展。③长期雇佣和紧密的劳资关系让劳动力冲突最小化，加强了协作，并使企业能够投资于培训员工学习该企业特有的技能。将组装企业与分包商连接起来的供应网络维持了精益生产模式，这一模式彻底改变了制造业，特别是汽车行业。④

---

① Harold L. Wilensky, *Rich Democracies: Political Economy, Public Policy, and Performance.* Berkeley and Los Angeles: University of California Press, 2002, pp. 430-636.

② T. J. Pempel, "Japanese Foreign Economic Policy: the Domestic Bases for International Behavior." In *Between Power and Plenty: Foreign Economic Policies of Advanced Industrial States*, edited by Peter J. Katzenstein, 139-190. Madison: University of Wisconsin Press, 1978; T. J. Pempel and Keiichi Tsunekawa, "Corporatism without Labor? The Japanese Anomaly." In *Trends toward Corporatist Intermediation*, edited by Philippe C. Schmitter and Gerhard Lehmbruch, 231-270. London: Sage, 1979; Harold L. Wilensky, *Rich Democracies: Political Economy, Public Policy, and Performance.* Berkeley and Los Angeles: University of California Press, 2002.

③ Chalmers Johnson, *MITI and the Japanese Miracle.* Stanford, CA: Stanford University Press, 1982; John Zysman, *Governments, Markets, and Growth: Finance and the Politics of Industrial Change.* Ithaca, NY: Cornell University Press, 1983.

④ James P. Womack, Daniel T. Jones, and Daniel Roos, *The Machine That Changed the World.* New York: Rawson Associates, 2007; Takahiro Fujimoto, *Competing to Be Really, Really Good: The Behind-the-Scenes Drama of Capability-Building Competition in the Automobile Industry*, translated by Brian Miller. Tokyo: LTCB International Library Trust, 1990.

市场治理术：
政府如何让市场运作——

到1980年时，随着经济增长放缓和预算赤字的飙升，一些日本领导人开始呼吁进行经济改革。[①]行政改革计划（1981—1983年）包括广泛的改革，如财政改革、公营企业私有化和规制改革等。1986年，由日本银行前行长 Haruo Maekawa 担任主席的蓝带委员会主张从出口导向型战略转变为消费驱动的增长模式，包括要进行规制和税收改革——然而政府从未完全接受该委员会的建议。

20世纪90年代的金融危机从根本上改变了这场辩论。与前一章所讨论的美国的情况一样，缺乏强有力的审慎监管的金融自由化（在本章后面部分将进一步讨论）导致了危机。然而，宏观经济政策的失误在日本发挥了更为关键的作用：政府允许资产泡沫在20世纪80年代后期膨胀到非常高的水平，而在90年代初泡沫破灭时采用反应过于迟缓和犹豫不决的财政和货币刺激。在泡沫时期，投资者不断向房地产和股票市场注入资金，部分原因是他们对政府当局管理经济的能力充满信心。随着日本经济陷入停滞，政府和私营部门的研究报告在对日本的失败和美国的成功进行分析之后，建议进行大胆的市场改革。

本章的后续部分将回顾日本自1980年以来的改革，但让我们首先回到最初的问题：日本要发展更具竞争力的资本市场、劳动力市场和产品市场所需要的是什么？（参见表4.2中的精选实例[②]）需要明确的是，我在这里所提出的是一个经验主义的主张，说明日本要融入自由市场模式要做些什么，因为这对于本书更广义

---

① 进一步的详细讨论参见沃格尔的论述。Steven K. Vogel, *Freer Markets, More Rules: Regulatory Reform in Advanced Industrial Countries*. Ithaca, NY: Cornell University Press, 1996, pp. 51-58.

② 该表的早期版本可见于沃格尔的论述。Steven K. Vogel, *Japan Remodeled: How Government and Industry Are Reforming Japanese Capitalism*. Ithaca, NY: Cornell University Press, 2006, p. 6.

### 第四章 市场治理的日本模式：为什么创造自由市场经济如此之难

上的论断至关重要，即市场改革需要市场治理术。但我并不是在提出日本应该这样做的规范性主张。事实上，我认为日本政府和产业界明智地采取了渐进式调整而不是激烈的自由主义改革。我将在本章的结论部分对日本所采取的策略进行评估。

表 4.2 日本要转变为自由市场经济体需要做的事情（精选实例）

| | 法律与规章 | 惯例与标准 | 规范与信念 |
|---|---|---|---|
| 劳动力 | • 改革劳动法<br>• 改革公司法<br>• 促进年金的可转移性<br>• 给予雇主更多解雇员工的自由<br>• 加强社会安全网 | • 必要时解雇工人<br>• 停止与处于职业生涯中期的人相比更偏爱招聘应届毕业生的做法<br>• 从论资排辈转向绩效工资<br>• 引入股票期权 | • 政府不应该通过规制来维持雇佣关系<br>• 企业不应该以牺牲盈利为代价来维系雇佣关系<br>• 雇员应在劳动力市场上寻求机会 |
| 金融 | • 改革金融体系<br>• 改革公司法<br>• 改革年金制度<br>• 取消控股公司禁令<br>• 让金融机构自由开发新的金融工具<br>• 不优待本国金融机构 | • 根据风险作出贷款决策和贷款定价<br>• 停止向无力偿债的企业贷款<br>• 出售交叉持有的股份<br>• 进行企业重组以提升财务回报 | • 政府不应该保护银行<br>• 政府不应该操纵金融市场<br>• 公司应致力于股东价值最大化<br>• 机构投资者应积极管理其投资 |
| 竞争 | • 加强反垄断法及其实施<br>• 加强促进竞争的规制<br>• 改革破产法<br>• 加固社会安全网<br>• 革新对合谋和反竞争行为的经济分析 | • 根据价格而不是关系来选择商业伙伴<br>• 不得与竞争对手合作或勾结<br>• 拒绝救助破产企业 | • 企业应该竞争而不是勾结<br>• 企业不应该优待长期的商业伙伴 |

在资本市场方面，政府需要推动金融服务的竞争，加强会计准则从而使投资者有更多的工具来评估公司，改革公司法从而使公司更加关注股东回报，以及修订法规以阻止交叉持股和其他阻碍收购的做法并鼓励能够促进收购的金融机制。公司董事会必须更多地满足股东的要求，寻求回报的最大化而不是市场份额或企业的生存。股东则须要求更高的回报。金融行业必须开发支持公司控制权市场的人力资本，包括成熟的机构投资者、顾问、律师

和分析师。管理者和股东必须接受"公司应该让股东价值最大化"这一理念。

在劳动力市场方面,政府必须修改劳动法以方便企业解雇员工,法院必须在解雇条件方面更加宽容。政府必须修改法规以提高就业流动性,例如鼓励像美国401(k)计划那样的可转移养老金。政府和私营部门必须建立更好的就业信息传播机制,并培养职业介绍所和猎头公司等就业匹配组织。雇主必须雇用更多处于职业生涯中期的员工,而不仅仅是入门级的新员工,雇主还必须提供有竞争力的工资。公司必须调整内部劳动力市场的惯例,以创造更活跃的外部劳动力市场。公司不必过分忠诚于员工,而员工也不必过分忠诚于公司。

在产品和服务市场方面,政府必须加强反垄断政策及其执行力度。政府需要积极促进运输业和公用事业等受规制行业的竞争。政府还必须修改破产法以方便市场退出。公司必须减少交叉持股,解除特殊优待的业务协议,并相互提供关于成本和价格的更多信息。公司及其业务合作伙伴还应降低对彼此的忠诚度。总的来说,日本的公司需要更少的合作,更多积极的竞争。

自20世纪90年代以来,政府和企业界有意识地解决了表4.2中列出的许多问题,它们精心设计了改革措施以促进调整,同时不破坏有价值的制度。我在之前的一本书中详细解释了这一时期市场改革的独特方法背后的政治因素,此处仅概述论点如下。[1]日本的企业寻求适度的改革,以促进重组而不损害有价值的制度。因此,它们游说政府去进行能够增加它们的重组选择而不会破坏与员工、银行和其他商业伙伴的长期合作关系的改革。此外,改

---

[1] Steven K. Vogel, *Japan Remodeled: How Government and Industry Are Reforming Japanese Capitalism*. Ithaca, NY: Cornell University Press, 2006, pp. 51-114.

## 第四章 市场治理的日本模式：为什么创造自由市场经济如此之难

革倡导者也无法建立强大的政治联盟，因为主要的政党和行业协会既包括改革的潜在赢家，也包括潜在输家。最终，日本发展出一个独特的改革模式：政府官员循序渐进，作出微妙的妥协；他们设计的改革措施尽可能地保护其传统模式的核心制度；他们寻求新的方式，来巩固日本独特的市场制度的优势。本章的以下部分将更详细地回顾1980年以来的这些改革（如表4.3所示）。

表4.3　日本市场治理的改革：1980年至今（精选实例）

| | 法律与规章 | 惯例与标准 | 规范与信念 |
|---|---|---|---|
| 会计 | 合并报表的会计处理；按市值计价的会计规则（2000年） | 财务会计准则基金会（2001年）；部分采取了公允价值会计 | 公司在报告时保留某些自由裁量权和抹平回报的能力 |
| 银行 | 存款利率的自由化（1985—1994年）；金融体系改革（1992年）；"大爆炸"改革（1996年） | 金融控股公司；超大型银行（megabanks） | 大藏省①的权限式微；主银行对主要客户保持忠诚度 |
| 资本市场 | 金融体系改革（1992年）；经纪业务佣金自由化（1994年）；"大爆炸"改革（1996年）；金融工具与交易法（2006年） | 金融控股公司；超大型银行 | 大藏省的权限式微；更多在形式而不是实质上向股东价值模式转变 |
| 公司治理 | 商法典修改（特别是在1993—2005年）；并购指引（2005年）；尽职管理守则（2014年）；公司治理守则（2015年） | 公司重组；并购；回购；股票期权；外部董事 | 更多在形式而不是实质上向股东价值模式转向 |
| 反垄断 | 取消对控股公司的禁令（1997年）；修订禁止垄断法（1990年、2000年、2005年和2009年） | 1990年以后并购增加；公司集团重组 | 对于竞争益处的更深入理解 |
| 劳动力 | 劳动基准法（1998年和2003年）；临时工作中介法（1999年）；劳动合同法（2007年） | 裁员的劳动调整；临时工作中介机构（temp agencies）的增加；私人雇佣机构 | "终身"雇佣和男性养家规范的弱化 |

---

① 2001年，日本大藏省改称为财务省。——译者注

(续表)

| | 法律与规章 | 惯例与标准 | 规范与信念 |
|---|---|---|---|
| 电力行业 | 1994年和2012—2014年的改革 | 独立发电厂的缓慢发展；核心公用事业显示其实力（flex power） | 通产省与东京电力公司的关系在2011年之后不再被信任；向智能电网模式转变 |
| 航空业 | 1986年和1994年改革 | 竞争的适度增加 | 比起价格更注重质量和安全的理念被削弱 |
| 电信业 | 日本信息技术公司的私有化和自由化（1985年）；促进竞争的规制，尤其是在2001年 | 占市场支配地位的运营商受阻碍；2000年后，软银（Softbank）参与到激烈的价格竞争中 | 价格竞争得到越来越多的理解 |
| 专利 | "日本版的拜杜法案"（1999年） | 21世纪前十年中越来越多的研发和专利申请 | 更多保护专利的承诺 |
| 版权 | 20世纪90年代以来的多次修订；加强执法以及对数字时代的适应 | 包括个人在内的更多主体主张版权 | 自20世纪90年代末以来，公众的态度逐渐转向开放式访问的规范 |

## 二、金融改革

  三十多年的金融改革削弱了日本政府控制信贷分配的能力，并对金融行业造成了诸多影响：（1）产生了更多基于价格的竞争；（2）该行业内各个部门之间的交叉进入；（3）一系列经过重组和合并的超大型银行；（4）更多的外资银行。此外，金融改革与公司治理改革相结合（将在下一节中讨论）提供了前文所提到的为公司控制权市场提供基础的许多措施，从而让敌意的出价者可以控制公司并罢免管理团队。实际上，乌尔里克·谢德（Ulrike Schaede）认为，这些措施与企业战略的变化相结合，在1998年至2006年期间产生了一个"战略拐点"，从根本上将日本资本主义的逻辑转

## 第四章 市场治理的日本模式：为什么创造自由市场经济如此之难

变为企业积极重组以实现股东回报最大化的逻辑。①与其观点相反，我认为日本企业无论是在政治舞台上还是在其各自的商业战略上，均抵制全面的改革，产生了连续性与变革的微妙结合。

在美国的压力下，日本大藏省自20世纪80年代开始进行金融改革。美国的制造商声称美元相对于日元被高估，而日本的金融自由化可能有助于纠正这种不平衡。根据1984年的《日元—美元协议》，日本承诺允许外国金融机构在日本设立信托子公司，建立欧洲日元债券市场（以日元计价的离岸债券市场），开放货币市场，并取消存款利率上限。日本在上述前三个项目中迅速采取行动，但存款利率自由化则是在1985年到1994年间逐步放开，从而留给银行调整的时间。大藏省从20世纪80年代后期开始着手解决金融系统割裂的问题，最终于1992年决定允许商业银行和证券公司通过独立的子公司进入彼此的业务范围。②大藏省还逐步取消了固定经纪佣金——强制经纪商进行价格竞争——从1985年到1990年逐步降低费率，然后在1994年开始对超过10亿日元的交易实行费率自由化。由于金融改革加剧了金融行业的竞争，让金融机构在无须受到更审慎监管的情况下有更多进行冒险投资的自由，最终导致了20世纪90年代的金融危机。

金融危机之后，1996年日本版的金融"大爆炸"（根据英国1986年金融"大爆炸"改革而命名）及相关改革隆重推出，主要内容包括：(1) 开启了共同基金、养老金和信托市场；(2) 核准了新的金融工具；(3) 允许证券公司和商业银行通过控股公司进入彼

---

① Ulrike Schaede, *Choose and Focus: Japanese Business Strategies for the 21st Century*. Ithaca, NY: Cornell University Press, 2008, pp. 1-2.
② 对这一时期的更详细讨论，参见沃格尔的论述。Steven K. Vogel, *Freer Markets, More Rules: Regulatory Reform in Advanced Industrial Countries*. Ithaca, NY: Cornell University Press, 1996, pp. 167-195.

市场治理术：
政府如何让市场运作——

此的核心业务领域；（4）放松了外汇管制。[①]改革的支持者认为各种措施的相互关联可以产生协同效应。例如，取消外汇管制将促进跨境金融交易，从而开放金融体系，为进一步改革带来经济和政治压力。由于大藏省和银行在金融危机中串通一气，它们并没有采取强硬态度来抵制改革。[②]政府还在大藏省之外设立了一个新的金融监管机构——金融厅（Financial Service Agency，FSA）。之前的大藏省官员占据了新机构工作人员中的相当一部分，但他们一旦调动到新机构就不再是大藏省官员，而且也不允许他们再返回大藏省。总的来说，"大爆炸"改革加剧了金融服务业的竞争，促进了该行业的重组，增加了外国金融机构进入市场的机会，增强了日本投资者投资外国股票市场的能力，并使企业能够更容易地从资本市场筹集资金。

"大爆炸"的一揽子计划在2000年波及会计领域，这时政府转为要求合并报表。这意味着，处于业务集团中心的公司不仅要报告自身的财务业绩，还要报告超过一定持股门槛的子公司的财务业绩。这使得公司更难以隐藏子公司的亏损，并推动它们评估整个公司集团的价值。这削弱了纵向整合的激励机制，并让潜在的收购者可以更准确地了解公司的价值。[③]2001年，金融厅将设定会计准则的权限移交到一个私营部门机构——财务会计准则基金会

---

[①] 我对改革法案的追溯是根据其通过的年份，而不是其生效的年份。事实上，大多数"大爆炸"法案是在1998年生效的。

[②] 对日本金融"大爆炸"的政治学分析，参见 Toya 的论述。Tetsuro Toya, 2003, *Kinyuu bigguban no seijikeizaigaku* [The Political Economy of the Japanese Financial Big Bang]. Tokyo：Toyo Keizai Shimposha.

[③] David E. Weinstein, "Historical, Structural, and Macroeconomic Perspectives on the Japanese Economic Crisis." In *Japan's New Economy：Continuity and Change in the Twenty First Century*, edited by Magnus Blomström, Byron Gangnes, and Sumner La Croix, 29-47. Oxford：Oxford University Press, 2001.

### 第四章 市场治理的日本模式：为什么创造自由市场经济如此之难

(Financial Accounting Standards Foundation)。①它引入了按市值计价的会计方法，对于 2000 年的房地产和证券的计价依据是市场价值而不是购买时的价格。这鼓励公司去出售没有贡献利润的资产，并加剧了公司增加财务回报的压力。一些观察人士认为，这将开启公司控制权市场，因为更多股票将可供出售，而股东将要求更高的投资回报。②

小泉纯一郎首相（2001—2006 年在任）为邮政系统私有化而进行的不寻常的斗争也影响了金融体系，因为邮政储蓄系统占据了大量的储蓄存款，并通过财政投资和贷款项目（Fiscal Investment and Loan Program，FILP）为大量政府活动提供资金。邮政储蓄系统是日本战后政治和经济体系的核心支柱，使官僚能够将国内储蓄用于经济发展的目标，特别是基础设施投资，并让政客能够向其选民分配资源。③改革的支持者认为，除非更多的储蓄能够通过私人金融机构进行引导并在市场化的基础上进行投资，否则日本的金融市场不可能有效地实现现代化。小泉纯一郎将邮政改革作为其"结构性改革"项目的核心，认为邮政储蓄制度阻碍了信贷的有效分配，排挤了私人金融活动，并推动了公共工程的政治机器。内阁于 2005 年批准了一项法案，将日本邮政拆分为四个控股公司：邮政储蓄、邮政人寿保险、邮件投递和邮政网络管理。政府于 2015 年 11 月和 2017 年 9 月出售了日本邮政控股公司的股份，但仍然拥有多数股权。

金融监管当局试图通过 2006 年的《金融商品交易法》来振兴日本股市。它们旨在为有经验的投资者提供更多投资于复杂金融

---

① 会计准则的规制权限在1998年从大藏省移交给金融监管厅（Financial Supervisory Agency），又在2000年移交给金融厅。

② Clay Kinney, "All Change for Japanese Accounting." *The Treasurer*, February, 2001, pp. 58-60.

③ Gene Park, *Spending without Taxation: FILP and the Politics of Public Finance in Japan.* Stanford, CA: Stanford University Press, 2011, pp. 25-52.

市场治理术：
政府如何让市场运作——

工具的机会，同时加强对零售投资者的保护。该法案从基于行业的金融监管方法（根据金融业的子部门来组织）转变为基于金融商品的方法（根据受监管的金融商品来组织），并对证券监管进行了大力改革，包括信息披露要求、投资者保护和证券交易所的治理。它还包括了内部控制和独立审计的条款，被称作日本版的《萨班斯-奥克斯利法案》，或"J-SOX"。该法案还影响到公司治理实践的演变，使经理人对短期财务业绩更加敏感，并明确了并购程序[1]，下一节将对其进行讨论。

自20世纪90年代以来，日本的金融体系开始发生转变，却不见得是在朝着自由市场经济的方向。20世纪80年代，日本的一些大公司开始摆脱主银行，但其中的很多公司在20世纪90年代又回到了它们的主银行，因为它们的债券评级下跌到极低，以至于无法发行公司债券。虽然银行确实也会出售客户公司的股票，有些甚至拒绝参与成本高昂的救助行动，但许多银行仍继续向这些公司提供信贷，包括为声名狼藉的"僵尸"公司提供生存支持。哈迪（Hardie）等人认为，"以股权为基础的"金融体系（如美国和英国）与"以银行为基础"的金融体系（如德国和日本）之间的经典二分法不再成立，因为大多数主要的工业国家已经融入以市场为基础的银行业模式——然而他们承认日本违背了这一趋势。与其他国家相比，日本的银行更少依赖金融市场作为其资金来源，同时也更少将金融市场作为其投资对象。[2]日本规模最大、盈利能力最强的那些公司已开始与其银行建立"臂长距离"（arm's-

---

[1] Ulrike Schaede, *Choose and Focus: Japanese Business Strategies for the 21st Century.* Ithaca, NY: Cornell University Press, 2008, pp. 41-42.

[2] Iain Hardie, David Howarth, Sylvia Maxfield, and Amy Verdun, 2013. "Banks and the False Dichotomy in the Comparative Political Economy of Finance." *World Politics* 65: 691-728, p. 721.

length）的关系，但规模较小且较脆弱的公司仍然与其银行保持着相互忠诚的主银行关系。[①]与此同时，金融危机导致金融行业传统的经连会模式发生了重大重组，使得该行业被三大巨型银行集团所主导。

## 三、公司治理改革

从20世纪90年代中期到2005年前后，日本政府实施了一系列规模惊人的法律改革，为企业提供了更多重组的选择，并加强了企业对股东的责任。[②]日本公司效仿了美国的商业实践——例如股票期权、股份回购、外部董事、并购以及裁员——然而，正如前一章所述，这些做法并没有被证明可以改善美国公司的业绩。[③]政府官员将公司法改革视为包括工业振兴和会计改革等在内的更大变革的一部分，并希望通过日本市场基础设施的现代化促进企业进行调整。政府和行业原则上接受了股东价值模式，但它们在实践中更倾向于采取谨慎的改革和渐进式的调整。政府所设计的改革为公司提供了新的选择而没有强制性的要求，随后又发布了不具约束力的治理守则，并建立了促进管理人和投资者之间沟通的

---

① 更详细的评估参见沃格尔的论述。Steven K. Vogel, *Japan Remodeled: How Government and Industry Are Reforming Japanese Capitalism.* Ithaca, NY: Cornell University Press, 2006, pp. 126-134, 157-204.

② 对于主要改革的汇总表,可参见肖逸夫和谢德的论述。Yves Tiberghien, *Entrepreneurial States: Reforming Corporate Governance in France, Japan, and Korea.* Ithaca, NY: Cornell University Press, 2007, pp. 149-151. Ulrike Schaede, *Choose and Focus: Japanese Business Strategies for the 21st Century.* Ithaca, NY: Cornell University Press, 2008, pp34-35。

③ 关于这些做法的成本与收益的文献和证据,参见沃格尔的论述。Steven K. Vogel, *Japan Remodeled: How Government and Industry Are Reforming Japanese Capitalism.* Ithaca, NY: Cornell University Press, 2006, pp. 207-211.

市场治理术：
政府如何让市场运作——

网络。

1993年，日本政府加强了法定审计制度，扩大了股东权利，并降低了提起股东诉讼所需的费用。1995年，政府允许公司回购自己的股票，为经理人提供了支撑股价和抵御敌意收购的工具。① 1997年，政府简化了合并程序并引入股票期权。2000年，政府通过了《公司分拆法》，使公司更容易将部门分拆为新的子公司或出售它们。② 2001年，政府巩固了法定审计制度，但同时也限制了董事在股东诉讼中的责任。日本商业联合会（keizai dantai rengoukai）一直担心股东诉讼的增加，并大力游说以限制董事的责任。同年，政府限制银行的股权投资，使得二级资本（在其他公司的股权）不能超过一级资本（银行自有资产）。这一安排旨在提高银行系统的稳定性，但它也具有减少银行在其他公司持股的效果，从而加速了稳定持股的流失。③

2002年，政府允许大型公司采用美国式的董事会委员会制度。选择这一制度的公司将取消法定的审计理事会，而建立新的审计、提名和薪酬委员会。每个委员会至少有三名成员，其中大多数是外部董事。然而，商法典对外部董事的界定包括母公司的雇员、母公司的子公司以及大股东。日本经济团体联合会（Keidanren）通过游说成功地反对了要求公司采用委员会制度的方案，并且挫败了要求所有公司任命至少一名外部董事的提议。

---

① James R. Lincoln and Michael L. Gerlach, *Japan's Network Economy: Structure, Persistence, and Change.* New York: Cambridge University Press, 2004, p. 331.

② 政府将这项改革与《雇佣合同接续法案》相结合，该法案要求公司在重组前与员工和工会协商，并鼓励公司将现有的雇佣合同转让给新成立的部门。政府还增加了一项决议，规定了一项先例规则：如果解雇的唯一理由是公司重组，那么公司将不能解雇员工。

③ Ulrike Schaede, *Choose and Focus: Japanese Business Strategies for the 21st Century.* Ithaca, NY: Cornell University Press, 2008, p. 99-100.

## 第四章　市场治理的日本模式：为什么创造自由市场经济如此之难

2000年以后，日本和外国的对冲基金均越来越激进地要求公司分配更高的股息，进行股票回购以及采取旨在让股东回报最大化的商业策略，有些甚至发出了敌意收购的要约。行业领导者越来越担心它们在这种环境下可能被收购，因此经济产业省（Ministry of Economy, Trade, and Industry, METI）组织了一个专门小组在2005年发布了收购防御指南，以帮助企业判断哪些策略是合法和适当的。作为该小组成员的东京大学经济学教授Noriyuki Yanagawa回忆说："专门小组中那些希望该指南能够促进并购的成员与希望阻碍并购成员之间展开了激烈的斗争。但最终通过的仅仅是指南，而不是具有约束力的规则。"[1] 布坎南（Buchanan）、柴（Chai）和迪肯（Deakin）得出的结论是，对冲基金在21世纪初期从激进主义策略中获得了适度的回报，但它们的成效随后停滞不前。此外，对冲基金未能在更广泛的范围内重新调整目标公司的业务战略。[2]

---

[1] 2015年5月27日在加州伯克利的访谈。Ministry of Economy, Trade, and Industry, "Kigyou kachi kabunushi kyoudou no rieki no kakuho matawa koujou no tame no baishuu boueisaku ni kansuru shishin" [Guidelines for Takeover Defenses to Preserve and Enhance Corporate Value and Shareholder's Common Interests]. Tokyo: Ministry of Economy, Trade, and Industry, 2005. 可另参阅后续的研究报告。Ministry of Economy, Trade, and Industry, "Kinji no shokankyou no henka o fumaeta baishuu boueisaku no arikata" [The Role of Takeover Defense Measures in Light of Changes in the Environment]. Tokyo: Ministry of Economy, Trade, and Industry, 2008. Shishido认为，美国公司使用"毒丸"（收购防御机制）来增加谈判筹码而不是阻止敌意收购，而日本公司则能够将它们的"毒丸"与交叉持股相结合，从而阻止敌意收购。Zenichi Shishido, "Introduction: The Incentive Bargain of the Firm and Enterprise Law: A Nexus of Contracts, Markets, and Laws." In *Enterprise Law: Contracts, Markets, and Laws in the US and Japan*, edited by Zenichi Shishido, Cheltenham, UK: Edward Elgar, 2014, p. 37.

[2] John Buchanan, Dominic Heesang Chai, and Simon Deakin, *Hedge Fund Activism in Japan: The Limits of Shareholder Primacy*. New York: Cambridge University Press, 2012, pp. 153-239.

—— 市场治理术：
政府如何让市场运作 ——

日本国会在2005年通过了商法典的重大修订，取消了股份公司的最低资本要求，以鼓励初创企业。该法案还扩大了董事会的自由决策权，便利了兼并和收购，同时也扩大了公司对收购防御的选择权。它还明确了主要公司形式的名称：股份公司、有限责任公司、无限合伙企业和有限合伙企业。①

随着外国股东群体持股比例的增加和国内稳定持股比例的下降，外国股东群体在公司治理的讨论中变得更具影响力。②日本美国商会（American Chamber of Commerce in Japan）发布了一份颇具影响力的报告，请求政府发布如下上市规则：要求公司董事会中至少有三分之一的董事为外部董事，并确保这些董事是真正独立的。③法务部的立法小组委员会在2011年的中期报告中建议，至

---

① Ulrike Schaede, *Choose and Focus: Japanese Business Strategies for the 21st Century*. Ithaca, NY: Cornell University Press, 2008, p.40-41.

② 银行的全部持股从1987年的15％降低到了2015年的4％，而外资持股则从5％增加到了30％。Ministry of Economy, Trade, and Industry, "Nihon no 'kasegu chikara' soushutsu kenkyuukai"［Study Group to Promote Japan's Proftability］, May 20, 2014. Tokyo: Ministry of Economy, Trade, and Industry; Tokyo Stock Exchange, "2015 nendo kabushiki bunpu joukyou chousa kekka no gaiyou"［An Overview of the 2015 Stock Allocation Survey Results］. Tokyo: Tokyo Stock Exchange, 2016, p.4.

③ American Chamber of Commerce in Japan, "Improve Shareholder Voting Access and Disclosure to Enhance Corporate Governance and Boost the Credibility of Japan's Public Markets." Tokyo: American Chamber of Commerce in Japan, 2008. 亚洲公司治理协会（Asian Corporate Governance Association）在2008年发布了一份公司治理白皮书，强调日本公司应该被要求设置独立董事，并通过使股东大会更加开放和更便利股东投票来改善股东权利（Asian Corporate Governance Association, "ACGA White Paper on Corporate Governance in Japan." Hong Kong: Asian Corporate Governance Association, 2008）。然而，一位在多家投资管理公司任职过的前管理人员Takaaki Eguchi认为，日本美国商会和亚洲公司治理协会并不一定代表了日本投资界的声音。包括代理投票顾问在内的公司治理专业人士均强烈主张进行公司治理改革，然而大多数专业投资人士并未公开赞成独立董事等要求，因为他们怀疑这些形式上的标准是否能够真正起作用（2014年5月28日在东京的访谈）。

## 第四章 市场治理的日本模式：为什么创造自由市场经济如此之难

少要求董事会中有一名外部董事。日本经济团体联合会强烈反对这一要求，该小组委员会随后建议，当公司能够公开说明其正当理由时，可以允许公司不设置外部董事。2009年，日本民主党（Democratic Party of Japan，DPJ）将在日本政坛上占据了50多年主导地位的自民党赶下台。民主党政府在2012年起草了一份反映了小组委员会报告的法案，但民主党在该法案通过之前就下台了。①

自民党于2012年12月在首相安倍晋三的领导下重新上台，并将公司治理改革纳入其增长战略，即著名的"安倍经济学"的"第三支箭"。政府认识到商界反对直接要求增加外部董事，因此选择了更为温和的方法：通过制定最佳行为准则来改变公司治理实践。金融厅的专家委员会于2014年制定了尽职管理守则（stewardship code），规定了机构投资者应如何参与所投资的公司，从而最大限度地为客户带来回报。②"尽职管理守则就像是草药（kanpouyaku）"，金融厅的官员Ryozo Himino宣称，"它会缓慢但稳定地引起变化。"③

国会于2014年6月通过了一项法案，该法案对公司治理准则采用了英国"遵守或解释"（comply or explain）的方法：上市公司要么设置两名外部董事，要么在股东大会上公开解释为什么没有

---

① *Nikkei Bijinesu*, October 18, 2013. 日本民主党于2016年3月与日本维新党（*Ishinno Tou*）和改革愿景会（*Kaikaku Kesshuu no Kai*）合并，并重新命名为民主党（*Minshintou*）。

② Financial Services Agency, "Principles for Responsible Investors: Japan's Stewardship Code." Tokyo: Financial Services Agency, 2014. 截至2016年12月，共有214家机构正式接受了尽职管理守则。Financial Services Agency, "List of Institutional Investors Signing Up to 'Principles for Responsible Institutional Investors'（Japan's Stewardship Code）." Tokyo: Financial Services Agency, 2017.

③ 2014年5月27日在东京对金融厅公司会计与信息披露部副主任Ryozo Himino的访谈。

市场治理术：
政府如何让市场运作——

设置。"我们希望让日本公司变得更强大，但我们不能简单地告诉它们应该如何做并期望它们这样做，"自民党政策研究委员会代理主席 Yasuhisa Shiozaki 解释道，"因此，我们将公司治理准则作为一种销售宣传。"①除了传统的法定审计师制度（*kansayakukai secchigaisha*）和美国式董事会委员会外，公司还可以选择第三种公司治理结构（*shimeiiinkaitou secchigaisha*）：一个具有监督职能的审计委员会（*kansatouiinkai secchigaisha*）。在这种新结构下，审计委员会将获得有关董事提名和薪酬的监督职能。一个由金融厅和东京证券交易所共同组成的联合委员会随后充实了公司治理准则，东京证券交易所随后提出了新的上市要求。上市公司不仅需要遵守或解释其外部董事的设置，还必须公布其持有其他公司股票的原则、作为股东进行投票的标准、基本的管理理念，以及有关高管任命、薪酬和股东关系的政策。②与此同时，经济产业省的理事会建议公司和投资者就如何在中长期内提高股票价值进行对话，经济产业省为此目标还组建了工作组。③

本质上，政府试图促进公司的重组，使日本公司对外国投资者更具吸引力，同时不损害管理者的自主权或破坏有价值的管理实践。"大爆炸"改革让日本金融市场进一步融入全球市场，会计改革增加了管理者提高股东回报的压力，公司法改革则促进了重组，

---

① 2014年5月29日在东京的访谈。日本公司董事培训机构的负责人尼古拉斯·贝内斯，同时也是日本公司治理改革的热心倡导者，就公司治理准则特别是"遵守或解释"的方法向 Shiozaki 提出了建议。Nicholas Benes, "*Japanese Corporate Governance at the Tipping Point.*" Tokyo: The Board Director Training Institute of Japan, 2016.

② 截至2016年7月，已有3164家公司提交了公司治理报告，并根据公司治理准则附有"遵守或解释"声明。Tokyo Stock Exchange, "How Listed Companies Have Addressed Japan's Corporate Governance Code." Tokyo: Tokyo Stock Exchange, 2016.

③ *The Oriental Economist*, April, 2015, 8-10.

## 第四章　市场治理的日本模式：为什么创造自由市场经济如此之难

并为公司董事会提供了新的模式。日本经济团体联合会和其他利益集团一起努力，以确保：(1) 公司不被强制要求成立委员会式的董事会；(2) 公司保留了可靠的机制来防御敌意收购；(3) 公司继续为更广泛的利益相关者服务，而不仅仅是股东。很多律师认为，公司控制权市场的法律结构仍然没有到位。例如，公司对于提供最优惠价格的出价人仍然不负有法律义务。①

日本的公司治理实践随着这些法律法规的变化而逐渐演进。大多数日本公司都缩小了董事会的规模，并采用了执行官制度，允许那些被排除在董事会之外的人保持其社会地位，同时允许公司简化决策流程。然而，截至2016年，3507家在东京证券交易所上市的公司中只有70家在董事会中设置了委员会，不到总数的2%。②管理人员仍然不愿意给予股东更多权利，许多机构投资者亦不行使其权利。几乎所有的上市公司都增加了外部董事，但是一些管理人员认为，外部董事更有可能破坏而非提升良好的管理，所以他们不向这些董事提供有效履职所必需的信息。③ 日本也缺乏

---

① 大卫·马克曼(David Makman)律师2014年3月19日在加州大学伯克利分校的演讲。

② Tokyo Stock Exchange, *Kooporeeto gabanansu hakusho* [White Paper on Corporate Governance]. Tokyo: Tokyo Stock Exchange, 2017, pp. 61-62. 共有637家公司(占比18.2%)选择了新的具有监督功能的审计委员会。

③ 东京证券交易所的报告显示,截至2016年,有95.8%的上市公司至少有一名外部董事,高于2014年的64.4%和2012年的54.7%；在2016年,88.9%的上市公司拥有符合东京证券交易所上市规则的"独立性"要求的外部董事,这一比例在2014年是46.7%,在2012年是34.4%。截至2016年,上市公司平均拥有1.75名独立董事。Tokyo Stock Exchange, *Kooporeeto gabanansu hakusho* [White Paper on Corporate Governance]. Tokyo: Tokyo Stock Exchange, 2017, pp. 75, 77. 与之形成对比的是,标准普尔500指数中的美国公司平均有9.1位独立董事和1.7位非独立董事。Spencer Stuart, *2016 Spencer Stuart Board Index: A Perspective on U. S. Boards*. https://www.spencerstuart.com/~/media/pdf%20fles/research%20and%20insight%20pdfs/spencerstuart-us-board-index-2016_july2017.pdf?la=en, 2017, p. 14.

有效且独立的合格董事候选人。公司开始利用新的重组方案,并购活动也有所增加。在几个关键案例中,例如美国对冲基金钢铁伙伴(Steel Partners)在 2007 年试图收购日本的牛头犬调味品公司(Bull-Dog Sauce Company),法院均支持了对收购的防御,这威慑了随后几年的敌意收购尝试。敌意收购的要约仍然很少,成功的敌意收购更是微乎其微——具体取决于如何对"敌意"进行界定。①

## 四、劳动力市场改革

自 20 世纪 90 年代末以来,日本政府对劳动力规制进行了大刀阔斧的改革:提高了公司雇用非正式员工的灵活性,为公司提供了更多裁员以外的劳动力调整选择,同时为不断减少的正式员工群体保留了长期雇佣制度。具体而言,政府放宽了对私营职业介绍所的限制,新增了一类非正式员工——中介临时工(agency temps),允许可转移的养老金计划,放宽了对工作时间和其他工作条件的限制。但是,这并没有让公司可以更容易地解雇正式员工。

行政改革理事会的放松管制委员会成员于 1995 年开始着手劳工问题,他们的建议引发了一系列改革。他们认为,其他行业的规制改革可能会导致劳动力市场混乱,因此他们希望改革劳动力市场,以促进员工的重新分配。1997 年,政府修订了《平等就业机会法》,取消了对女工的一些特殊保护,例如加班和夜间工作的规则。1998 年,政府修订了《劳动基准法》,在工作时间规

---

① 本书第三章报告了 Thomson One 数据库中美国和日本的敌意收购总数,但基于对"敌意"的界定不同,这些数字也相差很大。Pepper D. Culpepper, *Quiet Politics and Business Power: Corporate Control in Europe and Japan.* New York: Cambridge University Press, 2011, p.46.

## 第四章　市场治理的日本模式：为什么创造自由市场经济如此之难

定方面给予雇主更大的灵活性。然而，日本工会联合会（nihon roudoukumiai sourengoukai）成功地施加了诸如要求员工同意等条件，这使得雇主难以行使这种灵活性。①

1999年，政府修订了《临时工作中介法》和《就业保障法》，给予雇主在雇用中介临时工方面更大的自由，允许私营公司提供就业安置服务，并增加对求职者的法律保护。中介临时工为雇主提供了现有的非正式员工以外的另一种类型的员工。雇主对非正式员工可以安排更短的工作年限、更低的福利和更少的工作保障。2003年，政府允许在制造业中使用中介临时工，将雇主雇用临时工的最长合同期限从一年延长到了三年，同时还让地方政府免费提供就业安置服务。政府还颁布法令，规定与正式员工从事类似工作的临时工应得到与正式员工类似的待遇。②

与此同时，政府修订了《劳动基准法》，将解雇员工的指导方针纳入该法典中。法院判决通常支持长期雇佣制度，规定雇主不能无故解雇员工，除非它们符合相当严格的经济困难标准。此外，法院倾向于认为，大型公司应尽可能地按照日本惯例在公司集团内重新安置员工，而不是将其解雇。新的法律要求雇主在其员工手册中公布解雇指南，并在雇员要求时书面说明解雇原因。民主党成功地修改了该法案的措辞，使其不再暗示公司具有解雇员工的基本权利。③

---

① Mari Miura, *Welfare Through Work: Conservative Ideas, Partisan Dynamics, and Social Protection in Japan.* Ithaca, NY: Cornell University Press, 2012, p. 131.

② *Ekonomisuto*, March 22, 2005, 37.

③ Mari Miura, *Welfare Through Work: Conservative Ideas, Partisan Dynamics, and Social Protection in Japan.* Ithaca, NY: Cornell University Press, 2012, p. 69.

市场治理术：
政府如何让市场运作——

  日本的解雇规则很好地阐释了本书更广泛意义上的论点，因为如果日本政府真的希望给予雇主更多的解雇员工的自由，它就必须做**更多**，而不是更少——对解雇做法的限制反映了公司惯例和社会规范，而这些继而又在判例法中反映了出来。因此，政府必须积极干预以改变判例法。① Noriyuki Yanagawa 认为，可能需要进行大刀阔斧的改革，才能为处于职业生涯中期的管理人员培育出一个劳动力市场，因此他建议将退休年龄定为 40 岁，从而迫使公司和员工在那时重新就劳动合同进行谈判。虽然 Yanagawa 承认政府不太可能这样做，但该建议强调了要振兴劳动力市场需要采取果决的行动，而不是放松管制。②

  政府对失业员工的福利待遇作了一些适度的调整，但没有实质性地加强社会安全网。③它继续更多地依赖政府政策和私营部门的惯例来维持就业（工作保护），而不是依靠支持失业者的政策（员工保护）。2001 年，政府重组了传统的定额收益计划，并引入了类似于美国 401（k）计划的定额缴费制度。预计定额缴费计划将提高劳动力的流动性，因为养老金收益可以很容易地从一个雇主转移到另一个雇主那里。

  到 2005 年，媒体对日本日益增长的经济不平等敲响了警钟。与此同时，一些批评者指责小泉首相的经济改革，特别是劳动力

---

  ① 2014年5月28日在东京对厚生劳动省的前官员、日本劳动政策及培训研究所高级研究主任 Keiichiro Hamaguchi 的访谈。
  ② 2015年5月27日在加州伯克利的访谈。
  ③ 莱维、缪拉和帕克认为，日本未能提供社会安全网是阻碍自由市场改革的最大因素。Jonah Levy, Mari Miura, and Gene Park, "Exiting étatisme? New Directions in State Policy in France and Japan." In *The State after Statism*, edited by Jonah Levy, 92-146. Cambridge, MA: Harvard University Press, 2006.

## 第四章 市场治理的日本模式：为什么创造自由市场经济如此之难

市场改革，如对中介临时工的放开。①在小泉纯一郎的继任者安倍晋三任职期间（2006—2007年），政府修订了《部分工时劳动法》，以确立平衡对待正式员工和非正式员工的原则，但它也以一种特殊的日本方式为"合法"歧视留下了一些空间。在日本的社会背景下，这两类工人的区别不仅体现在工作职责上，还具有不同的"约束"（kousokusei）水平。亦即，正式员工（大多数是男性）被期待着服从雇主对加班或转职的要求，而非正式员工（大多数是女性）则不然。根据该修订后的法案，如果非正式员工具有与正式员工相同的职责、无限期的工作合同以及与正式员工相同的关于工作变更的条款，那么他们就被视为与正式员工相当。实践中，这意味着很少有非正式员工被认为等同于正式员工——即使他们履行类似的职责——因此他们无权获得同等报酬和福利。②

安倍政府在第二个任期时（2012年—）将劳动力市场改革纳入其增长战略，重新审视其第一个任期内放弃的两项提案：一项针对白领的工时限制的豁免和一项允许通过货币补偿解决不公平解雇争议的提议。③政府于2015年4月将加班规则的白领豁免放入《劳动基准法》提交给国会，但随后由于遭到强烈的反对而放弃。一些评论者指责补偿计划显示出雇主具有进行大规模裁员的意图，

---

① 非正式员工占全部劳动力的比例从1989年的19.1%稳步增长到了1999年的24.9%，2005年的32.6%，2015年的37.5%，以及2016年的37.6%。Ministry of Health, Labor, and Welfare, "Seiki koyou to hiseiki koyou roudousha no suii" [Changes in Regular and Non-Regular Workers]. Tokyo: Ministry of Health, Labor and Welfare, 2016; Ministry of Internal Affairs and Communications, 2017, Roudouryoku chousa [Labor Force Survey]. http://www.stat.go.jp/data/roudou/index.htm.

② Mari Miura, *Welfare Through Work: Conservative Ideas, Partisan Dynamics, and Social Protection in Japan*. Ithaca, NY: Cornell University Press, 2012, pp. 76-78.

③ *Toyo Keizai*, May 24, 2014, 50-63.

**市场治理术：**
*政府如何让市场运作——*

但实际上雇主只是为极少的争议案件寻求额外的工具。政府还宣布，将在大型城市的六个经济特区制定更加灵活的劳动法规，但厚生劳动省的官员成功地阻止了该提议，认为一国不应有两套针对不同地区的劳动法规则。相反，他们建议为这些地区的外国公司设立特殊的就业援助机构，并对适用于全国的《临时工作中介法》进行更适度的修订。

雇主们实际上要求政府**加强**对临时工作中介机构的规制，因为这些企业的公众形象非常差。国会在2015年通过了一项法案，将规制层次从"注册"（registration，*todokede*）加强为"许可"（permit，*kyoka*），取消了对中介临时工的工作类别限制，并实现了从规制中介合同到更注重个体员工的制度转型。[1]同时，安倍的团队公开承诺推广"女性经济学"，包括让母亲外出工作更容易的政策以及鼓励公司任命更多女性高管和董事会成员的政策。国会于2015年通过了《妇女职场参与和晋升促进法》，要求大型公司公布关于女性员工人数和地位的数据，并制订行动计划，以提升职场女性的地位。

2016年，安倍政府将提高劳动力市场灵活性的政策转变为加强劳动保护。早期的劳动力市场改革使公司增加了非正式员工的比例，将中介临时工纳入其非正式员工之中，并总体上实施工资限制。"鉴于日本的员工分化为两个群体，即正式和非正式员工，"厚生劳动省的一位专家解释说，"劳动力的放松管制只会加大这种鸿沟，抑制需求，削弱竞争力。因此，我们需要在进一步推进市

---

[1] 参见沃格尔对日本不同层次的规制所涉及术语的详细阐述。Steven K. Vogel, *Freer Markets, More Rules: Regulatory Reform in Advanced Industrial Countries*. Ithaca, NY: Cornell University Press, 1996, pp. 203-205.

## 第四章　市场治理的日本模式：为什么创造自由市场经济如此之难

场改革之前缓和这种两极分化。"① 因此，政府试图通过让工人感到更加安全以及提高工资来为他们提供更多的可支配收入，从而支持宏观经济。政府希望鼓励更多妇女和老年人参与到劳动力大军之中，从而在人口下降的时期维持劳动力供应并支持经济增长。它宣布了"工作方式改革"（*hatarakikata kaikaku*），其中包括缩小正式和非正式员工之间地位差距的措施以及缩小男女员工之间工资差距的措施，改善儿童保育休假和老年人护理休假的政策，并限制过度加班。政府不满足于仅仅制定指导方针，还积极通过其地区分支机构监控企业合规性，宣传模范行为和制裁违规行为。2014年至2017年担任厚生劳动省部长的Yasuhisa Shiozaki在报告中说，同工同酬的措施遭到了代表着核心（正式）员工的既得利益的行业（经济团体联合会）和劳工组织（劳动组织联合会）的抵制。"首相办公室明确表示他们不想触及核心员工的利益，"他回忆道，"所以我必须努力说服他们接受我们在指导方针中采用的一些语言表述。"②

日本的雇主通常并没有在雇用和解雇正式员工方面要求更大的自由。日本经济团体联合会副主席Yoshio Nakamura表述如下："我们支持自愿裁员，但不支持强制裁员。即使公司有大规模裁员的自由，它们也不会这样做，因为日本的企业管理者对就业稳定有着坚定的承诺。"③许多日本公司都非常重视长期雇佣制度，因为它们受益于员工的忠诚、良好协作的劳资关系，以及在培训员工掌握公司具体技能方面进行投入的能力。它们倾向于将长期雇佣

---

① 2016年8月在东京对厚生劳动省劳动基准局劳动关系法律部高级副主任Hiromitsu Ohtsuka的访谈。
② 2017年9月19日在东京对厚生劳动省部长Yasuhisa Shiozaki的访谈。
③ 2013年8月6日在东京对日本经济团体联合会副主席、总干事和代表董事Yoshio Nakamura的访谈。

**市场治理术：**
**政府如何让市场运作——**

制度与二元结构的劳动力市场的灵活性结合起来，并且一直在努力呼吁通过改革使它们在这一结构中拥有更大的灵活性。

举例来说，日本公司充分利用了政府过去所开展的改革，雇用了越来越多的中介临时工。一些公司向顶层的高级管理人员派发了股票期权，但与美国相比，其覆盖范围和规模仍然较小。[1]一些公司逐渐增加了职业生涯中期雇员的招聘人数，但大公司的高管仍然没有一个活跃的劳动力市场。[2]许多公司引入了更加以绩效为基础的薪酬制度，但有些公司将这些制度作为限制工资的掩饰。总的来说，日本公司已经形成了一种独特的就业调整模式，旨在不裁员的情况下削减成本。[3]它们赞成采取相对温和的措施，例如

---

[1] 根据 Saito 的研究，日本高管收入的67%来自固定工资，18%来自绩效工资，15%来自股票期权，而美国和欧洲高管的固定工资在总收入中的占比则较低（分别为12%和25%），绩效工资（分别占18%和36%）和股票期权（分别占70%和39%）占总收入的比例较日本更高（Atsushi Saito, "Executive Compensation & Corporate Governance." Tokyo: Tokyo Stock Exchange, 2010, p. 3）。2016年，年收入超过1万亿日元的日本公司的首席执行官平均收入为1.4亿日元（约合120万美元），而美国同等公司的首席执行官的平均收入为131亿日元，德国同等公司的首席执行官的平均收入为6亿日元（*Nihon Keizai Shimbun*, July 13, 2017, 14）。

[2] 根据 Kambayashi 和 Kato 的研究，日本的职业生涯中期员工招聘从1982年到1997年有所增长，但仍然远远低于美国的水平。例如，就30—34岁的群体而言，日本的职业生涯中期员工招聘人数在1982年占总招聘人数的15.47%（美国的比例为38.15%），在1997年则占招聘总人数的20.35%（美国的比例为35.92%）。Ryo Kambayashi and Takao Kato, "Trends in Long-term Employment and Job Security in Japan and the United States: The Last Twenty-Five Years." Center on Japanese Economy and Business, Columbia University, Working Paper 302, 2012, p. 29.

[3] Kambayashi 和 Kato 发现，从1982年到2007年，日本核心员工的十年留任率一直非常稳定，保持在70%左右，而美国核心员工的十年留任率则从50%以上降至40%以下。Ryo Kambayashi and Takao Kato, "Trends in Long-term Employment and Job Security in Japan and the United States: The Last Twenty-Five Years." Center on Japanese Economy and Business, Columbia University, Working Paper 302, 2012.

第四章 市场治理的日本模式：为什么创造自由市场经济如此之难

限制工资、削减奖金和减少加班。它们借调员工到关联公司，将公司集团作为就业网络。自20世纪90年代以来，不同公司在战略上的分歧越来越大：那些从长期雇佣中受益最多的公司，如制造商，继续坚持长期雇佣制度；而那些受益最少的公司，比如零售商，则放弃了这一制度。①然而，随着日本从劳动力过剩转为劳动力短缺，一些日本公司已经接受了工作方式改革的精神，较少关注如何裁掉多余的员工，而更加关注如何招聘和留住优秀员工。

政府和企业通过适度的政策改革和逐步的劳动力调整战略避免了重大的劳动力流失（labor dislocation），但这些措施随着时间的推移而付出了代价。例如，许多公司通过人员的自然流失而不是裁员来减少员工规模，但这造成了老员工和新员工之间的代际鸿沟，前者仍然拥有永久职位，而后者则越来越难以获得永久职位。同样，很多公司增加了临时工的数量，而不是抛弃核心员工，但这仍然从总体上削弱了就业保障。从长远来看，这种削减成本的做法降低了员工福利，破坏了劳资关系，并削弱了宏观经济表现。

## 五、反垄断改革

日本政府自20世纪90年代以来逐渐加强了反垄断执法，但这并没有从根本上削弱公司通过行业协会、标准制定机构或研究联盟进行协调的能力。尽管如此，日本公司之间独特的长期关系模式在20世纪90年代的金融危机之后发生了变化，公司之间减少了交叉持股，制造商对其供应网络进行了合理化改革。

---

① 对这些模式更详尽的阐述，参见沃格尔的论述。Steven K. Vogel, *Japan Remodeled: How Government and Industry Are Reforming Japanese Capitalism*. Ithaca, NY: Cornell University Press, 2006, pp. 115-126, 157-204.

## 市场治理术：
### 政府如何让市场运作——

20 世纪 80 年代后期，美国政府在双边结构性障碍协议（Structural Impediments Initiative，SII）的谈判中向日本施压，要求其加强反垄断执法。美国谈判代表指责日本私营部门的做法（如经销商网络和垂直供应链）构成了排除美国竞争对手的歧视行为。日本经济团体联合会对反垄断和规制改革持矛盾态度，因为其内部存在分歧。许多有竞争力的制造商倾向于改革，因为这样可以降低价格（如公用事业或分销的价格）并减少与美国的贸易摩擦，但竞争力较弱的制造商和服务业公司则对改革持抵制态度。通产省逐渐越来越倾向于改革，因为一些官员变得不再那么执着于传统的产业政策目标，更愿意将竞争作为提高国际竞争力的一种手段。[1]

反垄断政策最大的一项改革是在 1997 年取消了对控股公司的禁令，然而这并未促进竞争，反而导致了进一步的企业合并。美国占领军在解散战前工业集团（zaibatsu）时颁布了这一禁令。到了 20 世纪 90 年代，公司高管开始意识到控股公司可以通过对冲任何单一业务线的风险来帮助他们进行财务管理。他们可以通过不同公司的工资和福利的差异化来降低劳动力成本；通过将部门转变为独立的公司来进行内部重组；或通过使用控股公司结构而更容易地与其他公司合并。1997 年的改革通过后，很少有公司立即成立控股公司，部分原因是它们在政府于 2003 年引入合并纳税制度之前都无法充分利用这一结构。[2]实际上，政府利用控股公司解

---

[1] Steven K. Vogel, *Japan Remodeled: How Government and Industry Are Reforming Japanese Capitalism*. Ithaca, NY: Cornell University Press, 2006, pp. 56-58, 61-63; Tony A. Freyer, *Antitrust and Global Capitalism 1930-2004*. New York: Cambridge University Press, 2006, pp. 203-212.

[2] 从1997年到2002年，新成立了46家控股公司；从2003年到2014年，又增加了437家控股公司。Ministry of Economy, Trade, and Industry, "Junsui mochikabugaisha jitai chousa"［Survey of Pure Holding Companies］. Tokyo: Ministry of Economy, Trade, and Industry, 2015.

## 第四章 市场治理的日本模式：为什么创造自由市场经济如此之难

决了很多关键部门棘手的政策问题。例如，在电信领域，政府重组了日本电报电话公司（NTT），通过控股公司保留了一些整合，同时将日本电报电话公司拆分为两家区域性的本地电话公司、一家长途和国际电话运营商、无线通信公司以及数据服务公司。大藏省的官员曾在20世纪80年代后期探讨过通过控股公司来解决金融行业分割化的可能性，但最终排除了这一方案，因为他们认为这在政治上是不可行的。不过，禁令被取消以后，他们就立刻允许商业银行、证券公司和保险公司通过控股公司的架构进入彼此的业务范围。

21世纪初期，政府拟通过立法来加强反垄断政策，具体包括扩大日本公平交易委员会（JFTC）的调查权，将价格垄断行为的罚金翻倍至反竞争行为所获得销售额的12%，并对举报其合作伙伴合谋的企业给予宽大处理。①但是，日本经济团体联合会强烈反对这些措施，认为：政府行动过于草率；罚款的增加是不合理的；惩罚是违宪的，因为这可能会使高管受到（民事和刑事的）双重惩罚；如果企业向公平交易委员会起诉，公平交易委员会将同时扮演检察官和法官的角色；并且这些提案未能解决政府在助长合谋方面所起到的作用，特别是在公共采购中的做法。②国会在2005年达成了妥协，通过了一项法案，将对大公司的罚款提高到10%，对小公司的罚款则提高到4%；通过免除第一家承认从事非法活动的公司的罚款以及减少第二家和第三家承认从事非法活动的公司的罚款来鼓励举报；同时还加强了公平交易委员会进行刑事调查

---

① 日本公平交易委员会在2000年的行政改革中被合并到公共管理、内务与邮政省（Ministry of Public Management, Home Affairs, Posts and Telecommunications），之后在2003年再次被分离出来。公共管理、内务与邮政省在2004年改名为总务省（Ministry of Internal Affairs and Communications）。

② 2004年7月20日在东京对日本经济团体联合会高级董事总经理Yoshio Nakamura的访谈。

的权力。①国会在2009年进一步修订了《禁止垄断法》,加大了对违法行为的处罚力度,扩大了征收罚款的违规行为的范围,并将最高刑事处罚从3年增加到5年。公平交易委员会开始对合并进行更为复杂的经济分析,并拓宽和加强了其工作人员的专业能力。②公平交易委员会的工作人员从1990年的150人增加到2004年的672人和2017年的842人,预算则从1995年的52.4亿日元增加到2004年的78.1亿日元和2017年的112亿日元。③美国的一些专业人士认为,日本的执法按国际标准来看仍然过于松懈,公平交易委员会对反竞争行为的经济分析能力落后于美国和欧盟。④

虽然反垄断改革只是渐进式地推进,而且并未始终如一地朝着促进竞争的方向发展,但自20世纪90年代以来,日本公司还是对其业务关系进行了重组,主要是为了应对市场压力。由于集团业务线之间的合并,横向集团进行了重新组合,成员公司之间减少了交叉持股。⑤制造商调整了与供应商的关系,加强了与核心供应商的联系,同时减少了其所在集团中的供应商数量。⑥日本公司目前对于企业之间的交易越来越多地考虑价格因素。许多公司已经

---

① *Nihon Keizai Shimbun*, May 2, 2005, 11.

② Ulrike Schaede, *Choose and Focus: Japanese Business Strategies for the 21st Century*. Ithaca, NY: Cornell University Press, 2008, p.44. 以及2014年5月29日在东京对日本公平交易委员会官员的访谈。

③ Richard Katz, *Japanese Phoenix: The Long Road to Economic Revival*, Armonk, NY: M. E. Sharpe, 2003, pp.243-244. 并参见日本公平交易委员会的数据。

④ 2015年4月在华盛顿特区对前美国联邦贸易委员会经济学家和前司法部律师的访谈。

⑤ 交叉持有的股份从1989年占日本股市总量的50%以上下降到2014财政年度作为战后低点的16.3% (*Nikkei Asian Review*, July 23, 2015)。

⑥ Steven K. Vogel, *Japan Remodeled: How Government and Industry Are Reforming Japanese Capitalism*. Ithaca, NY: Cornell University Press, 2006, pp.140-143, 157-204.

## 第四章 市场治理的日本模式：为什么创造自由市场经济如此之难

放弃了传统的事后定价制度，即交易双方在交易发生之后才协商价格，以便在市场波动的情况下给予对方更多灵活性。① 即使有这些调整，日本公司仍然倾向于依赖长期的商业伙伴关系并通过行业协会来协调公司战略。

## 六、规制改革

自20世纪80年代初行政改革（*gyousei kaikaku*）运动以来，日本政府一直致力于"放松管制"，它将日本电话电报公司、日本国家铁路公司和日本烟盐专卖公司均私有化。日本式的规制改革在各个部门均遵循了共同模式，即中央部委保持其规制权，并精心控制着引入竞争的过程。②

在电信方面，政府于1982年开放了增值网络（VAN）服务的市场，然后在1985年将日本电话电报公司私有化并开放了电信服务。自20世纪70年代以来，邮政省（Ministry of Posts and Telecommunications）的官员提倡电信竞争，因为他们意识到，通过允许与日本电话电报公司的竞争可以增强自己的权力和地位。③ 在新的制度安排下，他们接管了日本电话电报公司的一些政策职能，包括研发和基础设施投资。他们还通过精心策划让新的竞争者进入每个细分市场：长途电话、国际电话和移动电话。他们通过评估价格和服务变化对竞争均衡的潜在影响来对竞争进行微观管理。如本章末尾的"信息技术"部分所述，邮政省在后来的

---

① Ulrike Schaede, *Choose and Focus: Japanese Business Strategies for the 21st Century*. Ithaca, NY: Cornell University Press, 2008, pp. 153-162.
② 本部分的写作基础为：Steven K. Vogel, *Freer Markets, More Rules: Regulatory Reform in Advanced Industrial Countries*. Ithaca, NY: Cornell University Press, 1996, pp. 137-166, 96-213.
③ 邮政省在2001年并入了新的部委，后来重新命名为总务省。

市场治理术：
政府如何让市场运作——

2000年以后加强了促进竞争的规制。

在航空业方面，交通运输省（Ministry of Transportation）将政府管理的"放松管制"艺术推向了最高水平。① 交通运输省将航空市场交由市场定位明确的三个主要参与者进行开发：日本航空公司（Japan Air Lines，JAL）垄断了国际航线；全日空航空公司（All Nippon Airways，ANA）主导了国内主要航线；而日本航空系统（Japan Air System，JAS）则专门经营地区性航线。1986年，交通运输省的官员慢慢开始允许第二或第三家航空公司在需求最大的航线上同时运营，一家航空公司在其原有的每一条航线上不得不容忍一个竞争者时，将大约得到一条新航线。1989年，他们允许航空公司根据距离在指定价格曲线的上下10%范围内调整票价。之后在1994年，他们将对价格变化的规制方式从许可降低为通知，允许运营商大幅降低价格。即便如此，部委还是保留了实质性的监管控制，声称由于日本缺乏设施和空域，进一步的价格和准入自由化将导致价格上涨，而不是下跌。

在电力方面，通产省创造了一个批发市场，并在1995年略微放开了价格。它允许拥有自己发电机的非电力公司向电力公司出售过剩的电力供应，并要求电力公司通过自己的电力线路输送这些电力。它在2005年向商业用户开放了电力市场。在2011年的地震、海啸和福岛核电站危机之后，规制体制面临着巨大的改革压力。政府通过三个阶段的改革作出回应：（1）建立一个新的规制机构；（2）开放零售端；（3）将发电和配电进行分拆。政府于2012年成立了新的核安全规制机构，并于2015年成立了一个规制电力竞争的机构；2016年，允许地区性垄断公司在零售市场进行跨区域竞争，并允许新的进入者在零售市场进行竞争；2015年，通过

---

① 交通运输省在2001年被并入国土、基础设施和交通省（2008年重新命名为国土交通省）。

## 第四章 市场治理的日本模式：为什么创造自由市场经济如此之难

立法将电力传输和电力分配部门从地区性电力垄断公司转让出去，并拟在2020年之前设立为独立的公司。经济产业省的官员们希望抓住机会窗口并公开承诺要立刻进行全面的一揽子改革，但同时准备分阶段实施，从而给他们自己和电力公司足够的时间进行准备，尤其是第三阶段的分拆。在进行下一步骤之前，他们需要时间来评估每个阶段的进度并重新调整。电力公司则需要为重组而准备好它们的信息技术和管理系统。[1]

日本政府对所有法规的数量进行统计，为"自由市场需要更多规则"的论点提供了粗略的检验。尽管实施了许多"放松管制"计划，法规的总数实际上却在增加，从2002年的10621项增加到2015年的14908项。当然，政府认为这些法规的严格性已经下降了。[2]然而，正如本书所强调的那样，正式的规制变革只是故事的一部分。乌尔里克·谢德认为，日本的规制改革倾向于通过各部门的行业协会来促进自我规制，包括货运业、投资银行、商业银行和保险业。[3]令人惊讶的是，Hoshi和Kashyap的研究发现，1995—2005年期间的"放松管制"与全要素生产率的提高并没有相关性。[4]他们提出了三个可能的解释。第一，政府规制可能被私

---

[1] 2016年8月12日在东京对日本经济产业省自然资源与能源局副局长Akihiro Tada的访谈。

[2] Ministry of Internal Affairs and Communications, Administrative Evaluation Bureau, "Kyoninkatou no touitsuteki haaku no kekka ni tsuite"〔An Overall Assessment of Government Regulations〕. Tokyo: Ministry of Internal Affairs and Communications, 2016, pp. 1-3.

[3] Ulrike Schaede, *Cooperative Capitalism: Self-Regulation, Trade Associations, and the Antimonopoly Law in Japan.* Oxford: Oxford University Press, 2000, pp. 164-190.

[4] Takeo Hoshi and Anil Kashyap, "Policy Options for Japan's Revival." National Institute for Research Advancement (NIR) Report, January 2011, pp. 21-22. 日本政府的放松管制指数考察了规制的严格性和数量，表明制造业的规制程度在此期间有所下降，而其他部门的情况则是，在最初的五年中有所下降，但在随后的五年中又出现了逆转（上升）。

人协调或共谋所取代，因此减少政府规制对生产力没有净影响。第二，规制可能与市场治理的许多其他方面相互作用，以至于它对生产力没有明显的独立影响。第三，一些规制可能会提高生产力，而另一些规制则可能会破坏生产力，结果没有表现出可衡量的净效应。

## 七、知识产权

随着日本从战后初期的技术追赶者发展为1980年以后的技术领先者，政府当局越来越强调将知识产权保护作为创新的激励机制。20世纪90年代末，政府开始改革知识产权制度以适应数字时代，但改革措施仍然是渐进式的，因而阻碍了互联网服务的发展。

日本政府基于国际和国内加强知识产权保护的压力而作出了回应。日本参加了诸如《巴黎公约》（1883年）、《专利合作条约》（1970年）、"三边合作计划"（自1983年以来的一个"美国—欧洲—日本"论坛）以及《与贸易有关的知识产权协定》（1994年）等国际协调行动。日本还与美国签订了双边协议，在该协议中美国表达了对日本的专利制度未能充分保护外国发明并阻碍了高科技产品进口的不满。与此同时，国内特定行业的游说团体也在推动政府加强知识产权保护。[①]

从20世纪80年代开始，日本经济产业省和日本专利局提高了损害赔偿金额，加快了争议解决程序，并将专利保护扩展到信息技术和生物技术的新领域。2000年，政府首次对软件授予专利，并将专利保护扩展到电子商务拍卖和支付结算系统等商业模式中。

---

① Koichi Hamada, "Protection of Intellectual Property Rights in Japan." Washington, DC: Council on Foreign Relations, 1996.

## 第四章 市场治理的日本模式：为什么创造自由市场经济如此之难

1999 年和 2000 年，日本增加了专利侵权的损害赔偿金额，并修订了专利争端解决制度和法律判决程序。日本于 1998 年颁布了《技术转让促进法》，1999 年颁布了"日本版的《拜杜法案》"以促进技术从大学向商业领域的转移，随后有许多私立大学建立了技术转让办公室。公立大学直到 2004 年才能参与市场，因为此时它们才被部分私有化，教师因而有了更多从事商业活动的自由。① 日本专利局通过减少或免除费用以及加快批准程序的方式来支持大学的技术转让办公室。②

随着 2002 年《知识产权基本法》的实施，政府开始进行更全面的改革以加强日本的工业竞争力。政府创建了一个新的知识产权战略总部和一个在内阁秘书处设立的委员会，并开始发布年度行动计划以促进知识产权的创设、传播和利用。知识产权战略总部不负责执行计划，但它明确了负责执行计划的部门，并部署自己的工作组以促进计划的实施。第一个战略框架计划促进了大学和公共研究机构的专利申请，修订了对企业内部员工发明的规制，并改革了《不正当竞争防止法》，以防止技术流往海外。2005 年，政府成立了知识产权高等法院，由经过专门培训的法官组成。政府逐步加强知识产权制度，包括专利申请程序、争议解决制度、反假冒和盗版措施、知识产权专家和律师培训以及大学技术转让制度。

虽然这些改革加强了专利权，但它们在促进研发活动和创新产

---

① Ulrike Schaede, *Choose and Focus: Japanese Business Strategies for the 21st Century*. Ithaca, NY: Cornell University Press, 2008, p. 211.

② Toshiko Takenaka, 2009. Success or Failure? Japan's National Strategy on Intellectual Property and Evaluation of Its Impact from the Comparative Law Perspective." *Washington University Global Studies Law Review* 8: 379-398, p. 390.

出的增长方面的效果是有限的。①对电机设备、制药和软件企业的调查表明,改革带来了更高的研发支出和更多的专利申请。②大学与业界合作产生的专利数量有所增加,而质量并未下降。③然而,中小企业(SMEs)对政策的变化并无回应。④日本尚未发展出类似美国的专利权市场,因为日本公司仍不愿出售其专有技术。"我们在加强专利保护制度方面取得了实质性进展,"一位知识产权战略总部的官员表示,"但日本公司仍然没有充分利用其知识产权。"⑤

日本政府也对版权的规制进行了改革,从而适应信息时代。批

---

① Mariko Sakakibara and Lee Branstetter, 2001. Do Stronger Patents Induce More Innovation? Evidence from the 1988 Japanese Patent Law Reforms." *Rand Journal of Economics* 32: 77-100. 尽管一些研究发现高收入国家自1990年以来的专利权加强与国内创新过程之间存在正相关关系,但专家们对于拓宽和加强专利保护是否会对商业创新产生明显影响存有争议。Kazuyuki Motohashi, "Japan's Patent System and Business Innovation: Reassessing ProPatent Policies." The Research Institute of Economy, Trade and Industry Discussion Paper Series 03-E-020. Tokyo: Ministry of Economy, Trade, and Industry, 2003; Douglas Lippoldt, 2009. "Innovation and IPR Protection in the Digital Era: The Case of High Income Countries 1990-2005." *Journal of Innovation Economics & Management* 4: 171-191.

② Kazuyuki Motohashi, "Japan's Patent System and Business Innovation: Reassessing ProPatent Policies." The Research Institute of Economy, Trade and Industry Discussion Paper Series 03-E-020. Tokyo: Ministry of Economy, Trade, and Industry, 2003; Masayo Kani and Kazuyuki Motohashi, "Does Pro-Patent Policy Spur Innovation? A Case of Software Industry in Japan." Paper presented at the Technology Management Conference (ITMC), San Jose, CA, 2011.

③ Kazuyuki Motohashi and Shingo Muramatsu, "Examining the University Industry Collaboration Policy in Japan: Patent Analysis." Research Institute of Economy, Trade and Industry (RIETI), Discussion Paper Series 11-E-008. Tokyo: Ministry of Economy, Trade, and Industry, 2011.

④ Kazuyuki Motohashi, "Japan's Patent System and Business Innovation: Reassessing ProPatent Policies." The Research Institute of Economy, Trade and Industry Discussion Paper Series 03-E-020. Tokyo: Ministry of Economy, Trade, and Industry, 2003.

⑤ 2016年8月8日在东京对内阁办公室知识产权战略总部秘书长Hidehiro Yokoo的访谈。

## 第四章 市场治理的日本模式：为什么创造自由市场经济如此之难

评者认为，1970年的日本《版权法》与数字环境不相容：它阻碍了新的商业进入者，缺乏合理使用条款从而在侵权和非侵权活动之间留下了巨大的灰色地带，造成了法律的不确定性从而妨碍了投资。① 为了准备加入《世界知识产权组织版权条约》，日本在1999年对生产和销售旨在规避版权的设备，以及非法修改版权管理信息以牟利的行为增加了刑事处罚。政府还在1996年将侵犯版权罪的罚金上限从100万日元提高到300万日元，之后在2006年又提高到1000万日元。一个创建新的全国性搜索引擎的政府项目在2006年意外地遭遇了来自版权法的障碍，因为版权法禁止将受版权保护的材料复制到浏览器缓存②。直到2009年政府才修改版权法允许这样做。③ 国会在2009年和2012年均修改了合理使用规则，但日本的合理使用权较之美国仍然受到更多限制。知识产权总部在最初的10年里实现了加强知识产权保护和简化程序的目标后，开始朝着在2015年实现更加开放的创新模式和更有利于用户的方向发展。它将扩大对受版权保护内容的合理使用权，促进产业界、学界及政府间的合作，并推进技术标准的国际协调。④

---

① Miya Sudo and Simon Newman, 2014. "Japanese Copyright Law Reform: Introduction of the Mysterious Anglo-American Fair Use Doctrine or an EU Style Divine Intervention via Competition Law? *Intellectual Property Quarterly* 18: 40-70.

② 浏览器缓存（browser cache）系指为了更快地检索而存储数据的存储库。——译者注

③ Kenji E. Kushida, "Governing ICT Networks Versus Governing the Information Economy: How Japan Discovered the Dilemma of Winning in the ICT Infrastructure Race." In *Information Governance in Japan*, edited by Kenji E. Kushida, Yuko Kasuya, and Eiji Kawabata. Stanford, CA: Silicon Valley New Japan Project E-book Series, 2016.

④ Intellectual Property Strategy Headquarters, "'Chiteki zaisan suishin keikaku 2015' no gaiyou ni tsuite" [Outline of "Intellectual Property Strategic Program 2015"]. Tokyo: Intellectual Property Strategy Headquarters, 2015.

## 八、创新的市场治理术

现在我们通过两个实例来研究日本政府和产业界是如何努力地改造市场制度以适应不断变化的竞争环境的,这两个实例分别是培养企业家精神和推进信息革命的尝试。从表面上看,二者可能被认为是市场自由化的尝试,但更准确地来看,它们应该被视为在市场治理术方面的冒险。为了效仿美国的自由市场模式,日本政府加强了规制,发起了新的举措,促使企业改变惯例,并开展了变革社会规范的运动。在这两个实例中,政府官员都制定了全面的改革愿景,以改善市场治理;他们成功实施了其中的许多改革;他们在实现具体目标方面取得了进展,然而,在模仿美国模式并缩小与美国的绩效差距这一宏大项目上却失败了。

自20世纪90年代以来,日本政府采取了多种通过激励创新来应对经济停滞的战略,包括政府资助的研发、政府—产业和大学—产业的伙伴关系、区域产业集群、促进创业形式和风险投资的法律改革以及培养企业家精神的公共运动。随着经济增长放缓、人口增长率下降并最终负增长、劳动力成本增加、日元升值、主导的技术模式不再是日本竞争优势的领域,日本面临着越来越大的提高生产力的压力。然而,尽管做出了这么多巨大的努力,日本仍未能复制硅谷的生态系统,包括其独特的风险投资行业、充满活力的劳动力市场以及突破式创新。霍尔和索斯基斯认为,像美国这样的自由市场经济体擅长于突破式创新,而突破式创新对于以下行业至关重要:(1)动态技术行业,如生物技术、半导体和软件;(2)基于系统的产品,如电信或国防系统;(3)服务业,如广告、企业融资或娱乐业。而像日本这样的协调型市场经济体则更擅长于渐进式创新,渐进式创新对于资本货物(capital goods)的

## 第四章 市场治理的日本模式：为什么创造自由市场经济如此之难

制造至关重要，例如机床、耐用消费品、发动机和专用运输设备。①此外，日本社会秩序的主导规范、平等主义和技术民族主义（techno-nationalism）也鼓励了风险分摊行为，而阻止了冒险行为。②

通产省于20世纪60年代开始通过政府金融机构的补贴贷款来支持小企业。然而，考虑到日本的政治环境，政府对大量的零售商而不是少数的创业技术公司提供了最强有力的支持。当局认为，中小企业的羸弱是提高整个行业竞争力的障碍。③政府从1963年开始资助三家小企业投资公司（SBIC），这些公司持续地为风险投资提供主要资金来源。政府不仅提供了财务激励，还举办了对企业

---

① Peter Hall and David Soskice, eds. *Varieties of Capitalism: The Institutional Foundations of Comparative Advantage.* New York: Oxford University Press, 2001, pp. 38-39; Herbert Kitschelt, 1991. "Industrial Governance Structures, Innovation Strategies, and the Case of Japan: Sectoral or Cross-National Comparative Analysis?" *International Organization* 45: 453-493.

② Marie Anchordoguy, *Reprogramming Japan: The High Tech Crisis under Communitarian Capitalism.* Ithaca, NY: Cornell University Press, 2005. 盖洛普公司2010年的调查发现，有24%的日本人（相对于59%的美国人）同意以下陈述，而67%的日本人（相对于39%的美国人）不同意："相比于为别人工作，您更愿意冒险并自己创业。"同样，有31%的日本人对以下问题回答"是"（相对于55%的美国人），而69%的日本人回答"否"（相对于43%的美国人）："您是否考虑过自己创业？"（Gallup, 2010. Gallup World Poll. http://analytics.gallup.com/213704/world-poll.aspx）盖洛普公司2016年的调查则指出，日本在资本主义价值观方面一直名列世界排名的底部。例如，只有59%的日本人对"这个国家的人们能够通过努力工作取得成功吗？"这个问题的回答为"是"（在经合组织国家中排名第27），而作肯定回答的美国人比例为81%（第17名），作肯定回答的挪威人比例则占94%（第1名）（Gallup, 2016. Gallup World Poll. http://analytics.gallup.com/213704/world-poll.aspx）。

③ Hiroshi Ueno, Takashi Murakoso, and Takumi Hirai, "Supplier System and Innovation Policy in Japan." In *Small Firms and Innovation Policy in Japan*, edited by Cornelia Storz, 137-150. London: Routledge, 2006.

家进行培训的项目和公共教育活动以激发企业家精神。[1]

20世纪70年代,通产省开始尝试按照硅谷模式来培育风险投资行业。日本在1971年首次引入了风险资本融资模式,但日本公平交易委员会对其施加了苛刻的条件,这些条件一直保留到1998年。例如,风险投资公司不得持有所投公司超过49%的股份,不得派驻董事到公司,不得投资于现有的股票。上述每一项要求都妨碍了风险资本融资像其在美国的实践中那样运作,并阻碍了该行业的发展。[2] 1999年,政府通过《风险投资有限合伙企业法》便利了风险投资基金的资金汇集。[3]政府还利用政府金融机构的资本注入来刺激私人风险投资,并制订了税收激励计划以鼓励个人"天使"投资者向新企业进行投资。早期的风险资本公司更多地采用贷款模式而非投资模式,但是它们在20世纪90年代转向了投资模式。[4]即便如此,日本的风险资本公司仍然不同于美国的同类公司,主要表现为:(1)它们更可能是大型金融机构的分支机构;(2)它们投入了更大比例的自有资金(而不是第三方投资);(3)它们投资于企业发展的更后期;(4)它们将投资分散到更大的投资组合中;(5)它们在监督和辅导初创企业管理人方面发挥的作用不够积极。

到20世纪90年代末,经济产业省试图加强大学的研究型实验室和创业企业之间的联系,从而将创新体系从大型公司内部研发主导的模式转变为基于创新者网络的模式。政策改革使得大学与

---

[1] Ulrike Schaede, *Choose and Focus: Japanese Business Strategies for the 21st Century*. Ithaca, NY: Cornell University Press, 2008, pp. 206, 210, 212.

[2] 2013年8月10日在东京对昭和女子大学董事会主席Koji Hirao的访谈。他现任长期信贷银行的高管,同时是最早推动风险投资行业的人士之一。

[3] Ulrike Schaede, *Choose and Focus: Japanese Business Strategies for the 21st Century*. Ithaca, NY: Cornell University Press, 2008, pp. 206, 210.

[4] Ibid., pp. 217-218.

## 第四章 市场治理的日本模式:为什么创造自由市场经济如此之难

企业、大学—产业合作研究中心以及大学所创办的初创企业之间的联合研究项目显著增加。1999年《新企业创建促进法》促进了企业孵化器的形成。孵化设施从1999年的30个增加到2013年的498个。[1]早期的孵化器缺乏管理方面的专业知识和其他支持服务,这与美国形成了鲜明的反差:美国孵化器的管理者经常作为公司与风险资本、销售和市场营销以及其他资源之间的桥梁。[2]尽管政府通过培训项目来提高管理人员的技能,从而解决了这些问题,但孵化器仍然难以招聘到具有私营部门经验的管理人员。虽然有一些成功的孵化器脱颖而出,但很多孵化器都失败了。[3]2001年,政府宣布了在三年内创建1000家大学衍生企业的目标。[4]政府确实实现了这一目标,但这一势头在21世纪第一个十年的后半期开始见颓,关闭或破产的大学衍生企业数量超过了新成立的数量。[5]

2001年,经济产业省宣布了一项"区域集群计划"(Reginal Cluster Plan),旨在培育连接政府、产业和大学的创新中心。它试

---

[1] Japan Industrial Location Center, "2013 Local Economy Industrial Revitalization Survey Report." Tokyo, 2014; Kathryn Ibata-Arens, "Japan's New Business Incubation Revolution." In *Handbook of East Asian Entrepreneurship*, edited by Tony Fu-Lai Yu and Ho-Don Yan, 145-156. New York: Routledge, 2015.

[2] Kathryn Ibata-Arens, 2008. "The Kyoto Model of Innovation and Entrepreneurship: Regional Innovation Systems and Cluster Culture." *Prometheus: Critical Studies in Innovation* 26: 89-109.

[3] Japan Industrial Location Center, "2013 Local Economy Industrial Revitalization Survey Report." Tokyo, 2014.

[4] Nobuyuki Harada and Hitoshi Mitsuhashi, "Academic Spin-Offs in Japan: Institutional Revolution and Early Outcomes." In *Comparative Entrepreneurship Initiatives: Studies in China, Japan and the USA*, edited by Chikako Usui, 138-163. London: Palgrave Macmillan, 2011.

[5] Tetsuya Kirihata, "Current Situations and Issues in the Management of Japanese University Spinoffs." Graduate School of Economics, Kyoto University, Working Paper 114, 2010.

── 市场治理术：
　政府如何让市场运作 ──

图将 5000 家中小企业和 200 所大学与分布在 9 个地理区域和 19 个集群的经济产业省地区办事处和其他组织连接起来。①与以前的区域创新政策相比，该集群计划支持区域产业的自主发展，政府并不对集群过程进行直接管理。到 2005 年，经济产业省已经在 17 个集群中的 6100 家公司和 250 所大学之间建立了区域网络。②对产业集群的一项评估发现，参与集群项目本身并不能提高研发生产力，并且与同一集群区域的合作伙伴进行的研究合作实际上降低了研发生产力，无论从专利的数量还是质量方面来考察均是如此。③凯瑟琳·伊巴塔-阿伦斯（Kathryn Ibata-Arens）认为，集群计划聚焦于创建正式的机构以加强集群，但经济产业省缺乏足够的社会资本，无法在社区利益相关者之间培育一个共同的国家—地方愿景或促进公民企业家精神。④

　　1999 年 12 月，国会通过了《民事再生法》，简化了破产程序，从而使公司能够更容易地申报破产并向债权人清偿，而不必被强制清算。当局希望更优化的破产程序能够降低企业家的风险，从而产生更多创业公司。新的法律将债权人同意重组计划的要求从接近全体一致同意的标准降低到简单多数。它允许债权人在持续的法院监督下执行和解，而不是必须启动新的程序。最关键的是，

---

① Kathryn Ibata-Arens, *Innovation and Entrepreneurship in Japan：Politics, Organizations, and High Technology Firms.* New York：Cambridge University Press，2005.

② Ministry of Economy, Trade, and Industry, "Second Term Medium-Range Industrial Cluster Plan." Tokyo：Ministry of Economy, Trade, and Industry，2006.

③ Junichi Nishimura and Hiroyuki Okamuro，2011. "R&D Productivity and the Organization of Cluster Policy：An Empirical Evaluation of the Industrial Cluster Project in Japan." *Journal of Technology Transfer* 36：117-144.

④ Kathryn Ibata-Arens, *Innovation and Entrepreneurship in Japan：Politics, Organizations, and High Technology Firms.* New York：Cambridge University Press，2005，p. 111.

## 第四章 市场治理的日本模式:为什么创造自由市场经济如此之难

它在大多数情况下允许管理层保留自己的职位,从而鼓励他们容忍重整,因为这不会导致他们失业。2001年,政府发布了针对庭外和解程序的新指导方针,详细说明了如何在存在多个债权人和不确定索赔的案件中安排债务减免。2003年修订的《公司重组法》允许在法庭上裁决重组。2004年修订的《清算法》简化了出售资产的程序。这样政府就简化了与困境公司打交道的三个主要途径:关闭、重组和非正式的和解。[1]埃伯哈特(Eberhart)、埃斯利(Eesley)和艾森哈特(Eisenhardt)认为,破产程序的简化增加了新的市场进入者的数量,并提升了它们的质量。[2]

为了促进1999年开始的小额首次公开发行,日本成立了若干家证券交易所,包括MOTHERS市场[3]、纳斯达克日本市场[4]、Hercules市场[5]和JASDAQ市场[6]。布莱克(Black)和吉尔森

---

[1] Ulrike Schaede, *Choose and Focus: Japanese Business Strategies for the 21st Century*. Ithaca, NY: Cornell University Press, 2008, p.37.

[2] Robert Eberhart, Charles E. Eesley, and Kathleen M. Eisenhardt, "Failure Is an Option: Failure Barriers and New Firm Performance." Rock Center for Corporate Governance, Stanford University, Working Paper No.111, 2014.

[3] MOTHERS市场,又被译为"玛札兹"市场,系英文"Market of the high-growth and emerging stocks"的缩写,意为"高增长新兴股票市场",即日本的创业板市场。——译者注

[4] 纳斯达克日本市场(NASDAQ-Japan)由美国纳斯达克与日本软银集团共同组建,设立于大阪证券交易所内,于2000年6月正式启动,但因市场定位偏差、缺乏特色和水土不服等原因,在2002年8月即宣告失败,随后撤离日本证券市场。——译者注

[5] Hercules市场的全称为日本新市场赫拉克勒斯(Nippon New Market Hercules),是2002年12月由原来的纳斯达克日本市场改名而来,由大阪证券交易所运营。——译者注

[6] JASDAQ市场从日本的柜台交易市场发展而来,全称为Japan Association of Securities Dealers Automated Quotation,即日本证券经纪人自动报价系统,后被获准成为证券交易所。2008年,大阪证券交易所成为JASDAQ交易所的最大股东,后来对JASDAQ进行整合,最终在2010年10月将其运营的创业板Hercules市场、JASDAQ市场以及JASDAQ证券交易所的NEO三大市场也进行了整合,创立了新JASDAQ市场。——译者注

市场治理术：
政府如何让市场运作——

（Gilson）认为，缺乏具有流动性的首次公开发行（IPO）市场是阻碍日本风险投资业的关键因素。①新交易所的创建至少部分地解决了这个问题，但并没有从根本上让日本的风险投资业繁荣起来。

2003年4月，经济产业省成立了一个研究小组，专门研究从大型公司分立出来的那些初创企业。该研究小组的结论是，分立出来的创业企业在日本的成功率要高于独立的初创企业。随后的研究发现，分立的子公司往往表现出比母公司更强的中短期增长。10年后的盈利增长表现则与多元化相关，与母公司在同一行业发展的子公司的表现不如母公司，而在不同行业发展的子公司的表现则优于母公司。②然而，许多专家仍对此持怀疑态度，因为日本的母公司倾向于对子公司进行过度的控制，因而分立的子公司缺乏真正的企业家精神。③

安倍首相通过2007年的"创新25"计划寻求推动创新，但他没有足够长的任期来充分贯彻执行。2012年，安倍重新当选为首相时，他将上述主题纳入了"安倍经济学"的"第三支箭"。其策略包括：为大型公司投资于风险投资基金提供税收激励措施，允许四所国立大学创建风险投资公司的法律改革，以及针对年轻企业家的指导计划。经济产业省特别重视利用国家先进工业科学技术研究所（National Institute of Advanced Industrial Science and Technology，AIST）等公共研究机构在大学和企业，特别是小企

---

① Bernard S. Black and Ronald J. Gilson, 1998. "Venture Capital and the Structure of Capital Markets: Banks versus Stock Markets." *Journal of Financial Economics* 47: 243-277.

② Elizabeth Rose and Kiyohiko Ito, 2005. "Widening the Family Circle: Spin-Offs in the Japanese Service Sector." *Long Range Planning* 38: 9-26.

③ Dimitry Rtischev and Robert Cole, "Social and Structural Barriers to the IT Revolution in High Tech Industry." In *Roadblocks on the Information Highway: The IT Revolution in Japanese Education*, edited by Jane Bachnik, 127-153. New York: Lexington Books, 2003.

# 第四章 市场治理的日本模式：为什么创造自由市场经济如此之难

业之间建立桥梁。①

日本政府通过本章前面提到的公司法改革，包括引入股票期权、限制董事责任和降低上市要求，解决了发展一个充满活力的风险投资行业所必备的一些主要的法律先决条件。股票期权为发展美国式的风险投资提供了便利，因为它可以成为股权激励的工具：创始人和经理可能愿意在短期内放弃工资，以换取获得大量股权收益的可能性。与此同时，对董事的责任限制有可能使日本的风险资本家不太愿意积极参与监督企业，这也是美国的通常做法。便利公司组建的公司法改革对增加初创企业的数量是有效的，但由于门槛较低，也导致产生了较多低质量的初创企业。②日本公司法在2000年和2001年的修订中还放宽了对优先股的限制。美国的风险投资家使用优先股（而不是普通股）来为企业融资，因为这有助于防止他们的股票在后续融资中被稀释，并能通过给予优先股的持有人"视为清算"（deemed liquidation）的优先权来保护自己，这意味着他们在公司清算的时候可以优先受偿。但大多数日本公司没有使用优先股，因为法律不允许"视为清算"，税务机关也没有弄清楚优先股和普通股之间的差异。③风险投资市场受到限制的另一个因素则是，日本对公司无形资产（如知识产权）的估值还没有标准化的方法。

尽管日本政府已经有效地为硅谷式的风险资本准备好了若干制度上的先决条件，但这些零碎的努力并没有产生预期的结果，即

---

① 2014年5月在东京对经济产业省官员的访谈。

② Robert Eberhart and Charles E. Eesley, 2017. "Supportive Intermediaries: Junior IPO Markets and Entrepreneurship." https://papers.ssrn.com/sol3/papers.cfm?abstract_id=2183292.

③ Zenichi Shishido, 2014. "Does Law Mater to Financial Capitalism? The Case of Japanese Entrepreneurs." *Fordham International Law Journal* 37: 1087-1127.

市场治理术：
政府如何让市场运作——

风险投资行业的繁荣和创业公司的增长。①Zenichi Shishido 认为日本已经在三个关键方面走向了美国模式：(1) IPO 市场的增长（新的证券交易所）；(2) 公司法改革，特别是股票期权和优先股的引入以及董事责任的限制；(3) 初创企业社区的发展。尽管如此，日本风险投资业务的基本逻辑仍然不同于美国，因为日本企业家向风险投资家让与的管理控制权较少，并且通过股权投资获得的成功回报也较少。Shishido 将此归因于法律、市场文化（更厌恶风险）、商业惯例（以银行为中心的资本市场）和市场发展（不成熟的风险投资声誉市场）中所存在的差异。具体而言，日本公司法使得拥有多数股票份额比在美国更为重要，因此企业家不太愿意将多数股权转让给风险投资家。董事的责任仍然很重，因此风险投资家不太愿意担任初创企业的董事。②这很好地说明了本章更宏观的论点：零碎的改革不太可能导致与外国模式的趋同，因为市场治理体系被认为是相互关联的法律、惯例和规范的复杂组合。"我们承认我们不能在日本创造一个硅谷，"一位经济产业省的官员承认，"所以现在我们正努力在日本企业家和硅谷之间搭建桥梁。"③

结果是，日本的初创企业发展水平仍然较低，而且这些初创企

---

① 勒舍瓦利耶得出了类似的结论（Sebastien Lechevalier, "Is Convergence towards the Silicon Valley Model the Only Way for the Japanese Innovation System?" In *The Great Transformation of Japanese Capitalism*, edited by Sebastien Lechavalier, 119-137. London: Routledge, 2014）；而 Kushida 则似乎更为乐观（Kenji E. Kushida, 2016. "Japan's Startup Ecosystem: From Brave New World to Part of Syncretic 'New Japan.'" *Asian Research Policy* 7: 67-77）。

② Zenichi Shishido, 2014. "Does Law Mater to Financial Capitalism? The Case of Japanese Entrepreneurs." *Fordham International Law Journal* 37: 1087-1127.

③ 2016年8月8日在东京对经济产业省产业振兴司副主任 Kazuyuki Imazato 的访谈。

> 第四章 市场治理的日本模式：为什么创造自由市场经济如此之难

业对创新的贡献较少。①日本的风险资本投资在世界上排名第三，为14亿美元，但仍远远落后于美国的662亿美元。②日本的风险资本投资占国内生产总值的比例在世界上排名第22位，排名前三位的是以色列、美国和加拿大。③日本企业的进入和退出率按照国际标准来看均较低，分别为5.2%和3.8%，相比之下，美国分别为10.2%和8.8%。④由于不可能复制硅谷的生态系统，政府和产业界应该更加关注如何调整日本现有的制度优势以适应不断变化的环境。这可能意味着利用强大的政府—产业关系和产业界内部的联系来促进关键部门的技术发展。当然，也可能意味着利用大型公司的财务和人力资源来支持从该公司分立出去的初创企业，但是需要通过安排让这些企业在财务和人力资源方面更加独立，并且它们的运作应该更像真正的创业企业。

## 九、日本信息技术革命的市场治理术

在前一章中，我们回顾了信息革命在美国的制度根源。但日本如何才能更好地在国内推动这场革命呢？它是应该模仿美国的市

---

① Ulrike Schaede, *Choose and Focus: Japanese Business Strategies for the 21st Century.* Ithaca, NY: Cornell University Press, 2008, pp. 220-221.

② 2016年的数据来源：Organisation for Economic Co-operation and Development, *Entrepreneurship at a Glance 2017.* http://www.oecd-ilibrary.org/employment/entrepreneurship-at-a-glance-2017_entrepreneur_aag-2017-en.

③ Organisation for Economic Co-operation and Development, *Entrepreneurship at a Glance 2017.* http://www.oecd-ilibrary.org/employment/entrepreneurship-at-a-glance-2017_entrepreneur_aag-2017-en.

④ 2015年的数据来源：Ministry of Economy, Trade, and Industry, *White Paper on Small Enterprises in Japan.* Tokyo: Ministry of Economy, Trade, and Industry, 2017; United States Census Bureau, 2017. Business Dynamics Statistics. https://www.census.gov/ces/dataproducts/bds/data_estab2015.html.

市场治理术：
政府如何让市场运作——

场架构，还是设计出独具特色的日本版本？日本政府通过一系列旨在模仿美国模式和加速信息革命的改革举措，对信息技术挑战作出了回应。其战略与本章的整体论点一致，那就是要加强规制并增强政府在该行业的作用，而不是放手让企业仅仅依靠自己的力量去创新。尽管如此，我认为日本政府最终在其信息技术战略中还是产生了产业促进和市场改革的错误组合。它未能在最需要的领域提供强大的国家支持，例如像液晶显示器和太阳能电池板这样需要大量投资的行业。它在最适合引入竞争的领域推进促进竞争的政策时过于谨慎，例如电信领域。它在推动信息技术在学校、政府和整个社会的扩散方面不够积极。相比之下，韩国和北欧国家的政府为信息技术产业设计出了更有效的政府政策组合。①

信息技术革命给日本带来了一个特殊的难题，因为它削弱了日本的许多制度优势并加剧了日本的劣势。②日本在其最具竞争力的一些领域（如信息技术的硬件）失去了优势，并且未能在其弱势领域（如信息技术软件和服务）挑战全球的行业领导者。日本在动态随机存取存储芯片（DRAM chips）③、液晶显示器和太阳能电

---

① 北欧国家的情况，参见奥恩斯顿的论述（Darius Ornston, "How the Nordic Nations Stay Rich: Governing Sectoral Shifts in Denmark, Finland, and Sweden." In *The Third Globalization: Can Wealthy Nations Stay Rich in the Twenty-First Century?*, edited by Dan Breznitz and John Zysman, 300-322. New York: Oxford University Press, 2013）；韩国的情况参见沃格尔的论述（Steven K. Vogel, "Japan's Information Technology Challenge." In *The Third Globalization: Can Wealthy Nations Stay Rich in the Twenty-First Century?*, edited by Dan Breznitz and John Zysman, 368-369. New York: Oxford University Press, 2013）。

② 本部分写作的基础为：Steven K. Vogel, "Japan's Information Technology Challenge." In *The Third Globalization: Can Wealthy Nations Stay Rich in the Twenty-First Century?*, edited by Dan Breznitz and John Zysman, 368-369. New York: Oxford University Press, 2013.

③ 动态随机存取存储芯片（DRAM chips）的英文全称为 Dynamic Random Access Memory chips。——译者注

## 第四章 市场治理的日本模式：为什么创造自由市场经济如此之难

池板等关键产品中的全球市场份额急剧下降，在全球信息和通信技术出口中的份额从 2000 年的 10.9％下降到 2015 年的 2.7％。①同时，如前一章所述，美国公司在软件和服务方面占据了主导地位，包括操作系统、商业软件和搜索引擎。

我们不应对日本在信息革命中没有发挥优势感到过分惊讶。日本的市场制度培育了精益生产的革命，日本公司在这一范式转型中处于领先地位并从中获利。同样，美国的市场制度培育了互联网革命，美国的公司发挥了主导作用，并享有信息经济的巨大先发优势。信息技术革命为日本制造商带来了考验，因为它依赖于日本制造商在弱势领域的能力，例如服务、软件和系统集成。生产过程的分解（模块化）削弱了日本商业模式的竞争优势，该模式依赖于整体生产以及与供应商、银行和工人的长期关系，从而促进生产过程的渐进式发展。日本的综合电子公司青睐专有技术，它们依靠这一模式在日本经济高速增长的年代取得了相当大的成功。然而，信息经济的运作逻辑完全不同，它更多地依赖开放性接口和用户驱动的创新。

日本的电子产品生产商在接受这些变化方面一直很缓慢。日本的信息技术硬件部门一直由日本电信电话公司的一系列"家族"公司主导，例如日本电气股份有限公司（NEC 公司）和富士通公司，它们与日本电信电话公司这一最主要的电信服务提供商密切合作，建设日本的通信基础设施，并开发高质量的设备。这些公司首先和最优先地专注于向日本电信电话公司和广大的国内市场提供服务，这阻碍了它们迅速适应互联网的非连续技术。日本电信电话公司执着地使用自己的网络技术，因而怠于采用互联网的

---

① United Nations Conference on Trade and Development, 2017. UNCTADStat. http://unctadstat.unctad.org/wds/TableViewer/tableView.aspx?ReportId=15849.

**市场治理术：**
**政府如何让市场运作——**

核心通信协议——TCP/IP 协议。日本移动电话制造商优先开发符合日本电信电话公司多科莫（DoCoMo）标准的手机，因而削弱了它们在全球市场的竞争力。①

日本也受到布雷兹尼茨（Breznitz）和齐斯曼（Zysman）所称的"服务转型"的挑战：服务功能整合进制造业中。②这一转型涉及大量使用嵌入制造业的先进软件，但日本在软件开发的许多领域都落后了。③阿罗拉（Arora）、布兰斯特（Bransteter）和德雷夫（Drev）认为，这一转型是日本信息技术行业相对于美国的竞争力下降的最重要因素。他们的研究发现，美国公司在20世纪90年代改善了它们的相对表现，尤其是在软件能力发挥至关重要作用的领域取得了最突出的进步。此外，美国政府授予的信息技术专利——包括硬件专利——越来越多地引用软件技术，但日本公司与它们的竞争对手相比不太可能引用软件，这表明它们的创新更少依赖软件的进步。④

---

① Robert E. Cole, "Software's Hidden Challenges." In *Recovering from Success: Innovation and Technology Management in Japan*, edited by D. Hugh Whitaker and Robert E. Cole, 105-126. Oxford: Oxford University Press, 2006.

② Dan Breznitz and John Zysman, eds. *The Third Globalization: Can Wealthy Nations Stay Rich in the Twenty-First Century*? New York: Oxford University Press, 2013.

③ Robert E. Cole, "Software's Hidden Challenges." In *Recovering from Success: Innovation and Technology Management in Japan*, edited by D. Hugh Whitaker and Robert E. Cole, 105-126. Oxford: Oxford University Press, 2006; Robert E. Cole and Shinya Fushimi, "The Japanese Enterprise Software Industry." In *Have Japanese Firms Changed? The Lost Decade*, edited by Hiroaki Miyoshi and Yoshifumi Nakata, 41-69. New York: Palgrave Macmillan, 2011.

④ Ashish Arora, Lee G. Branstetter, and Matej Drev, "Going Soft: How the Rise of Software-Based Innovation Led to the Decline of Japan's IT Industry and the Resurgence of Silicon Valley." National Bureau of Economic Research Working Paper 16156, July 2010.

## 第四章 市场治理的日本模式：为什么创造自由市场经济如此之难

日本公司面向国内市场而不是全球市场的明显定位阻碍了它们适应生产过程分解和服务转型的能力。评论者通常将此称为"加拉帕戈斯"（Galapagos）现象[①]，意思是，日本制造商开发的高质量产品仅仅适合日本市场。[②]一个经典的例子是，日本的电子公司生产了一些世界上最高级的移动电话，却没有在世界市场上取得成功，因为这些手机不符合全球性的技术标准，其功能是根据日本人的偏好量身定制的，而且价格过高。

至关重要一点的是，日本公司在利用高级信息技术系统方面落后于美国公司。据 Kyoji Fukao 估计，由于日本公司未能充分利用信息技术来提高生产率而对日本每年 GDP 增长率造成的损失高达 0.7%。[③]一项调查发现，日本公司更多地将信息技术用于防御目的，例如削减成本，而美国公司则更多地利用信息技术来实现战略目标，例如提高生产力。截至 2014 年，只有 18.5% 的日本公司开始使用大数据，美国公司的这一比例为 72.7%。[④]

政府于 2000 年在内阁设立了信息技术战略总部，并于 2001 年提出了"e-Japan 战略"，以支持日本的信息技术产业，同时进行促

---

[①] 加拉帕戈斯是位于南美洲的一个火山岛群，距离南美大陆约1000公里。由于远离大陆，这里的动物以自己固有的特色进化着。"加拉帕戈斯"现象就是沿用了"加拉帕戈斯"群岛的这个特征，主要是指某种产业或者产品只在某国国内占有较大市场份额，并尽量排挤掉其他同类产品的市场份额，形成的一种孤立市场的情形。——译者注

[②] Kenji E. Kushida, 2011, "Leading without Followers: How Politics and Market Dynamics Trapped Innovations in Japan's Domestic 'Galapagos' Telecommunications Sector." *Journal of Industry, Competition, and Trade* 11: 279-307.

[③] *The Oriental Economist*, May 2015, 5-6.

[④] Ministry of Economy, Trade, and Industry, "Nihon no miryoku o ikashita aratana kachi souzou sangyou no soushutsu ni mukete" [Generating New Value Creation Industries that Capitalize on Japan's Strengths]. Tokyo: Ministry of Economy, Trade, and Industry, 2014, pp. 5, 7.

## 市场治理术：
### 政府如何让市场运作——

进竞争的规制，投资于基础设施，完善法律制度以支持电子商务发展，以及出台支持电子政府的措施。该部门敦促日本电信电话公司降低互连费用并出租其未使用的电信容量，从而加剧了数字用户线路（DSL）的价格战。软银（Softbank）积极降低其数字用户线路服务的价格以挑战日本电信电话公司，同时提升了公众对其互联网相关服务的需求。日本电信电话公司和其他竞争对手通过提供更快的光纤入户服务予以反击。①日本的宽带服务率在2002年跌至世界最低点。②互联网普及率从2000年的30%飙升至2016年的92%。③日本总务省在2002年发布的准则将允许移动虚拟网络运营商（MVNO）使用现有移动运营商的网络提供服务，但这项政策一直没有落实。直到总务省在2007年要求运营商与移动虚拟网络运营商谈判并规定双方未能达成协议的仲裁程序时，上述政策才最终落实下来。④信息技术战略总部在2003年发布了"e-Japan II战略"，但它遭遇了官僚部门的互相倾轧而难以形成具体的目标。总务省提出了自己的"U-Japan战略"⑤，以促进医疗保健、电力、交通和教育部门中信息技术的运用。然而，负责这些部门的

---

① Kenji E. Kushida, 2012. "Entrepreneurship in Japan's ICT Sector: Opportunities and Protection for Japan's Telecommunications Regulatory Regime Shift." *Social Science Japan Journal* 15: 14-19.

② Ministry of Internal Affairs and Communications, "Wagakuni no ICT kokusai kyousouryoku no genjoutou ni suite" [Japan's International Competitiveness in ICT]. Tokyo: Ministry of Health, Labor, and Welfare, 2010.

③ International Telecommunications Union, *ICT Facts and Figures 2017*. http://www.itu.int/en/ITU-D/Statistics/Pages/stat/default.aspx.

④ Yuki Shoji, "Evaluation of the Competition Policy to Encourage MVNO System in Japan." Ninth Annual International Symposium on Applications and the Internet, Bellevue, WA, July 20-24 2009.

⑤ 此处的"U"是"ubiquitous"的缩写，是"普遍存在、无所不在"的意思，"U-Japan"意为在日本建立一个无所不在的网络社会。——译者注

## 第四章　市场治理的日本模式：为什么创造自由市场经济如此之难

部委更倾向于制订自己的战略计划。①

到 2010 年，经济产业省和总务省的官员非常坦率地作出了日本的竞争力正在不断下降的评估结论，并提出了一些创造性的政策回应。②经济产业省的一份报告对日本在信息技术领域的衰落提出了三个解释理由：不充分的投资、关于标准的错误战略以及过分关注国内市场。③经济产业省指出，政府应该重新恢复产业政策的以下要素：增加对研究的资金支持，积极协调日本企业，努力向国外销售日本产品。经济产业省和总务省都主张大幅增加对信息技术产业的投资。

安倍政府将信息技术战略纳入其增长战略，于 2013 年创建了一个首席信息官的新职位，以监督信息技术产业的投资和市场改革。政府的信息通信技术国家战略总部宣布，要通过提高政府服务和私营部门的信息技术使用率，特别是利用"大数据"，从而实现成为世界上最先进的信息技术国家的目标。然而，这一宏伟愿景并没有得到随之而来的重大政策变化或预算承诺的支持。到了 2015 年，信息通信技术总部和经济产业省都将工作重点转向推广"物联网"（智能设备与互联网的相互连接）。④

尽管存在上述问题，随着时间的推移，日本政府投资于电信基础设施和促进竞争的努力还是取得了成效。截至 2016 年，日本以

---

① Kenji E. Kushida, "Governing ICT Networks Versus Governing the Information Economy: How Japan Discovered the Dilemma of Winning in the ICT Infrastructure Race." In *Information Governance in Japan*, edited by Kenji E. Kushida, Yuko Kasuya, and Eiji Kawabata. Stanford, CA: Silicon Valley New Japan Project E-book Series, 2016.

② 2010 年 6 月 3 日在东京对日本总务大臣 Kazuhiro Haraguchi 的访谈；2010 年 6 月在东京对经济产业省和总务省官员的访谈。

③ Ministry of Economy, Trade, and Industry, "Jouhou keizai kakushin senryaku (gaiyou)" [Information Economy Renovation Strategy (Summary)]. Tokyo: Ministry of Economy, Trade, and Industry, 2010.

④ 2016 年 8 月对经济产业省官员的访谈。

—— 市场治理术：
政府如何让市场运作 ——

拥有74.9%的光纤入户宽带用户而领先全球，美国的这一比例是11.2%。截至2014年，日本每兆比特/秒（Mbps）宽带服务的月度成本也是世界上最低的，仅为2美分，而美国为59美分。①然而，随着移动电话和宽带服务激烈价格竞争的平息，日本电信电话集团继续主导着某些子行业，包括（非宽带的）固定电话服务（占比90%），互联网协议（IP）电话服务（占比56%）和光纤入户服务（占比69%）。②

总之，日本政府成功地推动了电信竞争和基础设施建设，为日本提供了低成本和高质量的宽带网络。但是，它无法阻止日本信息技术硬件行业的急剧衰落，也无法挑战美国在商业软件、信息技术系统、操作系统以及搜索引擎方面的霸主地位。同时，日本政府、公司和学校在使用高级信息技术系统方面也落后于世界上的领先者。

20世纪90年代的金融危机推动着日本政府在政策改革和公司重组方面做出了巨大努力，旨在使该国走向美国的自由市场模式。这为探索本书的核心问题提供了一个理想的窗口：如何建立有竞争力的劳动力市场、金融市场和产品市场？本章提供了一个明确的答案：需要构建一系列能够维持现代市场的竞争的广泛的法律法规，同时还需要商业惯例和社会规范的根本转变。

正如表4.3所概括的，日本政府和企业已经尝试了广泛的改革，但它们在某些领域促成了渐进式的变革，而不是进行了激烈的彻底改造。法律法规的正式变化并不总是导致商业惯例和社会规范的预期转变。例如，尽管政府已经进行了重大的金融和公司

---

① Organisation for Economic Co-operation and Development, 2017. Broadband Portal. http://www.oecd.org/sti/broadband/oecdbroadbandportal.htm.

② Ministry of Internal Affairs and Communications, Jouhou tsuushin hakusho [Information and Communications White Paper]. Tokyo: Ministry of Internal Affairs and Communications, 2017, p.345.

## 第四章 市场治理的日本模式：为什么创造自由市场经济如此之难

治理改革，但日本仍然没有建立起全面的公司控制权市场。政府进行了重大的劳动力改革，但日本的大型企业高管仍然缺乏活跃的劳动力市场。政府加强了反垄断执法，并在一些行业采取了促进竞争的规制，但日本公司仍然非常倾向于通过行业团体和行业协会的协调来建立联盟网络。

那么让我们回到本章一开始提出的问题：日本是否应该实施更激烈的自由市场改革？根据本书的逻辑，答案是否定的。鉴于系统的不同要素之间存在强大的互补性，并且这些要素不可能在所有可能的维度上同时转变，因此，更激烈的改革可能更具破坏性而非富有成效。况且，如果没有非正式惯例和规范的调整，正式的变革就不会产生预期的影响，而前者是不可能通过立法实现的。此外，正如我们在前一章中所发现的那样，许多被主张在日本实行的新自由主义改革——例如股票期权或大规模裁员——并没有被证明可以改善经济绩效，即使在美国也是如此。因此，日本政府和产业界的明智选择可能是进行更多的渐进式改革，但要给公司更多的灵活性以适应更严峻的经济环境。然而，在某些情况下，它们可能在市场改革方面走得太远了，以至于破坏了就业保障并导致经济不平等的加剧。例如，20世纪80年代的金融改革导致了20世纪90年代的金融危机。公司治理改革给了公司更多自由去参与那些未能改善公司业绩的商业行为，并采取了专注于出售资产和降低劳动力成本的狭隘的重组方式。劳动力改革拉大了正式员工和非正式员工之间的差距，加剧了经济不平等，并破坏了就业保障。

最后的两个实例研究——日本复制硅谷模式和模仿美国信息革命的努力——带来了不同的规范性启示。二者均是不成功的移植案例，因为日本政府是在试图复制出不适合日本环境的制度生态系统。相反，日本本来应该更好地利用自己的优势——包括称职的官僚机构、强大的政府—产业纽带，以及公司、银行和工人之间的密切合作——而不是试图模仿外国的模式。

# 第五章
Chapter 5

理论与实践中的市场治理术

## 第五章　理论与实践中的市场治理术

市场是受到法律、惯例和规范所治理着的一系列制度。这一主张可能看起来非常显而易见,甚至几乎是陈词滥调。然而,大多数关于经济问题的政策辩论却忽视了这一常识,许多学术分析都未能理解其含义,而语言习惯又加剧了这种混乱。经济政策辩论是通过政府与市场之间的二分法来表述的,似乎一方的增加就意味着另一方的减少。党派争论的参与者经常以这种方式构建他们的立场,但他们的实质性分歧更多是关于如何治理市场,而不是要限制政府还是限制市场。主张市场解决方案的论者可能特别坚持这种表达方式,但那些主张发挥政府作用的论者也会陷入这种陷阱。虽然许多学者和权威人士均试图对政府与市场的二分法予以驳斥,但他们的努力尚未能够从流行话语中去除这一基本假设。①

---

①　事实上,制度经济学、经济社会学以及比较政治经济学这些分支学科中的大多数研究成果都在以不同的方式挑战这种二分法。总体的讨论可参见以下文献:Naazneen H. Barma and Steven K. Vogel, "Introduction." In *The Political Economy Reader: Markets as Institutions*, edited by N. Barma and S. Vogel, pp. 1-9, New York: Routledge, 2008; Karl Pclanyi, *The Great Transformation: The Political and Economic Origins of Our Time*. Boston: Beacon Press, 1944; John Zysman, *Governments, Markets, and Growth: Finance and the Politics of Industrial Change*. Ithaca, NY: Cornell University Press, 1983;(转下页)

市场治理术：
政府如何让市场运作——

## 一、修 辞 学

经济辩论的通常表达方式依赖于嵌入我们语言中的概念性简略表达，这种简略表达阻碍了我们对现实世界中的市场进行更深层次的理解。将"**自由**"和"**市场**"这两个词巧妙地并置在一起引发了许多在本书中受到质疑的假设：市场是自然的；市场是自发产生的；市场天生就是一个自由的竞技场；以及，政府行为必然限制这种自由。①自由

---

（接上页）Robert Kutner, *Everything for Sale*: *The Virtues and Limits of Markets*. Chicago: University of Chicago Press, 1996; Neil Fligstein, *The Architecture of Markets*: *An Economic Sociology of Twenty-First Century Capitalist Societies*. Princeton, NJ: Princeton University Press, 2001; John McMillan, *Reinventing the Bazaar*: *A Natural History of Markets*. New York: W. W. Norton, 2002; Mark A. Martinez, *The Myth of the Free Market*: *The Role of the State in a Capitalist Economy*. Sterling, VA: Kumarian Press, 2009; Gary Reback, *Free the Market*: *Why Only Government Can Keep the Marketplace Competitive*. New York: Penguin Group, 2009; Marc Allen Eisner, *The American Political Economy*: *Institutional Evolution of the Market and State*. New York: Routledge, 2011; Barry C. Lynn, *Cornered*: *The New Monopoly Capitalism and the Economics of Destruction*. Hoboken, NJ: John Wiley & Sons, 2010; Bernard E. Harcourt, *The Illusion of Free Markets*: *Punishment and the Myth of Natural Order*. Cambridge, MA: Harvard University Press, 2011; Monica Prasad, *The Land of Too Much*: *American Abundance and the Paradox of Poverty*. Cambridge, MA: Harvard University Press, 2012; Mariana Mazzucato, *The Entrepreneurial State*: *Debunking Public vs. Private Sector Myths*. London: Anthem Press, 2014; Robert B. Reich, *Saving Capitalism*: *For the Many*, *Not the Few*. New York: Alfred A. Knopf, 2015; Joseph William Singer, *No Freedom without Regulation*: *The Hidden Lessons of the Subprime Crisis*. New Haven, CT: Yale University Press, 2015.

① 乔治的研究表明，"自由市场"的语言表述在过去一个世纪中变得越来越普遍。他特别指出，从1900—1929年期间，到1930—1979年期间，再到1980—2009年期间，《纽约时报》中的"自由"一词越来越多地出现在"市场"之前，而不再那么频繁地出现在"民族""政府"或"民主"之前。David George, *The Rhetoric of the Right*: *Language Change and the Spread of the Market*. London and New York: Routledge, 2013.

## 第五章 理论与实践中的市场治理术

市场的假设在许多其他语言习惯中也非常明显,例如以下的常用短语:人们应该"将"事物"留给"市场("leave" things to the market),"依靠"市场力量或"信任"市场。在许多情况下,使用主动的语言来描述这种关系会更准确:政府"创造"市场、"赋权"市场和"维持"市场。

人们在描述政府在市场中的作用时通常使用的"干预"(intervention)一词,既意味着一种分析的立场,也意味着一种规范性判断。它暗示着:政府和市场在经验上和概念上都是不同的领域;如果没有政府的行动,市场将正常运作和茁壮成长;以及,政府的行动是不自然的和不受欢迎的。在某些情况下,"干预"一词可能是适当的。例如,当中央银行通过买卖货币来干预外汇市场时,人们可以合理地将其视为政府对通常意义上的私人市场活动的入侵。然而,评论者们用该术语来指代经济活动中的任何政府职能,包括本书中描述的支持市场的行为。如果从一开始就是政府让市场得以正常运作的话,那么将这种作用称为市场中的"干预"就没法讲得通了。

奇怪的是,即使是政策辩论中政府"干预"的倡导者和市场制度主义学派的学者也接受这一表述,似乎并未意识到这种语言上的选择会破坏他们论证的力量。[1] 例如,莫妮卡·普拉萨德

---

[1] 许多强调市场的制度基础的著名学者仍然采用"干预"这一语言表述,例如,"之所以有必要进行大量干预,正是因为在像我们这样的自由市场经济中普遍存在这类失败"(David A. Moss, *When All Else Fails: Government as the Ultimate Risk Manager.* Cambridge, MA: Harvard University Press, 2002, p.9);"竞争在很多方面都是不完美的,因而需要一系列的政府干预"(Bart Nooteboom, *How Markets Work and Fail, and What to Make of Them.* Cheltenham, UK: Edward Elgar, 2014, p.20);"如果政府至少可以偶尔地成为有益的力量并进行有效干预,那么应该采取某种产业政策"(Dani Rodrik, *Economics Rules: The Rights and Wrongs of the Dismal Science.* New York: W. W. Norton, 2015, p.76);"随着我们更好地理解市场和集市的运作方式,我们意识到我们可以干预它们,重新设计它们,在它们失灵时修复它们,并在可能更有用的地方创设新的市场和集市"(Alvin E. Roth, *Who Gets What—and Why.* Boston: Houghton Mifflin Harcourt, 2015, p.230)。

————— 市场治理术：
政府如何让市场运作——

(Monica Prasad)有力地证明了美国政府在塑造市场方面所发挥的核心作用，但她多次采用"干预"一词来描述这一作用。我同意她在主张"我们不应该假设国家干预总是会破坏市场"时所提出的观点。①然而，冒着对词汇选择吹毛求疵的风险，我会指出她的语言表述非常危险地接近于"国家干预不会干预市场"这一自相矛盾的说法。然而，如果我们只是将"干预"一词改为更加中性的术语，如"行动"（action），那么这句话就从几乎自相矛盾转变为差不多不言而喻了。大卫·乔治（David George）发现，在1900年至2009年期间，《纽约时报》这家并不完全是自由主义意识形态捍卫者的媒体，相对于"行动"一词，越来越多地使用政府"干预"（intervention）或"干涉"（interference）的表述。他还指出：毫不奇怪的是，《纽约时报》对"干预"和"干涉"的描述比"行动"更负面。②

同样，分析人士经常将政府行动描述为对市场的"扭曲"。这一语言表述与"自由市场"和"政府干预"具有某些共同的假设，但它还引发了政策辩论中常见的两个微妙观点："市场是纯洁的，因此政府行为玷污了这种纯洁性"；以及"市场是紧密结合的，因此政府行为破坏了资源的有效配置"。然而，现实世界中的市场并非处于一尘不染的原始状态，而是被社会和政治彻底污染的。例如，由于私人权力的不均衡、权力的滥用、欺诈和浪费，市场已经被扭曲了。因此，政府行为不一定会加剧这种扭曲，甚至可能会对其进行矫正。另外，现实世界中的市场并没有那么紧密结合，以至于政府规制必然会破坏它们。毕竟，市场最

---

① Monica Prasad, *The Land of Too Much: American Abundance and the Paradox of Poverty*. Cambridge, MA: Harvard University Press, 2012, p.44.

② David George, *The Rhetoric of the Right: Language Change and the Spread of the Market*. London and New York: Routledge, 2013, pp.37-40.

## 第五章 理论与实践中的市场治理术

大的力量不是来自传达完美信息的能力——市场不能提供这些——而是为市场参与者提供激励机制以使其更有效地采取行动。正如查尔斯·林德布洛姆（Charles Lindlom）所指出的那样，市场并未提供清晰而有力的信号，从而让企业采用单一均衡策略来满足消费者需求。相反，企业拥有一定范围的自由裁量权（discretion），它们可以在不同的选项中进行选择，而所有选项都可能同样有效率。因此，在这个自由裁量权范围内，政府可以在任何方向上调整规制而不会影响效率价格。①

即使是那些赞成市场制度主义视角的学者，有时也会无意中采用一种模糊政府和市场之间关系的语言，或者以其他方式削弱他们的论证。例如，阿兹法尔（Azfar）和卡德威尔（Cadwell）强调政府对于市场治理的重要性，但他们采用了"强化市场型政府"（market-augmenting government）这一术语来表述其研究项目，这导致其论证被削弱。这种语言表述意味着市场存在于政府行动之前或市场与政府行动相分离，以及，政府的角色是补充性的而不是建构性的。②"市场使能型"（market-enabling）的表述或许更加准确和具有启发性。③

同样，许多学者使用"非市场制度"（non-market institutions）的语言表述，但他们称之为"非市场"的许多事物——例如法律、

---

① Charles E. Lindblom, *Politics and Markets*: *The World's Political-Economic Systems*. New York: Basic Books, 1977, pp. 152-157.

② Omar Azfar and Charles A. Cadwell, eds., *Market-Augmenting Government*: *The Institutional Foundations of Prosperity*. Ann Arbor: University of Michigan Press, 2003.

③ 卡拉汉使用了这一术语。Helen Callaghan, 2015. "Who Cares about Financialization? Self-Reinforcing Feedback, Issue Salience, and Increasing Acquiescence to Market-Enabling Takeover Rules." *Socio-Economic Review* 13: 331-350.

**市场治理术:**
政府如何让市场运作——

惯例和规范——实际上是这些市场所固有的。①这些制度都是**市场制度**——界定市场的制度——而不是**非市场**制度。因此,将它们标记为非市场制度只会模糊作者希望坚持的立场。**"市场制度"**(market institutions)的语言表述将更简单和准确,并且与其所采取的立场更加一致。

资本主义多样性学派(the varieties of capitalism school)的学者有时会分别使用"嵌入的"(embedded)和"非嵌入的"(disembedded)这两个术语来分别指代自由市场经济和协调型市场经济。他们还并列使用了"缺乏组织的"与"有组织的"以及"缺乏协调的"与"协调的"来分别指代这两种经济体。②克劳奇(Crouch)和施特里克(Streeck)甚至将协调型市场经济描述为"制度性"经济——好像在暗示自由市场经济不是制度性的——并将自由市场经济称为"自由市场的"或"不受规制的"经济。③这里的语言表述再次破坏了对问题的论证,因为如果所有的市场都嵌入在法律、惯例和规范中的话,那么为什么我们将一类市场称为"非嵌入的"或"不受规制的"呢?这些学者们倾向于以负面的术语将自由市场经济描述为缺乏嵌入性、缺乏协调或者缺乏组织的系统,就好像他们的市场比其他国家的市场更少受到治理一样。然而,自由

---

① John L. Campbell, J. Rogers Hollingsworth, and Leon Lindberg, eds., *Governance of the American Economy*. New York: Cambridge University Press, 1991; Richard Nelson ed., *The Limits of Market Organization*. New York: Russell Sage Foundation, 2005.

② David Soskice, "Divergent Production Regimes: Coordinated and Uncoordinated Market Economies in the 1980s and 1990s." In *Continuity and Change in Contemporary Capitalism*, edited by Herbert Kitschelt, Peter Lange, Gary Marks, and John D. Stephens, 101-134. Cambridge: Cambridge University Press, 1999.

③ Colin Crouch and Wolfgang Streeck, "Introduction: The Future of Capitalist Diversity." In *Political Economy of Modern Capitalism*, edited by C. Crouch and W. Streeck, 1-18. London: Sage Publications, 1997.

## 第五章 理论与实践中的市场治理术

市场经济并不是**非嵌入的**，而是**以不同的方式嵌入**（本章后面的"作为制度的市场"部分将详细阐述）。

幸运的是，我们不必彻底改造英语来找到更加精确、对分析问题更有用的词汇来描述和解释现实市场（表5.1）。我们只需要审慎地选择我们的措辞。例如，考虑一下市场改革最常见的术语：**私有化**（privatization）、**自由化**（liberalization）和**放松管制**（deregulation）。虽然这三个术语可能适用于所有国家，但**私有化**通常被用作转型经济体市场改革的代名词；**自由化**则是发展中经济体市场改革的代名词；而**放松管制**是发达工业化国家市场改革的代名词——也就是说，市场自由主义者认为前计划经济体应该**私有化**，发展中经济体应该**自由化**，而工业化经济体应该**放松管制**。然而，这种语言表述恰恰反映了本书所批评的假设，并错误地描述了这些国家面临的挑战以及它们所经历的转型的性质。如第一章所述，学者们已经达成了一种大致的共识，即从计划到市场的经济转型不仅仅需要出售国有资产（私有化），还要建立法治，发展金融体系，增强市场治理能力（市场转型）。同样，发展中国家不仅需要降低贸易壁垒，减少规制，削减政府支出（自由化），还需要建立市场制度（市场发展）。"**自由化**"是一个特别有问题的术语，因为它使人产生一种从束缚中解放出来的印象，而在实践中，市场发展需要**更多的**治理：更强的行政能力、更多政府规制、更多私营部门协调以及更多市场规范的社会化。同样，如第一章所述，发达国家并不那么需要减少规制（放松管制），因为它们需要巩固市场基础设施并加强促进竞争的规制（市场改革）以赋权市场。因此，我的温和建议是用更中立、更准确的**市场转型**、**市场发展**和**市场改革**的术语来取代私有化、自由化和放松管制。这种简单的语言变化有助于得出更精确的学术分析和更适当的政策处方。

市场治理术：
政府如何让市场运作——

表 5.1　市场的语言：自由市场的表述与普通英语

| 自由市场的表述 | 普通英语 |
| --- | --- |
| 留给市场<br>依赖市场<br>信任市场 | 使市场成为可能<br>赋予市场权力 |
| （政府对市场的）干预 | 规制或行动 |
| （政府对市场的）扭曲 | 规制或行动 |
| 私有化（在后共产主义经济体中） | 市场转型 |
| 自由化（在发展中经济体中） | 市场发展 |
| 放松管制（在发达经济体中） | 市场改革 |
| 再分配 | 分配 |

进一步来说，我还建议，在"规制"（regulation）一词之外，更多地使用"治理"（governance）一词，因为它对市场治理的描述更为全面，包括了私营部门治理和政府规制。它使我们在讨论市场治理的时候不会局限于政府的治理。而这反过来有助于探索现实世界中的市场治理，包括从公共治理到私人治理的转变以及两者的结合，而不会在语言表达上预先假定某一种或另外一种作为前提。"治理"这一术语还包括对市场的赋权和限制两种含义，而"规制"这一术语则暗示着限制。同样地，法国的规制学派（French Regulation School）在广义的"治理"意义上使用"régulation"一词，而在狭义的"政府规制"意义上使用的则是"réglementation"一词。①此外，"市场设计"（market design）这一术语非常贴切地反映了市场治理挑战的本质。②

---

① Robert Boyer and Yves Saillard, eds., *Régulation Theory: The State of the Art*. Translated by Carolyn Shread. New York: Routledge, 2002.
② Marc K. Landy and Martin A. Levin, "Creating Competitive Markets: The Politics of Market Design." In *Creating Competitive Markets: The Politics of Regulatory Reform*, edited by Mark K. Landy, Martin A. Levin, and Martin Shapiro, Washington, DC: Brookings Institution Press, 2007, pp. 5-6.

最后，美国的评论人士经常使用"再分配"（redistribution）这一术语来表述关于经济政策的辩论。然而，该术语的传统用法是指，市场分配财富，然后政府进行再分配。这里重点关注的是财富初始分配之后（或之外）的政策选择，而不是关于治理市场从而决定财富首次分配的政策选择。再一次地，这种语言表述意味着：市场构成了一种与政府分离的自然秩序；市场是私人参与者之间自由交换的领域；以及，该领域决定着在没有政府再分配的情况下的财富的分配。然而，这是一种极具误导性的看待政府与市场之间关系的方式，它忽略了行动的核心：政府和私营部门参与者共同治理着分配财富的市场，以及影响该治理的多种选择。①我的温和建议是将语言表述从（由政府对市场所决定的分配进行的）"**再分配**"转变为（由内在地受到治理的市场所进行的）"**分配**"。因此，我们可以断言，人们不仅对于政府是否应该再分配财富存在不同意见，而且对于政府应如何设计分配财富的市场也存在不同意见——以及或许我们还可以说，对于这些市场应该让哪些人受益也存在不同意见。

## 二、经　济　学

经济学家们经常将完全市场作为理论上的理想典范，他们这样做，在许多情况下都效果良好。事实上，该学科的一个核心原理就是，完全竞争的市场之所以是有效率的，是因为资源的重新分

---

① Jacob S. Hacker and Paul Pierson, *Winner-Take-All Politics*: *How Washington Made the Rich Richer and Turned Its Back on the Middle Class*. New York: Simon & Schuster, 2010, p. 56.

配不会使某人在不使其他人变得更糟的情况下变得更好。①通过排除掉现实市场的复杂性,经济学家们可以分离出某些变量并研究它们之间的相互关系。他们还制定了衡量经济绩效的标准。

然而,"自由市场"的理想典范可能会以微妙的方式扭曲经济分析,即使仅仅是作为一种假设,而不是对现实的描述。它意味着不完美的市场是需要解释的难题,而完全市场则是自然秩序,这可能会在研究议程中产生偏差。例如,学者们可能更多地试图解释合谋,而不是解释竞争。或者更广泛地说,他们可能试图解释市场行为的偏差,而不是市场行为本身。完全市场的典范意味着政策选择将自由市场与政府干预并置和对立,从而掩盖两种真实的可能性:政府行动可能促进市场,或者,政府不采取行动(或取消行动)可能削弱市场。(见第一章的表1.2)

此外,"自由市场"的透镜将完全竞争的市场作为政府行动的替代性方案,而不是将被合谋、欺诈、混乱、不称职和权力失衡所玷污的现实市场作为政府行动的替代性方案。正如本章后面的"政策"部分将要更详细地讨论的那样,这可能导致在政策分析时对政府行动产生无根据的偏见。此外,它也可能导致分析师不理解私营部门的惯例和规范可能影响政策结果的方式。例如,取消政府的价格管制在一个国家可能导致竞争,而在另一个国家可能导致合谋。

同样,自由市场的理想典范意味着有更多偏离而不是接近该典范的方式。正如保罗·克鲁格曼(Paul Krugman)所讥讽的那样,"所有完美的市场都以同样的方式完美,所有不完美的市场都以其

---

① 此系"福利经济学的第一基本定理",在20世纪50年代首次被肯尼斯·阿罗(Kenneth Arrow)和杰拉德·德布鲁(Gerard Debreu)详细阐述。Dani Rodrik, *Economics Rules: The Rights and Wrongs of the Dismal Science.* New York: W. W. Norton, 2015, pp. 47-51.

各自不同的方式不完美。"①当然，克鲁格曼的正确之处在于，理论上只有一个完全竞争的市场（均衡）。但在现实世界中，则有许多不同的方式可以从现实世界的现状走向更发达的市场。事实上，正如第一章和第二章所强调的那样，我们面临着不同维度的许多选择，这些选择难以被归类为更多还是更少市场导向的方案，例如，促进竞争的反垄断政策与自由放任的反垄断政策，或者是，严格的专利保护与宽松的专利保护。

在政策辩论中，许多经济学家都青睐市场自由化。但就迄今为止提出的论点来说，这引出了一个关键问题：市场自由化究竟意味着什么？一些经济学家表达了对自由市场或市场自由化的偏好，就好像它们的含义显而易见似的。它们是否意味着消除对市场的限制（狭义的市场自由化）意义上的市场改革？还是包括了改善市场治理意义上的市场改革？甚至意味着更多的规制（广义上的市场自由化）？如前所述，这些辩论所使用的传统术语导致了混淆。如果我们用**"市场发展"**取代**"市场自由化"**这个术语，那就可以更明显地看到，政府必须通过精心设计市场来实现其运行的最优化，而不仅仅是给市场让路。正如本书一开始所指出的那样，学者们对这一问题上的洞察力，在讨论发展中国家和转型经济体时比讨论发达经济体的时候更加深刻。达尼·罗德里克（Dani Rodrik）指出：

> 经济学家和政策制定者在20世纪80年代至90年代对市场自由化的狂热中领会到惨痛的教训。许多人认为，放开价格和取消市场限制就足以让市场有效运作和分配资源。但是，所有市场经济的模型都以各种社会制度、法律制度和政治制度的

---

① Adair Turner, *Economics after the Crisis: Objectives and Means*. Cambridge, MA: MIT Press, 2012, p. 62.

市场治理术：
政府如何让市场运作——

> 存在作为前提……如果那些制度基础不存在或非常薄弱，就像许多发展中国家那样，放开市场不仅无法实现预期的结果，而且还会适得其反……①

我同意罗德里克的观点，但我想补充的是：同样的逻辑也适用于发达的工业国家；也就是说，富裕的国家必须发展出有效运作的市场制度，否则它们也可能面临糟糕的后果，全球金融危机有力地证明了这一点。

当然，并不是所有经济学家都会陷入这些陷阱，但主流模式往往高估了自由化的好处，将市场改革狭义地界定为解除限制而不是加强市场基础设施，并低估市场治理术所面临挑战的严峻性。

经济学家们通常会根据"市场失灵"和"政府失灵"的成本来评估政策选择。市场失灵的常见清单包括信息不对称（卖方可能比买家更了解商品）、正外部性（公共产品，如公园）、负外部性（公共危害，如污染）以及垄断。这种方式有助于考虑政府行动如何解决特定问题，以及评估政府行动何时可能有用或可能没有帮助。事实上，第二章中提到的政府在市场运作中的作用的实例很容易用市场失灵和政府回应的语言来表达（表 2.1）。但市场失灵的表达方式也可能具有误导性，因为它意味着失灵是需要纠正的异常状态，而不是常态。它暗示着市场有可能不会失灵，因此，政府行动只是次优的解决方案，而不是现代市场能够正常运作的先决条件。②它还引发出一种政府对每一种市场失灵——作出相应

---

① Dani Rodrik, *Economics Rules: The Rights and Wrongs of the Dismal Science*. New York: W. W. Norton, 2015, p. 97.

② Richard Nelson, ed., *The Limits of Market Organization*. New York: Russell Sage Foundation, 2005, p. 16.

## 第五章 理论与实践中的市场治理术

的回应的意象,而不是一个更全面的市场设计过程。[1]更根本的问题在于,市场失灵的语言表述将政府定位于一个矫正性的角色(corrective role),即修复市场缺陷,而不是生成性的角色(generative role),即建立市场基础设施。通过研究市场制度,我们可能会更好地建立一个以市场治理或市场设计为中心的框架,而不是以市场失灵和政府回应为中心的框架。

许多经济学家也强调政府失灵:政府是如何未能有效率(efficently)或有实效地(effectively)规制市场的。[2]但再一次,这一概念透镜可能会导致分析偏见,重点关注的是政府干预市场的失败,而不是政府设计市场的失败。特别是,经济学家们倾向于忽视政府失灵的一个关键类型:未能发展市场。这种失灵可能不太明显,因为它涉及政府本可以做却没有做的反事实思考(counterfactual),但它对于社会福利具有重大影响。市场失灵与政府失灵的二分法暗示着失灵可归因于**市场或者**政府,但不是两者兼而有之。这种思考模式忽视了政府—市场失灵的一个重要类型:市场基础设施的滞后或市场设计的失败。例如,本书中关于金融危机的实例研究表明,政府可能在"放松管制"方面失败,就像它们可能在规制方面失败一样。这是因为规制改革是政府行为的一种形式——而不是规制的取消——因此,有很多种方式可以对规制改革进行设计,其中有很多种正确的设计,当然也有很多种错

---

[1] 特纳在讨论金融市场治理时的表述如下:"新古典主义的方法确实倾向于采取一种特殊的规制哲学,基于这种哲学,政策制定者在理想情况下能够努力找出那些阻碍实现完整和有效市场的特定市场缺陷。"Adair Turner, *Economics after the Crisis: Objectives and Means*. Cambridge, MA: MIT Press, 2012, p.42.

[2] Charles Wolf, *Markets or Governments: Choosing between Imperfect Alternatives*. Cambridge, MA: MIT Press, 1988; Clifford Winston, *Government Failure versus Market Failure: Microeconomics Policy Research and Government Performance*. Washington, DC: AEI-Brookings Joint Center for Regulatory Studies, 2006.

市场治理术：
政府如何让市场运作——

误的设计。

更重要的是，通过假设市场是自我生成和自我维持的，标准的经济模型假设了市场治理的不存在。[①]经济社会学这一分支学科——以及其他学科的子领域，如比较政治经济学和经济人类学——侧重于填补这一空白。分析人士所面临的一个关键问题是：是假设现实世界中市场的制度复杂性不存在，还是接受这种制度复杂性，能够获得更多益处。显然，一个简短的答案是，这取决于分析者的目标。例如，如果一个经济学家试图弄清楚政府支出是如何影响失业的，那么他的正确做法就是从一个简单的模型开始，之后再逐步放松假设条件。

尽管如此，经济社会学家已经证明了市场的社会结构对于理解经济学家所感兴趣的市场结果是至关重要的——而不是无关紧要的。例如，哈里森·怀特（Harrison White）认为，相对于为了应对消费者的需求而确定价格和质量，公司更加重视根据其竞争对手的情况而进行市场定位。[②]如第四章所述，在马克·格兰诺维特的一篇关于市场社会嵌入性的开创性论文中，他指出，人们如果不理解组装公司和供应公司如何被融入社会网络并培养信任以及促进合作和阻止机会主义，就无法理解日本公司为何更倾向于将传输等核心子系统外包出去而不是纵向整合。[③]又如，尼尔·弗里格斯坦认为，对特定产品市场的社会结构的理解可以解释企业那些违背了利润最大化标准假设的行为。公司可以利用与供应商或

---

[①] Bernard E. Harcourt, *The Illusion of Free Markets: Punishment and the Myth of Natural Order.* Cambridge, MA: Harvard University Press, 2011, p. 26.

[②] Harrison C. White, 1981. "Where Do Markets Come From?" *American Journal of Sociology* 87: 517-547.

[③] Mark Granovetter, 1985. "Economic Action and Social Structure: The Problem of Embeddedness." *American Journal of Sociology* 91: 481-510.

## 第五章 理论与实践中的市场治理术

政府的联系来实现市场稳定（并确保生存）而不是最大化其回报。①同样，如第三章所述，经济社会学家认为社会规则或认知框架解释了为什么美国公司的裁员规模超过经济上所合理需要的水平。

在过去的几十年里，经济学领域已经超越了完全市场的假设，进入了许多富有成果的新方向。行为经济学这一分支学科建立在心理学的洞察力之上，探索个体如何经常以偏离理性的效用最大化的方式行事。②如第二章所述，市场设计这一分支学科已经发展出在市场不能自动产生的领域如何创建市场的越来越复杂的模型。③该学科的领军人物提出了更为成熟的主张，支持特定条件下的政府产业政策。④

毫不奇怪的是，制度经济学这一分支学科提供了一种特别有效的方式来理解市场制度并分析它们的发展。这一分支学科利用交易成本的概念将各种制度比作合同，并推导出关于这些制度的发展和改革的具体假设。然而，制度经济学与标准经济学同样依赖

---

① Neil Fligstein, *The Architecture of Markets: An Economic Sociology of Twenty-First Century Capitalist Societies*. Princeton, NJ: Princeton University Press, 2001.

② Daniel Kahneman and Amos Tversky, 1979. "Prospect Theory: An Analysis of Decision under Risk." *Econometrica* 47: 263-291; Richard H. Thaler and Sendhil Mullainathan, "Behavioral Economics." In *Concise Encyclopedia of Economics*, 2nd ed., edited by David R. Henderson. Library of Economics and Liberty, 2008. http://www.econlib.org/library/Enc/BehavioralEconomics.html; George A. Akerlof and Robert J. Shiller, *Phishing for Phools: The Economics of Manipulation and Deception*. Princeton, NJ: Princeton University Press, 2015.

③ Alvin E. Roth, *Who Gets What—and Why*. Boston: Houghton Mifflin Harcourt, 2015.

④ Dani Rodrik, *One Economics, Many Recipes: Globalization, Institutions, and Economic Growth*. Princeton, NJ: Princeton University Press, 2007; Joseph E. Stiglitz, "Tapping the Brakes: Are Less Active Markets Safer and Better for the Economy?" Presentation at the Federal Reserve Bank of Atlanta Financial Markets Conference, Atlanta, Georgia, April 15 2014.

市场治理术：
政府如何让市场运作——

完全市场作为参考点。制度经济学家强调，没有所谓的完全市场，但他们将交易成本构想为与完全市场理想之间的偏差——作为阻碍无缝市场的摩擦。他们将交易成本细分为信息成本和执行成本，将制度作为交易成本问题的解决方案。这让制度经济学的某些观点招致批评，认为制度经济学的分析是功能主义的，也就是说，它假定在交易成本问题后面存在着制度方案，因而随着时间的推移能够产生更好的经济治理。①道格拉斯·诺斯展示了制度经济学家如何通过更开放的制度变迁模式并承认政治和意识形态的作用来超越这种功能主义。②

然而，我们必须记住，现实世界的历史是沿着另一个方向发展的：不是从完美的市场到制度，而是从社会制度到市场制度。诺斯写道：

> 我们如何解释定价市场的替代品，其中家庭、公司、行业协会、庄园、工会、合作社等通过**构建**制度来代替市场进行资源分配。最根本的是，我们如何解释政府？……本文的论点是，交易成本分析是探索非市场形式的经济组织的一种有前景的分析框架。③

将家庭描述为定价市场的替代品，或解决交易成本问题的方案，这略有反常之处。家庭显然履行着各种经济功能，而且随着

---

① Mark Granovetter, 1985. "Economic Action and Social Structure: The Problem of Embeddedness." *American Journal of Sociology* 91: 481-510.

② 诺斯在1990年提出了一个较其在1981年所提出的观点更加开放、更少功能主义的制度变迁的观点。Douglass C. North, *Institutions, Institutional Change and Economic Performance*. Cambridge: Cambridge University Press, 1990; Douglass C. North, *Structure and Change in Economic History*. New York: W. W. Norton, 1981.

③ Douglass C. North, 1977. "Markets and Other Allocation Systems in History: The Challenge of Karl Polanyi." *Journal of European Economic History* 6: 703-716, p. 709.

社会发展出越来越精细和富有成效的市场制度,家庭逐渐承担了更多的市场功能。但是,家庭作为一种承担繁衍后代和儿童保育等功能的社会制度,无论在历史上还是逻辑上,都是第一位的。

与经济社会学一样,制度经济学为分析市场制度提供了一个非常有成效的范式,但如果我们不时刻谨记其背后的假设,它可能会使我们误入歧途。例如,这一框架可能会误导我们将格兰诺维特所描述的个人网络视为市场理性的工具,而不是仅仅作为市场中次要功能的社会关系。[①]或者,它可能暗示着霍尔和索斯基斯所描述的国家治理模式是公司进行理性适应的产物,而不是更为偶然的一连串历史事件、政治冲突、政府政策和商业策略。[②]

## 三、政治科学

在研究国际贸易或国内规制的政治学时,政治科学家经常追随经济学家,将自由市场作为一个参考点。经济学家可能有正当理由将假设的完全市场看作评估政策行动的福利效应的默认值。而政治科学家则可能合理地将其作为一个基准来评估现实世界中的政策如何偏离该基准,然后进一步阐明政治学如何解释该分歧。然而,如果政治科学家主要将政府规制视为贸易壁垒和竞争的障碍——而不是市场的基础——他们就同样可能在分析中引入偏见。具体而言,这种思路可能使他们过分关注那些最适合这种思路的

---

① Mark Granovetter, 1985. "Economic Action and Social Structure: The Problem of Embeddedness." *American Journal of Sociology* 91: 481-510.

② Peter Hall and David Soskice, eds., *Varieties of Capitalism: The Institutional Foundations of Comparative Advantage.* New York: Oxford University Press, 2001. 关于"历史制度主义"学派,参见塞伦的论述。Kathleen Thelen, 1999. "Historical Institutionalism in Comparative Politics." *Annual Review of Political Science* 2: 369-404. Indianapolis: Library of Economics and Liberty.

市场治理术：
政府如何让市场运作

规制，错误地识别参与者的政策偏好，将市场改革误解为朝着单一"自由市场"均衡前进的趋势，或者在研究政府规制时未能充分关注私营部门的市场治理。

在实践中，政治科学家过于关注那些最符合政府与市场相对立视角的规制类型：即国际市场的关税和配额以及国内市场的价格和准入规制。他们对表1.4（见第一章）中所列出的更广泛的市场治理机制的关注相对较少。许多关于政治经济学的文献仍然反映着自由贸易与保护主义的辩论的根源，这可追溯到亚当·斯密及其后的学者。国际政治经济学这一分支学科特别关注的是各国同意降低贸易壁垒的条件。一些学者利用关于贸易收益的经济学文献来构建博弈论模型，以评估政府为什么可能同意在贸易谈判中合作。[1]其他学者则发展出更为复杂的国内政治模型，说明了一个国家的产业结构可能会影响其贸易政策偏好。[2]随着时间的推移，学者们已经设计出更复杂的分析，更接近于这些参与者在现实世

---

[1] Kenneth Oye, 1985. "Explaining Cooperation under Anarchy: Hypotheses and Strategies. *World Politics* 38: 1-24; Robert Axelrod and Robert Keohane, 1985. "Achieving Cooperation under Anarchy: Strategies and Institutions." *World Politics* 38: 226-254; Beth V. Yarbrough and Robert M. Yarbrough, 1987. "Cooperation in the Liberalization of International Trade: After Hegemony, What?" *International Organization* 41: 1-26.

[2] Ronald Rogowski, *Commerce and Coalitions: How Trade Affects Domestic Political Alignments.* Princeton, NJ: Princeton University Press, 1989; James Alt, Jeffrey Frieden, Michael Gilligan, Dani Rodrik, and Ronald Rogowski, 1996. "The Political Economy of International Trade: Enduring Puzzles and an Agenda for Inquiry." *Comparative Political Studies* 29: 689-717; Jeffrey A. Frieden and Ronald Rogowski, "The Impact of the International Economy on National Policies: An Analytical Overview." In *Internationalization and Domestic Politics*, edited by Robert O. Keohane and Helen Milner, 25-47. Cambridge: Cambridge University Press, 1996; Michael Hiscox, *International Trade and Political Conflict: Commerce, Coalitions, and Mobility.* Princeton, NJ: Princeton University Press, 2002.

界中的偏好以及他们面临的实际选择。①

正如第二章所强调的那样,"政府规制阻碍了贸易,因此减少规制就能解放贸易"这一假设更适用于关税和配额领域,而不是其他形式的市场治理。随着国际谈判从关税转向非关税壁垒,这种分析框架已经变得不那么合适了。然而,"非关税**壁垒**"的语言表述本身就暗示着政府规则阻碍了贸易,例如海关程序,而不是**缺乏**促进贸易的政府规则,例如反垄断法规。然而,有效的反垄断法规当然可以促进贸易,因此它们的不足将构成"非关税壁垒",即使这一术语的选择可能会掩盖这一点。促进贸易和投资的结构性改革的政治学不同于关税和配额的政治学,因为利益集团对这些问题的偏好超越了它们的贸易影响。正如科妮莉亚·沃尔(Cornelia Woll)所指出的那样,传统的贸易模式更适合于关税谈判,而不是规制协调等更新的贸易问题。对于后者而言,根据贸易自由化的分布式效应的经济模型来推断行业偏好是不合适的。②本书中介绍的分析框架可以提供一些深刻的见解。具体而言,政府规制既可能促进贸易也可能阻碍贸易,并且它影响贸易结果的方式是自由贸易与保护主义相对立的二分法所不能涵盖的。因此,参与关于结构改革的政策辩论的人士需要对政府行为、市场准入和其他目标之间的关系进行复杂的评估。

同样,研究国内经济性规制政治学的政治科学家和经济学家也过于关注价格和准入规制,这些领域比市场治理的其他方面更符合政府与市场相对立的思维框架。政治学家塞缪尔·亨廷顿(Samuel Huntington)和马文·伯恩斯坦(Marvin Bernstein)在20世纪50年代发展出了规制俘获(regulatory capture)模型,随后芝加哥学派的经济学家乔治·斯蒂格勒(George Stigler)在1971年

---

① Cornelia Woll, *Firm Interests: How Governments Shape Business Lobbying on Global Trade*. Ithaca, NY: Cornell University Press, 2008.

② Ibid., pp. 18-19.

发表了关于规制的经济理论的开创性文章。[①]斯蒂格勒认为，在特定政策中具有高度利害关系的小群体（如受规制行业），较之那些每个人具有的利害关系较少的更大的群体（如消费者）来说，将会更加有效地表达自己的观点。因此，受规制行业倾向于"俘获"那些对其进行规制的机构，通过努力获得价格和准入规制来避免竞争。规制理论很好地解释了美国到20世纪70年代中期为止的某些价格和准入规制模式，但它无法解释随后的市场改革（"放松管制"）。西奥多·基勒（Theodore Keeler）基于这些改革对规制理论进行了改进，认为理性的规制机构同时对特殊利益群体和公共利益的压力作出回应，并平衡两者以最大限度地获得支持。[②]塞缪尔·佩兹曼（Samuel Peltzman）则认为，规制机构在被规制行业从价格和准入规制获取的经济利益（租金）减弱之时就开始转向了市场改革。[③]然而，这些学者将规制俘获界定为狭义上的政府机构

---

[①] Samuel P. Huntington, 1952. "The Marasmus of the ICC: The Commission, the Railroads, and the Public Interest." *Yale Law Journal* 61: 467-509; Marver H. Bernstein, *Regulating Business by Independent Commission*. Westport, CT: Greenwood Press, 1955; George Stigler, 1971. "The Theory of Economic Regulation." *Bell Journal of Economics and Management Science* 2: 3-21. 关于"俘获"理论的演进，参见卡彭特和莫斯的论述（Daniel Carpenter and David A. Moss, "Introduction." In *Preventing Regulatory Capture: Special Interest Influence and How to Limit It*, edited by D. Carpenter and D. Moss, 6-11. New York: Cambridge University Press, 2013）；以及诺瓦克的论述（William J. Novak, "A Revisionist History of Regulatory Capture." In *Preventing Regulatory Capture: Special Interest Influence and How to Limit It*, edited by Daniel Carpenter and David A. Moss, 26-32. New York: Cambridge University Press, 2013)。

[②] Theodore E. Keeler, 1984. "Theories of Regulation and the Deregulation Movement." *Public Choice* 44: 103-145.

[③] Sam Peltzman, "The Economic Theory of Regulation after a Decade of Deregulation." In *Brookings Papers: Microeconomics* 1989, 1-59. Washington, DC: Brookings Institution Press, 1989.

## 第五章 理论与实践中的市场治理术

保持价格和准入控制从而保护受规制行业（支持规制的俘获）。他们忽视了其他形式的规制俘获的可能性，例如赞成市场改革的利益群体的俘获（支持市场的俘获），或者，由于受益于对其有利的私人治理体制而反对规制的利益群体的俘获（反对规制的俘获）。①

政治科学家有时也会假定保护和规制代表了狭隘的既得利益（寻租），而消除这些障碍则能够代表更广泛的利益，进而错误地确定政策偏好。这些政策偏好建立在那些宣称贸易壁垒和价格/准入规制会破坏消费者福利的标准经济模型之上。②但是，如果政治科学家允许经济理论影响到他们对政治的理解，他们就会陷入困境。例如，主张保护或规制的人士可能真诚地认为他们正在促进更广泛的公共利益，或者他们可能推动这些政策以迎合更广泛而

---

① 卡朋特和莫斯进一步发展了规制理论，他们认识到俘获不仅能够导致放松管制，也可能带来规制；他们将其称为"侵蚀性俘获"（Daniel Carpenter and David A. Moss, "Introduction." In *Preventing Regulatory Capture: Special Interest Influence and How to Limit It*, edited by D. Carpenter and D. Moss, 16-18. New York: Cambridge University Press, 2013）。同样地，奥巴赫着重指出了政府的不作为如何便利了私营部门的租金榨取行为（Barak Orbach, 2015. "A State of Inaction: Regulatory Preferences, Rent, and Income Inequality." *Theoretical Inquiries in Law* 16: 45-68）。《纽约时报》和新闻调查网站 ProPublica 发现特朗普政府中存在明显的"放松管制"俘获的证据，在其放松管制团队的85个已知的成员中，有34个成员存在潜在的利益冲突（*New York Times*, August 8, 2017, A14）。

② 例如，亚伯勒和亚伯勒以标准的经济贸易理论为基础，推定自由化能够增加贸易收益（Beth V. Yarbrough and Robert M. Yarbrough, 1987. "Cooperation in the Liberalization of International Trade: After Hegemony, What?" *International Organization* 41: 1-26）。同样地，诺尔和欧文将行业组织描绘为主要是规制的捍卫者，而不是放松管制的提倡者，而消费者则是放松管制的受益者（Roger G. Noll and Bruce M. Owen, *The Political Economy of Deregulation: Interest Groups in the Regulatory Process*. Washington, DC: American Enterprise Institute, 1983）。

市场治理术：
政府如何让市场运作——

不是小范围的支持者。①同样，提倡消除贸易壁垒或价格/准入规制的人士可能在迎合更小范围的支持者。一旦我们认识到市场自由化的方法并非一种而是很多种的时候，上述问题就会变得更加明显。致力于市场改革的政治领导人可能并没有服务于更广泛的公共利益，而是偏私于特定选区的狭隘利益，那些选区主张一种对其自身有利的特定市场治理模式。

自20世纪70年代和80年代规制理论的鼎盛时期以来，政治科学的研究已经朝着一些有前景的新方向发展。首先，学者们强调市场改革需要"重新规制"(reregulation)：规制能力的扩大和规则的激增。②其次，他们更多地将注意力转向市场治理问题（表1.4），例如公司治理。③最后，他们直接批评了规制理论。例如，

---

① 例如，日本的大多数消费者和消费者团体都支持农业保护，因此，倡导农业保护的政治领导人可能一直不仅在迎合集中的利益，也在迎合分散的利益(Steven K. Vogel, 1999. "When Interests Are Not Preferences: The Cautionary Tale of Japanese Consumers." *Comparative Politics* 31: 187-207)。同样，日本大藏省的官员认为，他们在战后的金融监管制度不仅保护了金融机构，而且通过防止银行倒闭和便利向增长部门分配信贷而促进了整个经济的发展(Steven K. Vogel, *Freer Markets, More Rules: Regulatory Reform in Advanced Industrial Countries*. Ithaca, NY: Cornell University Press, 1996, pp. 167-172)。

② Andrew Gamble, *The Free Economy and the Strong State: The Politics of Thatcherism*. Basingstoke, UK: Macmillan Education, 1988; Steven K. Vogel, *Freer Markets, More Rules: Regulatory Reform in Advanced Industrial Countries*. Ithaca, NY: Cornell University Press, 1996; Marc K. Landy, Martin A. Levin and Martin Shapiro, eds., *Creating Competitive Markets: The Politics of Regulatory Reform*. Washington, DC: Brookings Institution Press, 2007; Marc Allen Eisner, *The American Political Economy: Institutional Evolution of the Market and State*. New York: Routledge, 2011.

③ Peter A. Gourevitch and James Shinn, *Political Power and Corporate Control*. Princeton, NJ: Princeton University Press, 2005; John W. Cioffi, *Public Law and Private Power: Corporate Governance Reform in the Age of Finance Capitalism*. Ithaca, NY: Cornell University Press, 2010; Pepper D. Culpepper, *Quiet Politics and Business Power: Corporate Control in Europe and Japan*. New York: Cambridge University Press, 2011.

## 第五章 理论与实践中的市场治理术

他们认为,规制并不总是反映狭隘的政治利益,也反映着更广泛的公共利益或者关于什么最能为公共福利服务的理念。①

总而言之,政治科学家对市场限制(关税与配额,以及价格和准入规制)的政治学所作的研究要多于对创设市场的政治学所作的研究。借用表1.2来表述就是,政治科学家更多地关注从保护措施到自由贸易的箭头,而不是从欠发达的市场到更发达的市场的箭头。我强烈建议政治科学家应该更多地关注市场治理术的政治学。他们应该研究各种市场导向的治理机制,以及塑造它们的不同的政治压力:不仅要消除关税,还要加强专利保护;不仅要取消价格控制,还要加强反垄断执法。

同样,如果分析人士认为市场改革主要是消极行动——解除政府对市场活动的阻碍——那么他们可能会将市场改革误认为是朝着单一均衡——自由市场——的运动,而不是朝着多种多样的市场治理结构的活动。例如,克劳奇和施特里克声称,"放松管制的国际经济细分为放松管制的国民经济将是一种制度性的单一文化。"②通过将市场改革视为消极行动,他们低估了增强市场的方式多样性、创造市场的技术复杂性以及支持不同类型的市场改革的利益群体的差异性。③这里所倡导的市场制度主义观点强调市场改革是一个

---

① Steven K. Vogel, *Freer Markets, More Rules: Regulatory Reform in Advanced Industrial Countries*. Ithaca, NY: Cornell University Press, 1996, p. 15; Edward J. Balleisen and David A. Moss, eds., *Government and Markets: Toward a New Theory of Regulation*. New York: Cambridge University Press, 2010; Daniel Carpenter and David A. Moss, eds., *Preventing Regulatory Capture: Special Interest Influence and How to Limit It*. New York: Cambridge University Press, 2013.

② Colin Crouch and Wolfgang Streeck, "Introduction: The Future of Capitalist Diversity." In *Political Economy of Modern Capitalism*, edited by C. Crouch and W. Streeck, London: Sage Publications, 1997, p. 15.

③ 西伦提出了重要的修正。Kathleen Thelen, *Varieties of Liberalization and the New Politics of Social Solidarity*. Cambridge: Cambridge University Press, 2014.

市场治理术：
政府如何让市场运作——

高度复杂的过程，因为它需要建立新的制度而不是简单地消除障碍。政府与市场相对立的通常表述方式在这一点上尤其具有误导性，因为它使得市场改革看起来似乎应该非常容易：只要政府不挡路，市场就会茁壮成长。但这错过了该故事的关键部分：增强市场体系或让市场更具竞争性并不容易。换句话说，市场改革的挑战既是功能性的，也是政治性的，而功能上的复杂性又加剧了政治上的困难。

从根本上说，政治科学家需要在市场治理的辩论中发展出所涉及利益的更深层次的考古学。政治科学的许多著作都以经济术语来界定利益：资本想要低工资，劳动者则想要高工资；生产者想要更高的价格，而消费者则想要更低的价格，等等。① 古雷维奇（Gourevitch）和希恩（Shinn）提出了一种在公司治理的政治学研究中完善和更新对经济分歧进行分析的方式。他们证明，显著的分歧超越了管理层与股东的二分法，而包括了其他利益相关者，如员工、客户、当地社区、金融机构、分包商和其他商业伙伴。他们将这种互动关系设计为股东、管理层和员工之间的三方竞争，描绘了支持不同公司治理体系的三种可能的联盟（管理层—股东，管理层—员工，以及股东—员工）。他们承认，国别案例并没有完美地映射为这些理想类型，但是类型学仍然有助于超越对涉及利益和联盟的粗略描述而进一步展开分析。②

同样地，我们发现许多问题背后的分歧违背了支持市场与支持规制相对立的二分法，如第二章所述以及表 2.2 中所总结的。例如，对于规制改革而言，核心分歧往往是老牌企业反对挑战者。

---

① 沃格尔指出，即使是合理的假设，例如假设消费者将支持促进更多选择和更低价格的政策，也可能导致错误的政治分析。Steven K. Vogel, 1999. "When Interests Are Not Preferences: The Cautionary Tale of Japanese Consumers." *Comparative Politics* 31: 187-207.

② Peter A. Gourevitch and James Shinn, *Political Power and Corporate Control*. Princeton, NJ: Princeton University Press, 2005.

## 第五章 理论与实践中的市场治理术

引入竞争通常需要规制上的优势（不对称规制）从而使挑战者能够与老牌企业相竞争。因此，希望减少促进竞争的规制的老牌企业与希望增加促进竞争的规制的挑战者往往处于相互对立的规制斗争中。随着市场的发展，规制机构必须不断地重新调整规制平衡。

尽管如此，具有讽刺意味的是，政治行动者对这些辩论的表达方式经常让他们**看上去似乎**是在政府和市场之间作出选择，而这有力地塑造了政策过程和改革结果。例如，在美国，共和党人可能会反对政府规制，即使它促进了市场；而民主党人则可能反对市场，即使其有利于他们所支持的事业，例如环境保护。因此，精明的政治分析师必须评估潜在的利益分歧以及党派表达这些利益的方式。多重分歧的并置——例如民主党与共和党人的对立，支持政府与支持市场的对立，以及支持挑战者与支持老牌企业的对立——产生了一些奇怪的政治动态。例如，在第三章中我们就发现，在金融监管或网络中立性等问题上，美国的两个主要政党**内部**均存在着分歧，这些分歧对政府与市场相对立的二分法构成了挑战。

政治科学家也往往对私人治理存在认识上的盲点。他们专注于市场治理的公共方面——法律和规章——而不是存在于企业之间以及企业与其他市场参与者之间的现实世界关系背后的私营部门动态变化。① 然而，如果**不同时**研究政府政策和公司惯例，我们就无

---

① 布雷思韦特深刻地指出："不仅市场、州和国家规制变得越来越强大，而且由公民社会、企业、商业协会、行业和国际组织所进行的非国家规制也变得越来越强大……这意味着被狭义地理解为专门研究公共治理而不包括公司治理、非政府组织治理和跨国网络治理的政治科学，其意义较之以往大为减少。"John Braithwaite, *Regulatory Capitalism: How It Works, Ideas for Making It Work Better.* Cheltenham, UK: Edward Elgar, 2008.

市场治理术:
政府如何让市场运作

法理解市场治理,而政治科学家在这方面大有可为。<sup>①</sup>正如彼得·古雷维奇(Peter Gourevitch)所指出的那样,宏观政治形塑着微观治理;也就是说,政治动态形塑着规制政策,而这些政策又影响了私营部门的治理,如企业间网络或公司治理结构。<sup>②</sup>同样,社会学家尼尔·弗里格斯坦也强调了微观层面冲突的政治性质,例如,公司内部和公司之间对控制权的争夺。<sup>③</sup>政治科学家可以有效地促进对企业间政治和企业内部政治的研究,因为政治科学的一些核心概念,如联盟(alliances)和否决点(veto points)<sup>④</sup>,可以有效地适用于部门或公司层面。

市场改革通常意味着将一种市场治理模式替换为另一种市场治理模式。<sup>⑤</sup>这不仅包括从一种政府规制转向另一种政府规制,而且

---

① 沃格尔提出了一种将二者关联到制度变迁模型的方法。Steven K. Vogel, *Japan Remodeled: How Government and Industry Are Reforming Japanese Capitalism.* Ithaca, NY: Cornell University Press, 2006, pp. 11-21.

② Peter Gourevitch, "The Macropolitics of Microinstitutional Differences in the Analysis of Comparative Capitalism." In *National Diversity and Global Capitalism*, edited by Suzanne Berger and Ronald Dore, 239-259. Ithaca, NY: Cornell University Press, 1996.

③ Neil Fligstein, *The Architecture of Markets: An Economic Sociology of Twenty-First Century Capitalist Societies.* Princeton, NJ: Princeton University Press, 2001.

④ 否决点是指在一个选举机构中某一党派所持有的能够否决提案的席位。例如,如果法案的修改需要2/3的席位,那么只要拥有1/3的席位加一票,即可否决所有的提案。——译者注

⑤ 本部分的写作基础为:Steven K. Vogel, "Why Freer Markets Need More Rules." In *Creating Competitive Markets: The Politics of Regulatory Reform*, edited by Mark K. Landy, Martin A. Levin, and Martin Shapiro, Washington, DC: Brookings Institution Press, 2007, pp. 39-40。

还包括以私营部门治理取代政府规制,或者相反。①这种互动可以采取许多不同的形式。在日本,当政府采取了促进国际贸易和投资或促进国内竞争的政策之后,私营部门的回应往往是维持某种形式的隔离,以免遭受竞争的全面影响。例如,在20世纪60年代,政府取消了资本管制,公司就通过大幅增加交叉持股来应对,从而保护自己免受外国收购。在20世纪70年代,政府推进了贸易自由化,一些行业用私营部门替代措施取代了关税和配额,包括优惠采购(preferential procurement)的做法、独家经销商(exclusive dealerships)和卡特尔(cartels)。②在20世纪80年代,政府实施了特定行业的规制改革("放松管制"),但这一改革却经常未能激发竞争或被生产者之间的合谋所取代。如第四章所述,在21世纪的第一个十年里,政府引入改革以促进外国企业兼并和收购日本公司,但它也通过改革公司法以便于公司进行收购防御,并发布了指导方针来明确什么样的防御战略是合法和适当的,公司随后迅速准备好防御措施以免受外国收购。

作为一个不同类型的例子,1980年以来美国和日本劳动力市场的演变(见第三章和第四章)也说明了这一点。我们可以将总体趋势描述为,美国出现了更多竞争而没有政策变化,日本则是

---

① 研究国际关系的学者已经开始更多地关注私营部门治理,尤其是针对"标准"进行研究。A. Claire Cutler, Virginia Haufler, and Tony Porter, eds., *Private Authority and International Affairs*. Albany: State University of New York Press, 1999; Rodney Hall and Thomas Biersteker, eds., *The Emergency of Private Authority in Global Governance*. Cambridge: Cambridge University Press, 2003; David Vogel, 2008. "Private Global Business Regulation." *Annual Review of Political Science* 11: 261-282; Tim Büthe and Walter Mattli, *The New Global Rulers: The Privatization of Regulation in the World Economy*. Princeton, NJ: Princeton University Press, 2011.

② 柯达公司在向世贸组织提起的诉富士胶片案中主张了这一点,并称日本通产省与富士胶片公司一同建立了独家经销商网络,有效地将外国供应商拒之门外。

出现了政策变化却没有更多竞争。① 这表明政府和私营部门的改革并不一定是一致的。美国政府并未对劳动法作出重大改变,但政策实施和公司惯例的调整相结合,产生了更具竞争性的劳动力市场。日本政府通过立法进行了大量的政策改革,但公司则相对谨慎地调整其劳工惯例。政治科学家必须同时研究政府规制和私营部门的惯例以及两者之间的相互作用,才能够了解市场治理是如何演变的。

## 四、作为制度的市场

正如本书反复强调的,将市场视为制度的学术文献跨越了多个学科并日益发展完善,这里的分析建立在这些基础之上。本书并没有挑战这些文献,而是赞扬它们,同时强调传统话语和现实世界中的政策忽略了上述文献所揭示的教训。然而,研究市场制度的学者并不总是遵循他们自己的分析并得出充分符合逻辑的结论。因此,本书的第二个目标是进一步探讨这一视角的各种复杂影响。

我们可以在卡尔·波兰尼的著作中看到市场制度主义视角的一些内在紧张,波兰尼非常有力地阐述了传统市场内在地嵌入到社会之中,并且政府积极构建了 19 世纪的自我调节的市场(self-regulating markets)的观点。正如布洛克(Block)和萨默斯(Somers)所指出的那样,波兰尼的著作揭示了市场可以脱嵌于社

---

① 同样地,哈克描述了美国的"政策漂移"(policy drift)如何在没有重大政策变革的情况下导致了养老金体系的重大变化。Jacob S. Hacker, "Policy Drift: The Hidden Politics of U. S. Welfare State Retrenchment." In *Beyond Continuity: Institutional Change in Advanced Political Economies*, edited by Wolfgang Streeck and Kathleen Thelen, 40-82. Oxford: Oxford University Press, 2005.

会的主张与市场**总是嵌入**在社会中的观点之间的矛盾关系。①一方面，波兰尼认为嵌入到封建社会的市场在19世纪已经脱嵌于社会，这推动了虚拟商品——劳动力、土地和货币——的商品化，并最终形成了自我调节的市场。在某些段落中，波兰尼似乎将脱嵌视为现实，或至少是一种巨大的可能性。例如：

> 一个自我调节的市场需要的不仅仅是社会在经济和政治领域的制度性分离……通常，经济秩序仅仅是社会秩序的一种功能，它包含在社会秩序中。正如我们所表明的那样，无论是在部落、封建社会还是商业状态下，社会当中都不存在一个独立的经济体系。19世纪的社会中，经济活动被孤立并归于独特的经济动机，实际上是一个异常的偏离。②

另一方面，波兰尼在该书的一开始就宣称自我调节的市场是"一个完全的乌托邦"。③他关于互惠和再分配如何治理原始经济的讨论表明，市场可能在任何时期都是嵌入在社会之中的，只是以不同的方式而已。他对19世纪自由主义信条崛起的描述，阐明了自我调节的市场本身是如何嵌入在社会之中的，因为它是由一个具有独特意识形态的特定社会阶层推动的；也就是说，市场本身是文化的产物，受特定时间和地点的规范与行为所支配。④过去是

---

① Fred Block and Margaret R. Somers, *The Power of Market Fundamentalism：Karl Polanyi's Critique. Cambridge*，MA：Harvard University Press，2014，pp. 73-97.

② Karl Polanyi, *The Great Transformation：The Political and Economic Origins of Our Time.* Boston：Beacon Press，1944，p. 71.

③ Ibid. , p. 3.

④ Ibid. , pp. 46-55.

市场治理术：
政府如何让市场运作——

这样，今天也是这样。①

布洛克和萨默斯认为，这一矛盾反映了波兰尼自己思想的发展，他在《大转型》(The Great Transformation)一书中未能解决这个问题，但鉴于其论点对于一直延续到第二次世界大战末期的辩论的重要性，波兰尼希望尽快出版该书。波兰尼早年深受马克思的影响，因此他强调19世纪的市场是如何从社会中脱嵌的——或者在脱嵌的过程中。但是，波兰尼后来逐渐意识到所有的市场体系都嵌入在社会之中，特别是当他深入研究了原始社会和偏远社会之后。正是因此，波兰尼后来提出了"总是嵌入的市场"。②然而，仍然有一个尚未解决的矛盾，因为该书的逻辑表明，19世纪的市场体系并没有真正脱嵌于社会，而是重新嵌入。也就是说，市场体系从一种嵌入在封建惯例和关系中的文化走向了嵌入在市场惯例和关系中的文化。经济社会学这一分支学科受到波兰尼著作中的"总是嵌入"理论的影响最大。波兰尼激发了后来的学者将迈向市场的转变视为培养市场文化的过程，而不仅仅是放弃传统文化，进而研究不同国家、产业部门和企业的市场文化的差异。

彼得·霍尔和大卫·索斯基斯所倡导的"资本主义多样性"学派将制度经济学的洞见与经济社会学和政治学的要素结合起来。其核心逻辑最能反映制度经济学的观点，即各国发展出独特的制度来解决劳动力市场、金融市场和产品市场中的协调问题。如第三章所述，霍尔和索斯基斯一开始就在讨论美国和英国等自由市场经济体与德国和日本等协调型市场经济体之间的巨大差别。这

---

① 克里普纳认为，波兰尼的语言内在紧张并不构成矛盾，因为波兰尼明确宣称市场从未完全脱嵌于社会，而且即使19世纪的市场也是反映了政治、文化和意识形态的社会制度。Greta R. Krippner, 2001. "The Elusive Market: Embeddedness and the Paradigm of Economic Sociology." *Theory and Society* 30: 775-810, pp. 780-782.

② Fred Block and Margaret R. Somers, *The Power of Market Fundamentalism: Karl Polanyi's Critique*. Cambridge, MA: Harvard University Press, 2014, pp. 73-97.

## 第五章 理论与实践中的市场治理术

一框架催生了比较政治经济学这一分支学科中的一个主要研究领域，并且引起了更多对本书中所强调的各种市场制度的关注。然而，就连霍尔和索斯基斯也认为，自由市场经济体的制度化程度要低于协调型市场经济体。事实上，他们认为协调型市场经济体更容易转变为自由市场经济体，而自由市场经济体转变为协调型市场经济体则较难。[①]然而，第四章的证据表明一切恰恰相反：协调型市场经济体转变为自由市场经济体至少是令人生畏的挑战，或许还要更难。人们可以猜到为什么霍尔和索斯基斯可能认为协调型市场经济模式比自由市场经济模式更加制度化：毕竟，很难产生足够的信任水平和协调机制来维系德国式的全行业学徒制或日本式的分包体制。但我的观点是，发展出能够维持自由市场体系的法律、惯例和规范是一项同样巨大的挑战。[②]

类似地，马雷·萨科（Mari Sako）认为，从自由市场经济体到协调型市场经济体的转变可能需要动员大量的资源以进行集体行动，而从协调型市场经济体到自由市场经济体的转变——她称之为协调制度的"拆解"（dismantling）——可能会通过消散或削弱

---

[①] 霍尔和索斯基斯的表述是："共同知识（common knowledge）对于成功的战略性互动的重要性意味着这些制度的发展潜力方面存在不对称。由于自由市场经济体缺乏协作经验以巩固必要的共同知识，即使相关的制度已经到位，自由市场经济体也很难发展出在协调型市场经济体中常见的那些非市场协调方式。但是，由于市场关系不需要相同水平的共同知识，因此，若协调型市场经济体要通过放松管制以变得更像自由市场经济体，则没有这样的限制。"Peter Hall and David Soskice, eds. *Varieties of Capitalism: The Institutional Foundations of Comparative Advantage*. New York: Oxford University Press, 2001, p. 63.

[②] 更广泛地来说，在比较政治经济学这一分支学科中，学者们倾向于将自由市场模式视为默认状况，而将对这种模式的偏离视为需要解释的疑问。然而，如果我们看一下现实世界的历史，就应该以相反的方式提出疑问：为什么某些地方在某些时候会倾向于采取赋权市场（empower markets）的治理形式？

市场治理术：
政府如何让市场运作——

而逐渐发生。①然而，第四章证明，日本向自由市场经济模式转变的努力包括了多个大规模地协调制度发展的艰难尝试，包括金融、会计和劳动力的"大爆炸"改革以及经过精心策划的一系列公司法改革。即使这样也不足以让日本转变为自由市场经济模式。

对这种观点持怀疑态度的论者可能会反驳说，自由市场体系更自然或更少制度化，该观点建立在亚当·斯密的格言之上：人类天生具有交往、易货和交换的自然倾向。②但哪一个是更自然的呢：市场行为还是社会行为？我认为，分析人士不应该从任何自然状态或默认状态的先入为主观念出发，而应该假设**所有**结果都需要解释。然而，为了论证的需要，让我们考虑这样一种情形：自由市场体系中那些更加市场化的行为实际上是需要**更多**解释的**不太自然**的状况。在这里，我们不是基于亚当·斯密的理论，而是基于韦伯和波兰尼的观点，他们认为人们更多地受到社会（或理念）目标的激励而不是物质目标的激励，而物质目标在很大程度上是社会目标的一部分；也就是说，人们渴望超越基本生存条件的物质生活，主要是为了实现他们的社会价值。③

我还不至于认为人们没有物质目标甚至没有交换的倾向。然

---

① Mari Sako, "Organizational Diversity and Institutional Change: Evidence from Financial and Labor Markets in Japan." In *Corporate Governance in Japan: Institutional Change and Organizational Diversity*, edited by Masahiko Aoki, Gregory Jackson, and Hideaki Miyajima, Oxford: Oxford University Press, 2007, pp. 403-404.

② Adam Smith, *An Inquiry into the Nature and Causes of the Wealth of Nations*, edited by Edwin Cannan. Chicago: University of Chicago Press, 1976, vol. 1, p. 17.

③ Max Weber, *The Protestant Ethic and the Spirit of Capitalism*, translated by Talcott Parsons. New York: Scribners, 1958; Karl Polanyi, *The Great Transformation: The Political and Economic Origins of Our Time*. Boston: Beacon Press, 1944; David Graeber, *Debt: The First 5,000 Years*. Brooklyn, NY: Melville House, 2011, pp. 89-126.

而，假如韦伯和波兰尼哪怕是部分正确的话——也就是说，如果人们同时受到社会目标和物质目标的激励——那就表明必须培养市场文化，并且市场文化将随着时间和空间的变化而不同。将这种逻辑应用于当代资本主义的多样性，我们将霍尔和索斯基斯的自由市场经济模型中的三个特征简化为以下原则。第一，公司应该根据公司需要的工作绩效和财务计算来招聘和解雇员工，而不是基于个人关系或规范性承诺。第二，公司应该主要为股东服务，而不是为员工、客户和社区等更广泛的利益相关者服务。第三，公司应该与竞争对手进行竞争，而不是与它们勾结。在上述每一种情形中，人们都有强有力的理由认为后者（社会行为）是更自然的行为，也是在历史长河里更本源的行为。那就意味着一个社会需要通过发展惯例和培养规范来让行为朝着前者（市场行为）的方向转变。其启示是，从前者（市场行为）向后者（社会行为）的转变比从后者（社会行为）向前者（市场行为）的转变更加容易。①

## 五、市场与自由

市场自由主义者认为市场构成了一个自由王国；进步主义者则反驳认为，市场限制了自由。我在这里提出的论点拒绝接受市场自由主义立场的粗糙版本，因为政府行动可以增进市场自由，而政府未能采取行动则可能限制市场自由。我的主张还包含了马克思主义以下论点的一个要素，即现实世界的市场反映了权力关系并限制了许多人的自由，即使在没有政府行动的情况下也是如此。

---

① 我们可以通过现代化理论的一个特殊形式来理解这一点：市场行为需要一个社会化过程，即市场规范的制度化。因此，市场体系的制度化要比保留更多传统观念更加困难。有人可能会争辩说，资本主义意识形态在我们这个时代是如此强大，市场化行为事实上是默认状态，即使其并非"自然的"。这里的"自然的"是指在没有社会化的情况下而天生的。

———— 市场治理术：
　　政府如何让市场运作——

经理控制员工，公司操纵消费者，老牌企业阻碍创业家，等等。但我并不排除更成熟的市场自由主义立场（将在本章后面的"对市场自由主义者的教训"部分进一步讨论），它赞成那些最大程度地支持市场和市场自由的制度。

米尔顿·弗里德曼（Milton Friedman）认为市场是自由的重要构成部分，因为参与自愿交换的自由是自由的重要因素，而且市场对于自由起到了重要作用，因为它培育了其他形式的自由。例如，个人通过参与市场能够获得更多的联系、能力和信息，这有助于他们行使政治自由。[1]这一版本的市场自由主义立场夸大了市场的自由，并且未能领会到市场在现实生活的运作中常见的强迫行为。它过高地估计了政府活动限制自由的程度，而未能认识到政府在培育市场自由方面发挥的关键作用。通过将市场视为一个自由王国以及将政府作为一种束缚，粗糙的市场自由主义回避了分辨政府何时限制市场以及政府何时赋权市场这一艰难但必不可少的工作。[2]同样，它们过低地估计了规则对市场活动的支配程度，即市场治理如何影响市场结果。[3]

与上述观点相反，我认为政府促进或限制自由的程度——包括自由地参与市场的自由——是一个经验问题。自由不应该仅仅被界

---

[1] Milton Friedman, *Capitalism and Freedom.* Chicago: University of Chicago Press, 1962, pp. 7-21; Milton Friedman and Rose Friedman, *Free to Choose: A Personal Statement.* San Diego: Harcourt, 1980, pp. 1-7.

[2] 哈耶克也属于市场自由主义的阵营，但他持有比弗里德曼更为成熟的关于政府维持市场的观点。Friedrich Hayek, *The Road to Serfdom.* Chicago: University of Chicago Press, 1944, pp. 32-42, 72-87.

[3] 正如拉科夫所指出的，市场自由主义者也倾向于从公司在市场上进行自由经营的角度来看待自由，然而，正如我们在第二章所论述的那样，公司本身就是政府行为的产物。政府权力允许公司对个人行使权力。因此，公司拥有更大自由并不意味着整个社会的更大自由。George Lakoff, *Whose Freedom? The Battle over America's Most Important Idea.* New York: Farrar, Straus & Giroux, 2006, pp. 149-155.

定为摆脱政府的自由，还应被界定为参与市场的自由：竞争的自由。基于此，我们可以更有效地评估市场与自由之间的关系。以有限责任制度为例，政府颁布的法律增强了市场。从政府限制行为人向公司董事追究超过规定限额的损害赔偿金的角度来看，这是对自由的限制。但是，它也创造了参与更加强大的金融市场的自由。换句话说，限制政府在市场创设中的作用将会剥夺处于市场自由主义视野核心的创业家参与更具活力的市场的自由。政府行动以多种方式促进了市场自由：它给予创业家挑战老牌企业的自由，而不会被反竞争做法排除在外；它允许消费者参与市场而不会面临过度欺诈的风险；它使个人能够参与到原本不会存在的市场中。①

罗伯特·泰勒（Robert Taylor）在菲利普·佩蒂特（Philip Pettit）将自由视为"反权力"（antipower）这一概念基础上，提出了上述论点的一个独特的版本。泰勒在经济交换的背景下将市场自由界定为无支配（non-domination）。他强调，竞争限制了市场支配力，从而增进了市场自由。因此，即使仅仅通过对自由的贡献来判断某一行动时，国家也有正当化理由来确保实现有效竞争的规制和制度先决条件。具体而言，泰勒认为这为积极的反垄断政策提供了正当化理由。②

---

① 哈考特指出，尼古拉斯·德拉马尔（Nicolas Delamare）在1710年出版的《警察条约》中就论述了市场规制用于约束贪婪狡诈的商人从而促进自由贸易的正当性。Bernard E. Harcourt, *The Illusion of Free Markets: Punishment and the Myth of Natural Order*. Cambridge, MA: Harvard University Press, 2011, pp. 18-19.

② Robert S Taylor, 2013. "Market Freedom as Antipower." *American Political Science Review* 107: 593-602; Philip Pettit, 1996. "Freedom as Antipower." *Ethics* 106: 576-604; Philip Pettit, 2006. "Freedom in the Market." *Politics, Philosophy, and Economics* 5: 131-149. See also Daniel Carpenter, "Confidence Games: How Does Regulation Constitute Markets?" In *Governments and Markets: Toward a New Theory of Regulation*, edited by Edward J. Balleisen and David A. Moss, 164-190. New York: Cambridge University Press, 2010.

## 市场治理术:
### 政府如何让市场运作——

波兰尼以对自由问题的讨论结束了《大转型》一书,他认为政府规制既拓展了自由,又限制了自由:

> 因此,自由主义者所倡导的自由已经堕落为仅仅对自由企业的歌颂——如今,这种自由企业在大型托拉斯和庞大垄断者的残酷现实之下已经沦为想象。对于那些收入、休闲和安全无须增强的人来说,这意味着充分的自由,而对于那些可能徒劳地试图利用其民主权利从财产所有人的权力之下获得庇护的人来说,这只意味着微不足道的自由……如果规制是在复杂社会中扩散和强化自由的唯一手段,而利用这种手段就违背了自由本身的话,那么这样的社会就不可能是自由的。①

波兰尼认为,权力和强制是内在于任何社会的,因此他得出结论,规制是扩大自由的唯一可行手段。

当然,卡尔·马克思生动地展示了市场活动如何反映权力关系。工人在与雇主的交换中并没有行使自由,因为他们除了自己的劳动力之外没有任何赌注。市场将他们锁定在剥削关系中,反映了既存的权力和财富的不平等,而不是自愿交换。市场自由主义的理念声称具有普适性,但却只反映了资产阶级的利益。

我们不必采用马克思的阶级分析来接受市场关系发生在权力结构中的基本见解。这一见解所表明的是,私人治理可以像政府规制一样限制自由。因此,如果政府不采取行动,它是在通过这样做来偏袒现有的权力和财富。换句话说,即使在没有政府"干预"的情况下,市场治理结构也会分配租金。真实世界的市场并不是中立的:私人行为者能够从特定的市场设计中获利,因而会更偏好某一种形式而不是其他形式的市场设计。在公共治理和私人治

---

① Karl Polanyi, *The Great Transformation: The Political and Economic Origins of Our Time*. Boston: Beacon Press, 1944, p. 257.

理之间，有意识的治理和自发的治理之间，强制性治理和自由治理之间，并没有明确的界限。一些市场自由主义者可能会反驳说，政府强制与市场自由之间实际上存在着根本的差异，政府规制是强制性的，而私人活动则是自愿的。但这些市场自由主义者对"自由"和"限制"的概念都理解得过于简单化了。

## 六、经济自由的衡量与市场治理

自由市场的意识形态也渗透到了经济自由的衡量这样看上去属于技术层面的领域。大多数经济自由指数均认为政府规制是对市场的一种限制，而不是市场的推动者。它们把各种规制——包括反垄断法、劳动法和金融法规——几乎全部编为自由的消极指数。[1] 它们基本上忽略了大量的赋权市场的规制，例如在表1.4中列出并在第二章中进行过评述的那些规制。然而，这些规制构成了市场治理的核心，对于促进经济自由至关重要。从本质上讲，这些指数包含了一种系统性的偏见，即假设政府规制限制了经济自由，而没有认真将那些促进自由的规制与限制自由的规制相区分。它们简单地通过定义就排除了规制会强化市场和/或自由的可能性。

无可否认，自由主义智库赞助了两个最著名的指数，所以我们不会对它们在度量中的某些偏见感到惊讶。尽管如此，学者和记者还是广泛地引用这些指数，有时甚至将它们纳入自己的指数，就好像它们客观地衡量了那种叫作"经济自由"的事物。决策者在评估政策选择时，通常也会参考这些指数。

例如，美国传统基金会经济自由度指数（The Heritage

---

[1] 弗里曼对弗雷泽研究所对劳动力规制的指数编制提出了批评。Richard B. Freeman, *America Works: Critical Thoughts on the Exceptional U. S. Labor Market.* New York: Russell Sage, 2007, pp. 8-13.

市场治理术：
政府如何让市场运作——

Foundation Index of Economic Freedom）主要关注四类指标：法治、有限政府、规制效率和开放市场。**法治**包括财产权和免于腐败。它对财产权的界定包括了以下要素：（1）政府对私有财产提供有保障的保护；（2）法院迅速有效地执行合同；（3）司法系统对侵占私人财产的行为采取惩罚性措施；（4）没有腐败或没收财产。因此，该指数在狭义上认识到了政府的积极作用。**有限政府**关注税收和支出，无论该支出在实践中是增加自由还是限制自由，均将其编码为负面因素。该指数的编制者承认，这一基准包括为保护财产权而进行的支出，其在法治类别下获得的是正面评分。因此，这种支出分别显示在经济自由分类账的正负两栏。**规制效率**可以分解为商业自由、劳动自由和货币自由，并将政府规制完全作为限制。因此，该指数遗漏了许多增强经济自由的规制，并将其他规制编码为负面因素。**开放市场**可以分解为贸易自由、投资自由和金融自由，政府规制再次被编码为负面因素。该指数甚至给予反垄断政策负面价值的评分，而事实上反垄断政策无疑可以增强市场和自由。① 弗雷泽研究所的世界经济自由指数（Fraser Institute's Economic Freedom of the World index）同样存在偏差，尽管它更关注稳健的货币政策，而较少关注国内规制。它关于国内规制的类别包括信贷市场规制、劳动力市场规制和商业规制，这些在评分时均被视为对自由的限制。②

即使较少偏袒性的研究文献也显示出它们在规制指数方面的一些偏见和遗漏。例如，世界银行的《营商环境报告》倾向于将政

---

① Heritage Foundation, *2016 Index of Economic Freedom: Promoting Economic Opportunity and Prosperity*. Washington, DC: Heritage Foundation, 2016.

② James Gwartney, Robert Lawson, and Joshua Hall, *Economic Freedom of the World: 2016 Annual Report*. Vancouver: Fraser Institute, 2016.

府规制列为阻碍营商的因素,而不是促进商业的积极力量。它的方法比传统基金会和弗雷泽研究所更为谨慎,包括了能够辨别出政府在支持商业方面的积极作用及其在制约企业方面的消极作用的衡量方法。例如,它为保护中小投资者和解决破产问题的政府规制赋予了正分数。尽管如此,该指数对于将政府规制作为营商便利性障碍的度量给予了最大权重。①

经合组织的产品市场规制指标(The OECD Product Market Regulation Indicators)对于限制和促进竞争的政府规制提供了更均衡的评估。经合组织完全按照以下方式来划分指标:一方面是竞争的规制性障碍,另一方面是反垄断政策。它还包括了对规制的能力、独立性和负责任性的评估。然而,即使是经合组织也过分关注政府规制在阻碍创业、贸易和投资以及作为商业的行政负担方面的作用。②尽管存在局限性,世界银行和经合组织的指数还是表明我们应该如何为经济自由或商业环境发展出更好的衡量方法。这些衡量方法需要判断政府规制是否有助于实现这些目标,并对政府规制和市场治理的积极作用赋予适当的权重。经济自由指数

---

① World Bank, *Doing Business 2017: Equal Opportunity for All*. Washington, DC: World Bank, 2017. 卡朋特和莫斯注意到,《营商环境报告》的作者发起该项目时明确表明其意图是推动"放松管制"从而减少新企业设立的障碍(Daniel Carpenter and David A. Moss, "Introduction." In *Preventing Regulatory Capture: Special Interest Influence and How to Limit It*, edited by D. Carpenter and D. Moss, New York: Cambridge University Press, 2013, p. 10)。Hoshi 和 Kashyap 利用这一指数来评估日本所采取的可能促进生产力增长的放松管制措施的进展情况。然而,他们在使用这一指数时过多关注阻碍生产力的规制,而过少关注促进生产力的规制(Takeo Hoshi and Anil Kashyap, "Why Did Japan Stop Growing?" National Institute for Research Advancement (NIR) Report, June, 2012)。

② Organisation for Economic Co-operation and Development, 2015. *Product Market Regulation Statistics*. http://www.oecd-ilibrary.org/economics/data/oecd-product-market-regulationstatistics_pmr-data-en.

应该对反垄断和促进竞争的规制赋予正分数,因为它们使创业家有更大的能力挑战老牌企业,并让消费者在产品和服务方面有了更多的选择。同样,市场治理指数应为有效的劳动力规制和金融监管赋予正分数。

## 七、政　策

作为对论点进行回顾的一种形式,让我们思考一下概念上的失误如何可能导致特定的政策错误。许多分析人士和评论者均通过政府与市场二分法的视角来评估经济政策问题。他们未能将阻碍竞争的政府行为与促进竞争的政府行为区分开来。他们专注于解除市场障碍,却忽略了那些创造、拓展和激发市场的政府行为的政策选择。他们低估了市场导向的政策选择的范围。此外,他们对政策选择进行评估时所参照的是自由市场的理想模型,而不是现实世界的市场。简而言之,他们对市场治理术的关注不够。

对市场的传统看法未能认识到划定市场界限的更为广泛的权力关系、私营部门惯例以及社会规范。政策行动不应该与想象中的自由市场相对照,而应该与现实世界中受到公共治理和私人治理的市场相对照。这意味着需要现实地评估现状的低效和不足。格里高利·曼昆(Gregory Mankiw)提出了一种非常不同的判断政策选择的方法:

> 经济学家应该确保应用"首先,不要造成伤害"原则。这一原则表明,当人们为了互利而自愿达成某一经济安排时,应该尊重这种安排……因此,当一项政策过于复杂、难以评估并

> 第五章 理论与实践中的市场治理术

破坏私人交易时，我们就有充分的理由对其持有怀疑态度。①

我所同意曼昆的是，决策者应该考虑政府行动的成本，无论是执行的后勤成本，还是阻碍竞争的动态成本。然而，我想要驳斥的是，他高估了市场交易的自愿性质，并且没有认识到政府不采取行动可能像政府的行动一样，构成某种损害，因为政府不采取行动可能导致对市场自由的私人限制更加牢固，或导致市场自由无法实现。

现在让我们通过第二至四章的一些例子来更具体地说明，对市场的制度特征的认识不足如何让政策制定者误入歧途。表 5.2 将这些例子分为概念性失误和政策错误两种类型，以说明两者如何相互关联。在英国电信的案例中，我们发现改革的设计者认为，一旦竞争站得住脚，就可以撤销那些促进竞争的规制。他们低估了通过持续规制来支持竞争的必要性。即使在今天，美国和日本的一些政策制定者也认为，不同电信板块之间的相互竞争（intermodal competition）将消除对电信业进行促进竞争的规制的必要性。②然而，过去 40 年的历史得出了相反的结论：即使技术改变了竞争的条件，老牌企业将继续从事反竞争的行为。传播技术的进步并没有消除规制的必要性，而是需要对规制体制进行持续不断的调整。

---

① Gregory Mankiw, *New York Times*, March 23, 2014, B4.
② 就美国而言，一位曾就职于联邦通信委员会的律师罗素·汉瑟认为，不同电信板块之间的相互竞争将会减少或消除政府强制要求开放其他提供商网络的必要性，因此政府对通信市场的进一步管理可能并不必要（Russell Hanser, 2008. "The Politics of Competition," book review article. *Federal Communications Law Journal* 60: 627-649, 646）。See also Paul W MacAvoy, *The Unsustainable Costs of Partial Deregulation*. New Haven, CT: Yale University Press, 2007, pp. 142-145. 日本的观点来自2014年5月对总务省官员的访谈。

表 5.2 概念性失误与政策失败：一些可能的关联

| 概念性失误 | 政策实例 |
|---|---|
| 高估了市场力量维持竞争的能力 | 英国、美国和日本的电信改革 |
| 假定规制会限制市场和自由 | 美国网络中立性的辩论 |
| 反垄断执法中过于谨慎（不采取行动） | 美国的微软案和谷歌案 |
| 假定更强大的产权能够支持市场和创新 | 美国对专利权的过度扩展和对版权的过度保护 |
| 模仿具体的政策，而未能从整体上审视市场治理 | 日本模仿硅谷的创新模式和促进信息革命的尝试 |
| 高估规制改革（"放松管制"）和其他市场改革的好处；与自由市场相比较来评估改革，而不是与私人治理的市场相比较 | 日本的规制改革、公司治理和劳动力市场改革 |
| 低估改革可能损害现有制度的可能性 | 日本的金融、公司治理和劳动力市场改革 |
| 鼓励市场激励而未能充分考虑其设计 | 美国鼓励股票期权的政策 |
| 假定金融自由化能够带来好处而未能进行有力的审慎监管 | 美国储贷危机，日本金融危机，美国金融危机 |
| 未能将"放松管制"当作市场设计来看待 | 美国的电力市场，尤其是加利福尼亚州的电力市场 |
| 低估了不规制金融衍生品的成本；误解了金融业各部门之间的关联；忽视了错位的激励机制；过于相信私营部门的治理 | 美国金融危机 |

在美国网络中立性的辩论中，联邦通信委员会主席未能在 2002 年将互联网通信归类为公用事业，认为竞争将足以保护消费者免受服务提供商的滥用行为影响，而不需要将其作为公共承运（common carriage）进行规制。随着辩论在 2014 年再次引人关注，一些共和党人认为这是一个政府与市场相对立的简单问题，导致他们将政府规制视为对自由的限制，而不是作为促进互联网使用和鼓励与互联网相关的初创企业发展的机制。参议员特德·克鲁兹（Ted Cruz）甚至宣称，网络中立性是"互联网领域的奥巴马医改"。一些共和党人最终认识到该问题的微妙之处——以及对网络中立立场的广泛支持——并修正了他们的立场。然而，许多人继续在政府与市场相对立的思维框架内进行辩论，并坚持尽量减少规

制，而不是制定最有效的规制措施来促进竞争和市场自由。①

在反垄断方面，美国的规制机构倾向于认为，在没有无可辩驳的相反证据的情况下，规模经济对消费者均是有利的。这导致他们在微软和谷歌案件中过于谨慎。采取行动的主张依赖于复杂的经济分析，但一些反垄断法专家认为，规制机构必须考虑采取主动行动以维持竞争，从而促进创新，因为创新对于信息技术行业极其重要。②

在知识产权方面，许多政策制定者将强大的专利和版权保护作为对财产权提供基本保护的要素，而保护财产权是"自由"市场的根基。这促成了将知识产权扩展到软件和商业方法等新领域，以及在时间层面加强和扩展对知识产权的保护。但是，这种观点导致政策制定者未能认识到，过度的保护反而会阻碍创新——这一知识产权保护的关键目标——并会限制知识的传播。

美国和日本信息革命的案例说明了市场治理的整体性特征。硅谷模式不仅仅是政府政策的产物，而是一个整合了广泛的国家和地方政策、大学、风险投资公司、人际网络、独特的商业惯例和社会规范的创新生态系统。因此，日本政府试图找出支持这一模式的特定政策并加以模仿，这种尝试是注定要失败的，因为它无法复制更广泛的生态系统。

同样，日本规制改革和其他新自由主义改革的倡导者高估了这些措施的效率，因为他们孤立地看待这些措施，而不是更深入地评估政策变革如何与私营部门的惯例和规范相互作用。在规制改革（"放松管制"）的情况下，政府改革倾向于向私营部门的替代方案让步，如通过行业协会的合谋。如第四章所述，统计分析未能

---

① *New York Times*, January 22, 2015, B3, and February 25, 2015, A1.
② Daniel L. Rubinfeld, 1998. "Antitrust Enforcement in Dynamic Network Industries." *The Antitrust Bulletin* 43: 869.

显示规制改革带来了预期的生产率提升。

改革的倡导者还高估了日本在其他领域的改革所带来的好处，例如公司治理和劳动力改革，因为他们没有看到这些改革如何被公司战略所筛选。为了回应政策改革，日本公司只是有选择性地调整了做法，适应了市场条件，而没有破坏有价值的制度，包括与员工、银行和其他商业伙伴之间的关系。例如，它们接受了分拆和并购等公司重组的新选择，但对引入美国式的董事会委员会或外部董事则更为谨慎。同样，它们欢迎将二元结构的劳动制度扩展到新的灵活的劳动力——中介临时工（agency temps），但它们在采取基于绩效的薪酬制度或向更灵活的人力资源管理模式转型方面更加有选择性。①

日本的规制机构也低估了改革可能破坏现有制度优势的程度。它们对于某些制度的改革是正确的，例如基于系统的性别歧视的劳资关系制度和容忍公司之间相互勾结的反垄断制度。尽管如此，政府和企业的改革可能破坏了政企合作、劳资合作等有价值的惯例，并可能加剧了经济不平等，危害到社会团结，并削弱了消费者的信心。②

在美国，最初支持股票期权的观点推定股票期权会将经理人的激励与股东的激励连接起来。然而，支持者未能理解股票期权可能产生不当的激励。股票期权给了管理者更大的能力提高自己薪酬，而无须接受股东的密切监督；同时让管理者有动力追求公司收入最大化从而更好地变现期权，而不是为股东的长期利益服务。

---

① 对这些公司战略的进一步详细讨论，参见沃格尔的论述。Steven K. Vogel, *Japan Remodeled*: *How Government and Industry Are Reforming Japanese Capitalism*. Ithaca, NY: Cornell University Press, 2006, pp. 115-204.

② 例如，Kagono 认为日本的金融和会计改革破坏了管理层—劳动者关系、公司文化和国际竞争力。Tadao Kagono, Keiei wa dare no mono ka [Who Controls Management?]. Tokyo: Nihon Keizai Shimbun, 2014.

## 第五章　理论与实践中的市场治理术

管理者会因股价的提升而受到奖励，却不会因为从长期来看损害了股东的价值而受到惩罚。股票期权提供了一个政府不采取行动导致扭曲市场激励和破坏竞争的贴切例子，因为美国政府（在2004年之前）不要求公司将股票期权计入成本，相当于给予公司监管补贴，并鼓励公司更多地利用股票期权。[①]从本质上讲，引入市场激励的措施并不必然都是有益的，激励必须被正确地运用。

同样，本书中所讨论的各种金融危机——20世纪80年代的美国储贷危机、20世纪90年代的日本金融危机以及2008年的全球金融危机——都有一个共同主题，即市场设计失败。多项市场改革的结合加剧了竞争并给了金融机构更多承担风险的自由，却没有相应的补充措施来加强规制和控制风险，最终助长了这些危机。加利福尼亚州的电力案例也涉及市场设计的失败：一方面，促进竞争的改革未能充分考虑不同细分市场之间的相互作用；另一方面，市场波动的潜在可能性导致了系统的不稳定。

美国金融危机代表了政策失败的极端案例，因为期间发生了数量众多的政策失败并具有巨大的现实影响。一方面，市场治理的众多不同方面一起导致了危机，而这一事件的技术细节如此复杂，以至于很难理清各因素之间的因果关系。另一方面，本书中介绍的研究框架对某些关键错误的基本逻辑提供了一些见解。事实上，我认为，如果对市场设计给予更多关注的话——正如很多专家在危机之前所主张的——那么很多差错本可以避免。例如，我在第三章指出，监管当局在20世纪90年代后期选择不对衍生品进行规制，部分原因是某些政府官员认为他们没有法律权限来规制这些产品。但是，他们也将衍生品视为成熟投资者的孤立市场内部的产品。

---

[①] Nicolas Véron, Mattieu Autret, and Alfred Galichon, *Smoke & Mirrors, Inc.: Accounting for Capitalism*, translated by George Holoch. Ithaca, NY: Cornell University Press, 2006, p. 160.

市场治理术：
政府如何让市场运作——

他们低估了该行业中某一部门的风险可能溢出机构界限的程度。监管当局也未能理解美国抵押贷款支持证券市场在多大程度上受到错位的激励措施的影响。[1]他们对私营部门的自我规制和私营部门的中介机构（如信用评级机构和金融分析师）过于信任。正如我们在第三章提及的格林斯潘的证词中看到的，他们对私人金融机构保护自己股东的能力过于信任。

这里提出的观点对危机后的改革也具有启示意义。例如，它表明政府应该进一步提高准备金要求以促进稳定性，而金融稳定监督委员会正是"多德-弗兰克"改革中一项特别重要的内容，因为它优先考虑对风险的整体评估并将这种风险的监控制度化。它强调了沿着《格拉斯-斯蒂格尔法案》（Glass-Steagall Act）的思路采取结构性解决方案的必要性，该法案将联邦保险的存款机构与美国投资银行的高风险活动隔离开来。

总之，我们必须努力消除导致政策失败的分析失误。最关键的是，这意味着应该将政府的任何政策选择与现实世界的现状相比较，而不是与理想化的自由市场相比较。它建议审慎地将促进市场的政策措施与削弱市场的政策措施区分开来，并评估规制变化会如何随着时间的推移改变市场动态。这意味着要理解各种政府规制和私营部门惯例之间的相互联系。本书的论点强调，政策制定者应该评估谁在实际治理着市场，以何种方式进行治理，以及对谁更有利——而不是将这一问题简化为是否要干预被假定为自发运作的市场这样一个选择题。

质言之，政府规制会产生巨大的成本；规制可能会限制市场；政府过多的繁文缛节（red tape）是真正的问题所在。我并不是说

---

[1] Neil Fligstein and Alexander Roehrkasse, 2016. "The Causes of Fraud in the Financial Crisis of 2007 to 2009: Evidence from the Mortgage-Backed Securities Industry." *American Sociological Review* 81: 617-643.

规制总是有益的，或者说规制越多越好。我的主张是，政府规制应该与没有该规制时的现实世界的市场治理进行比较和评判，充分考虑该市场本身的不公平、扭曲和成本。我认为，更好的分析将为更好的市场治理提供起点，并将对进步主义者和市场自由主义者均有助益。

## 八、对进步主义者的教训

本研究对进步主义者的核心教训是，由于市场总是受到治理的，因此，政府应积极努力地改善这种治理。政府有必要建立和维持市场，这一观点削弱了市场自由主义者反对政府的观点，并有助于为构建政府在经济中发挥积极作用的论证提供逻辑内核。它暴露了传统自由主义主张更少的政府和更多的市场这一观点的矛盾，因为如果没有政府的话，根本无法赋予市场权力。自由主义者可能会质疑政府在社会性规制或福利政策中的作用，但他们不可能反对政府在培育市场中的作用，同时又不损害他们捍卫市场的主张。

对于进步主义者而言，对市场自由主义论点的粗糙版本的削弱，将成为在市场治理术的其他领域更广泛地主张积极政府的一个切入点。如果有多种设计市场的方案，并且某一种方案并不显然地比另一种更有效率，那么政府在选择方案时就可以合理地考虑效率以外的目标。例如，政府可能会通过构建市场促进技术创新、节约资源，甚至限制大企业的政治力量。如果市场既不是天生的，也不是中立的，那么进步主义者对于"市场结果反映市场价值"的论点就可予以强有力的反驳。他们可以反驳说，应该由民主过程而不是由市场结果来决定什么是社会所珍视的价值，市场结果只不过是恰巧以某种有利于某些利益集团的特定方式所治理的市场所产生的结果。如果进步主义者可以证明市场是由反映政治选择的制度所构成的，那么他们就有充分理由来主张可以作出不同的选择。

如前所述，进步主义者也可能会强调，政府行动在现实世界中的替代方案不是完美的市场，而是被私营部门的低效、欺诈以及权力和资源不均衡所玷污的市场。因此，敏锐的进步主义者会希望全面评估现实世界中市场的公共与私人治理，以识别其低效和权力不均衡，并提出纠正它们的方法。进步主义者可能会主张，重新设计市场治理以促进社会目标的实现是完全合适的，包括实现更大的机会平等和更公平的财富分配。也就是说，市场治理可以得到改善，从而通过促进机会平等的市场治理来实现更大的经济平等，而不是通过再分配。

这在实践中的表现如何？具有讽刺意味的是，第一步将需要一个进步主义版本的"放松管制"：剔除市场治理中那些有利于有权势者和富人的具体内容，因其破坏了机会均等和经济平等。例如，政府可以限制那些向上分配的市场治理，例如保护老牌企业、增加高管收入或剥夺工人权力的规制。开明的进步主义者和市场自由主义者应该能够就这些措施达成一致。

市场治理术为进步主义者提供了一个包括了各种政策选择的工具箱，而不仅仅包括常规的再分配政策。例如，美国的进步主义者可能会提议改善劳动者在公司内部的代表性，并加强劳动者与雇主讨价还价的能力。他们可能会主张通过改革，将第三章所述的不正常的股东至上主义模式转变为更加平衡的让股东、员工和商业伙伴回报最大化的模式。这可能意味着修改公司法以扩大经理人的受信义务，或要求公司将员工代表等利益相关者任命为董事会成员。进步主义者可以通过改变劳动法律与惯例来促进工会的组建和扩张，从而实现雇主与雇员之间的权力平衡。他们还可以采取措施来限制经济金融化（financialization），例如征收金融交易税。①

有些讽刺的是，这些改革意味着美国需要有选择地向日本的方向发展。我当然不是提议让美国尝试大规模地转换为日本模式。这既不可行，也不可取，而且这样的提议与我自己关于市场体系中不同要素之间存在互补性的论点相矛盾。然而，将公司治理朝着利益相关者模式转变将意味着部分转向日本模式。美国政府、行业和个人可以努力培育能够提供更平等机会和更卓越经济表现的市场治理术。

虽然市场自由主义者可能过于机械地反对政府，但一些进步主义者也会轻易地忽视政策问题的市场解决方案。如果进步主义者将市场视为一种手段而不是目的，那么他们应该乐于将市场设计作为一种强有力的机制来实现他们在一系列问题上的目标。这也是一种经验老道的政治策略，因为如果他们不拒绝市场化的解决方案，并且如果他们对于解决方案的成本敏感的话，他们更有可能打造获胜联盟（winning coalitions）。然而，更重要的是，进步主义者应该希望以尽可能最有效率的方式实现其政策目标，例如在给定的成本水平下进行最大程度的环境保护。也许他们不应设法去驯服市场，而应引导市场为公共利益服务。

## 九、对市场自由主义者的教训

本研究对市场自由主义者的教训是，如果人们欣赏市场的魔

---

① 包括斯蒂格利茨和贝克在内的论者均主张沿着这一思路进行改革。Joseph Stiglitz, *Rewriting the Rules of the American Economy: An Agenda for Growth and Shared Prosperity*. New York: W. W. Norton, 2016; Dean Baker, *Rigged: How Globalization and the Rules of the Modern Economy Were Structured to Make the Rich Richer*. Washington, DC: Center for Economic and Policy Research, 2016.

## 市场治理术：
### 政府如何让市场运作

力，那么就应该希望市场得到良好的治理。这一观点挑战了一个过于简单化的观点，即市场胜于政府。"自由市场"的预设是一种不充分的简略表达方式，它掩盖了让市场蓬勃发展所真正需要的东西，以及最有利于创业家、公司和经济的东西。然而，本书的论点与更成熟的市场自由主义立场是一致的：在理解市场治理的必要性和复杂性的基础上采取支持市场的立场。成熟的市场自由主义者应该欢迎那些能够促进更广泛、更深入、更具竞争力的市场的治理。他们不应该追求"自由的"市场，而是希望市场能够实现最优设计以促进竞争和经济自由。要采取这一立场，他们必须承担以下艰巨任务，即弄清楚支持市场（pro-market）的治理体制的真正内涵，并具体阐明支持这一治理体制的必要政策和制度。他们必须判断如何设计市场才能给相关参与主体提供正确的激励。他们必须认识到经济自由意味着赋予市场权力和扩大市场机会，而不仅仅是解除限制。① 从本质上讲，他们必须认识到，良好的治理而不是"自由市场"才能够最好地促进经济自由。

实际上，如前所述，市场自由主义者应该抨击的是那些偏袒有权势者和富人的规制。他们可以质疑企业在劳动力市场上行使买方垄断权的能力（例如，通过竞业禁止条款），或者，保护老牌企业而不是维持安全或质量标准的专业许可要求。他们可以提倡更积极的反垄断执法或网络中立性规制，从而为初创企业提供更多挑战老牌企业的机会。他们可以要求更有限的专利和版权保护，从而促进竞争、创新和思想的传播。他们可以寻求更简单、更少

---

① 麦克米兰、拉詹和津加莱斯、希勒均提供了成熟的市场自由主义立场的例子。John McMillan, *Reinventing the Bazaar: A Natural History of Markets*. New York: W. W. Norton, 2002; Raghuram G. Rajan and Luigi Zingales, *Saving Capitalism from the Capitalists*. Princeton, NJ: Princeton University Press, 2003; Robert Shiller, *Finance and the Good Society*. Princeton, NJ: Princeton University Press, 2012.

侵扰性但仍然能够确保金融市场健全的金融监管方式，例如更高的准备金要求，或者在联邦保险的存款金融机构与从事高风险投资活动的金融机构之间建立防火墙。

即使仅仅作为那些从"自由市场"中获益者谋取私利的意识形态，粗糙的市场自由主义立场也是站不住脚的，无论我们将获益者界定为资产阶级还是范围更窄的小团体，如华尔街的投资银行家。人们可能会嘲笑一些因为自己特定形式的错误观念而遭受损失的资本家：他们拥护一种自由放任并最终会破坏市场经济的信条。[①]市场自由主义者应该提倡将更好的市场治理作为一种政治策略，因为市场失灵、金融危机和不断加剧的经济不平等均是那些想要遏制市场的人的借口——正如英国"脱欧"投票和唐纳德·特朗普在2016年总统大选中的胜出所显示的那样。

市场自由主义者和进步主义者应该能够达成的共识是，市场应该得到良好的治理。然而，由于意识形态偏见的遮蔽和党派竞争，在金融监管或网络中立性等问题上，尽管他们的核心目标大体一致，但在具体问题上却争论不休。他们都应该将更强的国家能力和独立于特殊利益群体的自主权作为良好市场治理的先决条件。然后，他们可以将党派之争的怒火发泄到社会性规制和福利政策等其他领域。

## 十、市场治理与公共福利

本书主要研究市场治理，而非社会性规制或福利政策。这一定位主要出于分析的目的，因为我试图证明现代市场本身需要良好

---

[①] John McMillan, *Reinventing the Bazaar: A Natural History of Markets*. New York: W. W. Norton, 2002, p. 226.

市场治理术：
政府如何让市场运作——

的治理。政府当然需要规制市场以保护人民与自然，并援助那些贫困的人——但那些是另一本书的主题了。然而，将市场治理与社会性规制和福利政策区分进行分析的时候，会忽视一个关键点：市场治理本身具有重大的福利影响。它影响着经济和社会绩效的各个方面：经济增长、技术创新、经济机会、经济安全、财富分配、环境保护、健康、安全，等等。此外，市场治理术的领域已经成为政府工作的一部分，也是政府促进或破坏人民福祉的核心要素。经济体系中一些增长最快的部门——信息技术、金融业以及更广泛的服务业——也是受市场治理术影响最大的部门。① 与此同时，市场治理术议题中的一些核心项目——金融监管、电信改革和知识产权——也位列当今最重要的经济政策问题之中。

最后，让我们简要回顾一下市场治理术对公共福利的一些影响。很难确定市场治理的特定方面会对福利的特定维度产生负面还是正面影响，更不用说精确地测量这一影响了。尽管如此，本书讨论的案例还是提供了一些初步证据。例如，第三章表明，美国的市场治理塑造了一场信息技术革命，扩展了人类的能力并创造了巨大的财富。美国电话电报公司的分拆在电信行业引起了竞争，降低了信息传播成本，推动了创新，并以小贝尔公司（Baby Bells）的形式创造了一类新的积极的信息技术用户，从而加速了信

---

① 例如，在美国受市场治理术影响最大的那些行业自1980年到2016年的增长最多：专业和商业服务占总产出的比值从4.7%增长至12.4%；房地产和租赁业从6.9%增长至13.3%；教育服务、卫生保健和社会救助从3.8%增长至8.5%；金融和保险业从4.1%增长至7.3%；信息产业从3.3%增长至4.8%。Department of Commerce, Bureau of Economic Analysis, 2017. "GDP-By-Industry Data." https://www.bea.gov/industry/gdpbyind_data.htm.

## 第五章　理论与实践中的市场治理术

息技术革命。[①]同样,第四章回顾了日本对劳动力市场、金融市场和产品市场的独特治理方式如何推动了战后时代的经济"奇迹"。

与之形成对比的是,起源于美国的全球金融危机则提供了市场治理术出现失误的极端例子。与日本一样,美国的金融改革也为大规模危机奠定了基础。这就提出了一个问题,即金融改革所带来的效率优势是否足以正当化其所带来的更可能导致危机的脆弱性。金融改革可以刺激创新,提供更有效的资源配置和更好的风险管理,但它也可能便利市场操纵,破坏市场信心,增加市场波动,并引发金融危机。[②]然而,效率与稳定性之间并非纯粹的零和关系:更好的规制可以产生更好的平衡。

金融改革和公司治理改革也加剧了美国、日本和其他先进工业经济体的金融化和经济不平等。经济不平等不仅仅是因为政府未能更积极地**再分配**(redistribute)资源,还因为市场治理首先就在

---

[①] 很多研究评估了信息技术革命对生产力和经济增长的贡献(e. g., Robert D. Atkinson and Luke A. Stewart, "Just the Facts: The Economic Benefits of Information and Communications Technology." Washington, DC: The Information Technology & Innovation Foundation, 2013);有观点认为,信息技术革命还带来了社会效益,包括改善了教育、医疗保健、环境保护和公共安全(Robert D. Atkinson and Daniel D. Castro, "Digital Quality of Life: Understanding the Personal and Social Benefits of the Information Technology Revolution." Washington, DC: The Information Technology & Innovation Foundation, 2008)。

[②] 拉詹和津加莱斯以及希勒分别对金融部门对公共福利的总体贡献进行了积极评估(Raghuram G. Rajan and Luigi Zingales, *Saving Capitalism from the Capitalists*. Princeton, NJ: Princeton University Press, 2003, pp. 25-125; Robert Shiller, *Finance and the Good Society*. Princeton, NJ: Princeton University Press, 2012)。斯蒂格利茨发现,最鼎盛的金融创新时期与经济增长放缓、经济动荡加剧以及实体经济中的青年人才向金融业流动呈正相关关系(Joseph E. Stiglitz, "Tapping the Brakes: Are Less Active Markets Safer and Better for the Economy?" Presentation at the Federal Reserve Bank of Atlanta Financial Markets Conference, Atlanta, Georgia, April 15, 2014)。

不均衡地分配（distribute）资源。Shi-Ling Hsu 认为，美国的法律规则和制度增加了经济不平等，因为其内在倾向是增加资本回报率，而不是有利于所有人的经济增长。Hsu 引用了几个具体的例子来说明这一点：金融监管自然在其列，此外，还有石油和天然气补贴、祖父条款（grandfathering，对老牌企业的规制予以减轻）以及电力公用企业的规制。①

过于积极的反垄断政策可能会阻碍公司实现规模经济从而减少消费者福利，但过于谨慎的反垄断政策则可能因限制了竞争而减少消费者福利。充满活力的竞争已被证明具有广泛的福利效应，包括更高的增长、生产力、创新、经济平等和更多机会。在美国，许多行业的市场集中度在过去几十年逐渐增加，例如航空业就随着反垄断执法在 1980 年以后的减弱而趋于集中。新兴的信息技术产业特别容易受到网络效应影响。这些行业的市场支配力也转化为政治影响力的集中。在日本，较弱的反垄断执法允许某些协作行为并支持了战后模式，但政府自 1990 年以来促进竞争的努力并未从根本上改变该国的产业结构。

特定行业的规制改革具有截然不同的福利影响，取决于具体的行业和特定的市场设计。电信业改革取得了最为明显的成功，因为它大幅降低了价格并刺激了创新。美国的电信业改革很早就开始，但近年来该行业的竞争已停滞不前，与其他发达经济体相比，其宽带费率更高而接入率更低。日本的起步虽晚，但其促进竞争的规制已经取得了明显的效果，宽带费率更低而接入率更高。美国的电力市场已经取得了效率优势，但也更容易出现危机，例如 2000—2001 年灾难性的"加利福尼亚危机"。奥尼尔（O'Neill）和

---

① Shi-Ling Hsu, 2015. "The Rise and Rise of the One Percent: Considering Legal Causes of Wealth Inequality." *Emory Law Journal Online* 64: 2043-2072.

## 第五章 理论与实践中的市场治理术

赫尔曼（Helman）判断，**如果**政府能够创设出适当的市场设计，电力市场的收益将超过成本。①

正如第二章所强调的那样，知识产权在塑造信息时代的市场动态方面发挥着越来越重要的作用。它可以为发明者提供强大的创新动力。②然而，学者们越来越认识到，美国的知识产权体制存在过度保护的问题，从而减少了创新，阻碍了传播信息，并限制公众获得新技术的某些益处。专利可能限制创新，因为它可能导致创业者利用前人工作基础的成本过高或程序过于烦琐。③在第三章中，我们已经发现"专利丛林"阻碍了企业在既有专利的基础上进行创新，而"专利蟑螂"的广泛存在则限制了创新并损害了消费者的福利。此外，美国的版权制度也越来越多地阻碍了数字时代的知识传播。④

从本质上讲，市场治理术既可能提供关键的公共产品，如信息

---

① Richard O'Neill and Udi Helman, "Regulatory Reform of the U.S. Wholesale Electricity Markets." In *Creating Competitive Markets: The Politics of Regulatory Reform*, edited by Mark K. Landy, Martin A. Levin, and Martin Shapiro, 128-156. Washington, DC: Brookings Institution Press, 2007.

② Mark A. Martinez, *The Myth of the Free Market: The Role of the State in a Capitalist Economy*. Sterling, VA: Kumarian Press, 2009; Keith Maskus and Christine McDaniel, 1999. "Impacts of the Japanese Patent System on Productivity Growth." *Japan and the World Economy* 11: 557-574; Yee Kyoung Kim, Keun Lee, Walter Park, and Kineung Choo, 2012. "Appropriate Intellectual Property Protection and Economic Growth in Countries at Different Levels of Development." *Research Policy* 41: 358-375.

③ Robert P. Merges and Richard R. Nelson, 1990. "On the Complex Economics of Patent Scope." *Columbia Law Review* 90: 839-916; Michael A. Heller and Rebecca S. Eisenberg, 1998. "Can Patents Deter Innovation? The Anticommons in Biomedical Research." *Science* 280: 698-701.

④ Pamela Samuelson, 2007. "Preliminary Thoughts on Copyright Reform." *Utah Law Review* 2007: 551-571; Pamela Samuelson, 2013. "Book Review: Is Copyright Reform Possible?" *Harvard Law Review* 126: 740-779.

市场治理术：
政府如何让市场运作 ——

技术革命的例子，也可能导致猖獗的寻租活动，如金融危机的例子。市场治理术既可能是开明的产业政策，也可能是有政治动机的保护主义。我们可以通过市场设计更公平地分配收益，而不是像今天的美国这样，将租金不成比例地分配给最富有的阶层。我们可以通过对金融市场的设计来减少给予中介机构的租金，为储户提供更多回报，并减少对整个社会造成的不稳定。我们可以通过对市场的精心安排，以促进实践中的机会平等，而不仅是口头上的机会平等。我们可以改革知识产权保护体制，以促进更大的创新和更广泛的知识传播。通过认识到自由放任不太可能让许多行业产生竞争性市场，我们可以更加持续和有效地促进竞争。

在本书中，我首先论证了"自由市场"的语言和表达方式如何削弱了学术分析和政策处方。市场是被精心设计出来的，因此如果假装它们只不过是从个人自由选择中产生的自发秩序形式的话，那将会模糊这些选择背后的政策决定，无论这些决定是否得到承认和理解。市场应该被视为手段，而不是目标本身，目标应该通过民主过程来确定，而不是通过将选择"留给"市场本身的方式来确定。我还论证了政府与市场相对立的表达方式将会导致政策错误，而对市场治理术的更多关注将会产生更好的政策结果，对于上述主张我均提供了支持的具体例子。我的这一概念框架可以用来在进一步的研究中发展出更详细的政策处方。

市场治理术涉及巨大的利害关系。本书强调，政府、公司和个人使市场得以正常运作。"自由市场"的神话掩盖了我们基于自己的目的而去设计市场的能动性。我们可以设计出更好的市场，但要做到这一点，我们必须认识到市场是人类的构建物，而不是在没有治理的情况下就能够蓬勃发展的自然现象。我们并非只有以下两种选择：要么对市场放手不管，任由市场充斥着权力的不平衡、低效率和欺诈，要么通过规制将市场扼杀。我们可以通过设计治理方案，赋予市场权力并让其朝着有利于公共利益的方向发展。政府在市场设计中起着核心作用，因此我们希望它们能够实际发挥这种作用。这需要深刻地理解政府和私营部门的各类制度影响市场表现的多种方式。然而，如果我们假装市场能够自我管理，我们就放弃了为发达经济体的复杂问题寻求答案的分析能力。

# 参考文献...

Akerlof, George A., and Robert J. Shiller. 2015. *Phishing for Phools: The Economics of Manipulation and Deception*. Princeton, NJ: Princeton University Press.

Alt, James, Jeffrey Frieden, Michael Gilligan, Dani Rodrik, and Ronald Rogowski. 1996. "The Political Economy of International Trade: Enduring Puzzles and an Agenda for Inquiry." *Comparative Political Studies* 29: 689-717.

American Chamber of Commerce in Japan. 2008. "Improve Shareholder Voting Access and Disclosure to Enhance Corporate Governance and Boost the Credibility of Japan's Public Markets." Tokyo: American Chamber of Commerce in Japan.

Ammori, Marvin. 2014. "The Case for Net Neutrality." *Foreign Affairs* 93/4: 62-73.

Anchordoguy, Marie. 2005. *Reprogramming Japan: The High Tech Crisis under Communitarian Capitalism*. Ithaca, NY: Cornell University Press.

Antitrust Source. 2012. "Interview with Howard Shelanksi, Director, Fair Trade Commission Bureau of Economics." *The Antitrust Source*, December: 1-13.

Aoki, Masahiko. 1988. *Information, Incentives, and Bargaining in the Japanese Economy*. New York: Cambridge University Press.

Aoki, Masahiko. 1994. "The Japanese Firm as a System of Attributes: A Survey and Research Agenda." In *The Japanese Firm: Sources of Competitive*

Strength, edited by Masahiko Aoki and Ronald Dore, 11-40. Oxford: Oxford University Press.

Arora, Ashish, Lee G. Branstetter, and Matej Drev. 2010. "Going Soft: How the Rise of Software-Based Innovation Led to the Decline of Japan's IT Industry and the Resurgence of Silicon Valley." National Bureau of Economic Research Working Paper 16156, July.

Asian Corporate Governance Association. 2008. "ACGA White Paper on Corporate Governance in Japan." Hong Kong: Asian Corporate Governance Association.

Atkinson, Robert D., and Daniel D. Castro. 2008. "Digital Quality of Life: Understanding the Personal and Social Benefits of the Information Technology Revolution." Washington, DC: The Information Technology & Innovation Foundation.

Atkinson, Robert D., and Luke A. Stewart. 2013. "Just the Facts: The Economic Benefits of Information and Communications Technology." Washington, DC: The Information Technology & Innovation Foundation.

Axelrod, Robert, and Robert Keohane. 1985. "Achieving Cooperation under Anarchy: Strategies and Institutions." *World Politics* 38: 226-254.

Azfar, Omar, and Charles A. Cadwell, eds. 2003. *Market-Augmenting Government: The Institutional Foundations of Prosperity*. Ann Arbor: University of Michigan Press.

Baily, Martin Neil, and Aaron David Klein. 2014. "The Impact of the Dodd-Frank Act on Financial Stability and Economic Growth." Presentation at the University of Michigan Center on Finance, Law and Policy, Financial Reform Conference, October 24.

Bakan, Joel. 2004. *The Corporation: The Pathological Pursuit of Profit and Power*. New York: Free Press.

Baker, Dean. 2004. "Bush's House of Cards." *The Nation*, August 9, https://www.thenation.com/article/bushs-house-cards/.

Baker, Dean. 2016. *Rigged: How Globalization and the Rules of the Modern Economy Were Structured to Make the Rich Richer*. Washington, DC: Center for Economic and Policy Research.

Balleisen, Edward J., and David A. Moss, eds. 2010. *Government and Markets: Toward a New Theory of Regulation*. New York: Cambridge University Press.

Bar, François. 2001. "The Construction of Marketplace Architecture." In *Tracking a Transformation: E-commerce and the Terms of Competition in Industries*, edited by The BRIEIGCC E-conomy Project Task Force on the Internet, 7-28. Washington, DC: Brookings Institution Press.

Barma, Naazneen H., and Steven K. Vogel. 2008. "Introduction." In *The Political Economy Reader: Markets as Institutions*, edited by N. Barma and S. Vogel, 1-18. New York: Routledge.

Baumol, William J., Alan S. Blinder, and Edward N. Wolff. 2003. *Downsizing in America: Reality, Causes, and Consequences*. New York: Russell Sage Foundation.

Bebchuk, Lucian A., and Jesse Fried. 2004. *Pay without Performance: The Unfulfilled Promise of Executive Compensation*. Cambridge, MA: Harvard University Press.

Belloc, Filippo. 2012. "Corporate Governance and Innovation: A Survey." *Journal of Economic Surveys* 26: 835-864.

Benes, Nicholas. 2016. "*Japanese Corporate Governance at the Tipping Point*." Tokyo: The Board Director Training Institute of Japan.

Bergman, Mats A., Malcolm B. Coate, Maria Jakobsson, and Shawn W. Ulrick. 2010. "Atlantic Divide or Gulf Stream Convergence: Merger Policies in the European Union and the United States." Manuscript.

Bernstein, Marver H. 1955. *Regulating Business by Independent Commission*. Westport, CT: Greenwood Press.

Bevir, Mark. 2013. *A Theory of Governance*. Berkeley and Los Angeles:

University of California Press.

Bhagat, Sanjai, and Bernard Black. 2002. "The Non-Correlation between Board Independence and Long-Term Firm Performance." *Journal of Corporation Law* 27: 231-273.

Biggart, Nicole W., ed. 2002. *Readings in Economic Sociology*. Oxford: Blackwell.

Black, Bernard S. 2001. "The Legal and Institutional Preconditions for Strong Securities Markets." *UCLA Law Review* 48: 781-855.

Black, Bernard S., and Ronald J. Gilson. 1998. "Venture Capital and the Structure of Capital Markets: Banks versus Stock Markets." *Journal of Financial Economics* 47: 243-277.

Block, Fred. 2007. "Understanding the Diverging Trajectories of the United States and Western Europe: A Neo-Polanyian Analysis." *Politics & Society* 35: 3-33.

Block, Fred, and Margaret R. Somers. 2014. *The Power of Market Fundamentalism: Karl Polanyi's Critique*. Cambridge, MA: Harvard University Press.

Bork, Robert. 1978. *The Antitrust Paradox: A Policy at War with Itself*. New York: Basic Books.

Borrus, Michael. 1988. *Competing for Control: America's Stake in Microelectronics*. New York: Harper and Row.

Borrus, Michael, and John Zysman. 1997. "Globalization with Borders: The Rise of Wintelism as the Future of Industrial Competition." *Industry and Innovation* 4: 141-166.

Boyer, Robert, and Yves Saillard, eds. 2002. *Régulation Theory: The State of the Art*. Translated by Carolyn Shread. New York: Routledge.

Bradshaw, Mark T., and Richard G. Sloan. 2002. "GAAP versus the Street: An Empirical Assessment of Two Alternative Definitions of Earnings." *Journal of Accounting Research* 40: 41-66.

Braithwaite, John. 2008. *Regulatory Capitalism: How It Works, Ideas for Making It Work Better.* Cheltenham, UK: Edward Elgar.

Breznitz, Dan, and John Zysman, eds. 2013. *The Third Globalization: Can Wealthy Nations Stay Rich in the Twenty-First Century?* New York: Oxford University Press.

Bronfenbrenner, Kate. 2009. "No Holds Barred: The Intensification of Employer Opposition to Organizing." Washington, DC: Economic Policy Institute.

Buccirossi, Paolo, Lorenzo Ciari, Tomaso Duso, Giancarlo Spagnolo, and Cristiana Vitale. 2013. "Competition Policy and Productivity Growth: An Empirical Assessment." *Review of Economics and Statistics* 95: 1324-1336.

Buchanan, John, Dominic Heesang Chai, and Simon Deakin. 2012. *Hedge Fund Activism in Japan: The Limits of Shareholder Primacy.* New York: Cambridge University Press.

Budros, Art. 1997. "The New Capitalism and Organizational Rationality: The Adoption of Downsizing Programs, 1979-1994." *Social Forces* 76: 229-249.

Budros, Art. 1999. "A Conceptual Framework for Analyzing Why Organizations Downsize." *Organization Science* 10: 69-82.

Büthe, Tim, and Walter Mattli. 2011. *The New Global Rulers: The Privatization of Regulation in the World Economy.* Princeton, NJ: Princeton University Press.

Callaghan, Helen. 2015. "Who Cares about Financialization? Self-Reinforcing Feedback, Issue Salience, and Increasing Acquiescence to Market-Enabling Takeover Rules." *Socio-Economic Review* 13: 331-50.

Campbell, John L. 2010. "Neoliberalism in Crisis: Regulatory Roots of the U. S. Financial Meltdown." In *Markets on Trial: The Economic Sociology of the U. S. Financial Crisis*, edited by Michael Lounsbury and Paul M. Hirsch, 367-403. Bingley, UK: Emerald Group.

Campbell, John L., J. Rogers Hollingsworth, and Leon Lindberg, eds. 1991. *Governance of the American Economy.* New York: Cambridge University

Press.

Carney, John. 2012. "The SEC Rule That Broke Wall Street." CNBC, March 21, https://www.cnbc.com/id/46808453.

Carpenter, Daniel. 2010. "Confidence Games: How Does Regulation Constitute Markets?" In *Governments and Markets: Toward a New Theory of Regulation*, edited by Edward J. Balleisen and David A. Moss, 164-190. New York: Cambridge University Press.

Carpenter, Daniel, and David A. Moss. 2013. "Introduction." In *Preventing Regulatory Capture: Special Interest Influence and How to Limit It*, edited by D. Carpenter and D. Moss, 1-22. New York: Cambridge University Press.

Carpenter, Daniel, and David A. Moss, eds. 2013. *Preventing Regulatory Capture: Special Interest Influence and How to Limit It*. New York: Cambridge University Press.

Cassidy, John. 2013. "Ronald Coase and the Misuse of Economics." *The New Yorker*, September 3, https://www.newyorker.com/news/john-cassidy/ronald-coase-and-themisuse-of-economics.

Chaudhry, Kiren. 1993. "The Myths of the Market and the Common History of Late Developers." *Politics and Society* 21: 245-274.

Ciepley, David. 2013. "Beyond Public and Private: Toward a Political Theory of the Corporation." *American Political Science Review* 107: 139-158.

Cioffi, John W. 2004. "The State of the Corporation: State Power, Politics, Policymaking and Corporate Governance in the United States, Germany, and France." In *Transatlantic Policymaking in an Age of Austerity*, edited by Martin Shapiro and Martin Levin, 253-297. Washington, DC: Georgetown University Press.

Cioffi, John W. 2010. *Public Law and Private Power: Corporate Governance Reform in the Age of Finance Capitalism*. Ithaca, NY: Cornell University Press.

Coase, Ronald. 1960. "The Problem of Social Cost." *Journal of Law and Economics* 3: 1-44.

Cohen, Jeffrey. 2000. *Politics and Economic Policy in the United States*. New York: Houghton Mifflin.

Cohen, Stephen, Bradford DeLong, and John Zysman. 2000. "Tools For Thought: What Is New and Important about the 'E-conomy.'" Berkeley Roundtable on the International Economy, Working Paper 138.

Cohen, Stephen, Andrew Schwartz, and John Zysman, eds. 1998. *The Tunnel at the End of the Light: Privatization, Business Networks, and Economic Transformation in Russia*. Copenhagen: Copenhagen Business School Press.

Cole, Robert E. 2006. "Software's Hidden Challenges." In *Recovering from Success: Innovation and Technology Management in Japan*, edited by D. Hugh Whitaker and Robert E. Cole, 105-126. Oxford: Oxford University Press.

Cole, Robert E., and Shinya Fushimi. 2011. "The Japanese Enterprise Software Industry." In *Have Japanese Firms Changed? The Lost Decade*, edited by Hiroaki Miyoshi and Yoshifumi Nakata, 41-69. New York: Palgrave Macmillan.

Commodity Futures Trading Commission. 1998. "Concept Release on Over-the-Counter Derivatives," May 6. Washington, DC: Commodity Futures Trading Commission.

Coriat, Benjamin, and Olivier Weinstein. 2012. "Patent Regimes, Firms and the Commodification of Knowledge." *Socio-Economic Review* 10: 267-292.

Council of Economic Advisers. 2016A. "The Patent Litigation Landscape: Recent Research and Developments." Issue Brief. Washington, DC: Council of Economic Advisers.

Council of Economic Advisers. 2016B. "Benefits of Competition and Indicators of Market Power," Issue Brief. Washington, DC: Council of Economic Advisers.

Crawford, Susan. 2013. *Captive Audience: The Telecom Industry and Monopoly Power in the New Gilded Age*. New Haven, CT: Yale University Press.

Creedy, John, and Robert Dixon. 1999. "The Distributional Effects of Monopoly." *Australian Economic Papers* 38: 223-237.

## 参考文献

Crouch, Colin, and Wolfgang Streeck. 1997. "Introduction: The Future of Capitalist Diversity." In *Political Economy of Modern Capitalism*, edited by C. Crouch and W. Streeck, 1-18. London: Sage Publications.

Culpepper, Pepper D. 2011. *Quiet Politics and Business Power: Corporate Control in Europe and Japan.* New York: Cambridge University Press.

Cutler, A. Claire, Virginia Haufler, and Tony Porter, eds. 1999. *Private Authority and International Affairs.* Albany: State University of New York Press.

Dark, Taylor E., III. 2008-2009. "Prospects for Labor Law Reform." *Perspectives on Work* 12: 23-26.

Dau-Schmidt, Kenneth G., Joseph C. Gallo, Joseph L. Craycraft, and Charles J. Parker. 2000. "Department of Justice Antitrust Enforcement, 1955-1997: An Empirical Study." Maurer School of Law, Indiana University, Digital Repository, Paper 215.

Deakin, Simon and Frank Wilkinson. 1998. "Labour Law and Economic Theory: A Reappraisal." ESRC Centre for Business Research, University of Cambridge, Working Paper No. 92.

Demsetz, Harold. 1974. "Two Systems of Belief about Monopoly." In *Industrial Concentration: The New Learning*, edited by Harvey J. Goldschmid, H. Michael Mann, and J. Fred Weston, 164-184. Boston: Little, Brown.

Department of Commerce, Bureau of Economic Analysis. 2017. "GDP-By-Industry Data." https://www.bea.gov/industry/gdpbyind_data.htm.

Department of Labor, Bureau of Labor Statistics. 2017. https://www.bls.gov/lpc/#tables.

Dobbin, Frank, ed. 2004. *The New Economic Sociology: A Reader.* Princeton, NJ: Princeton University Press.

Dore, Ronald. 1987. *Taking Japan Seriously: A Confucian Perspective on Leading Economic Issues.* London: Athlone Press.

Easterbrook, Frank H. 1984. "The Limits of Antitrust." *Texas Law Review*

63: 1-40.

Eberhart, Robert, Charles E. Eesley, and Kathleen M. Eisenhardt. 2014. "Failure Is an Option: Failure Barriers and New Firm Performance." Rock Center for Corporate Governance, Stanford University, Working Paper No. 111.

Eberhart, Robert, and Charles E. Eesley. 2017. "Supportive Intermediaries: Junior IPO Markets and Entrepreneurship." https://papers.ssrn.com/sol3/papers.cfm?abstract_id=2183292.

Eckstein, Harry. 1975. "Case Studies and Theory in Political Science." In *Handbook of Political Science: Scope and Theory*, edited by Fred I. Greenstein and Nelson W. Polsby, vol. 7, 94-137. Reading, MA: Addison-Wesley.

Eichengreen, Barry. 2015. *Hall of Mirrors: The Great Depression, the Great Recession, and the Uses—and Misuses—of History*. New York: Oxford University Press.

Eisner, Marc Allen. 2010. "Markets in the Shadow of the State: An Appraisal of Deregulation and Implications for Future Research." In *Governments and Markets: Toward a New Theory of Regulation*, edited by Edward J. Balleisen and David A. Moss, 512-537. New York: Cambridge University Press.

Eisner, Marc Allen. 2011. *The American Political Economy: Institutional Evolution of the Market and State*. New York: Routledge.

Epstein, Richard. 1984. "In Defense of the Contract at Will." *University of Chicago Law Review* 51: 947-982.

Evans, Peter. 1995. *Embedded Autonomy: States and Industrial Transformation*. Princeton, NJ: Princeton University Press.

Fannion, Robert. 2014. "Goldilocks and the Three Corporate Forms: Bank Finance and the Creation of the German Economy, 1870-92." Manuscript.

Financial Services Agency. 2014. "Principles for Responsible Investors: Japan's Stewardship Code." Tokyo: Financial Services Agency.

Financial Services Agency. 2017. "List of Institutional Investors Signing Up to 'Principles for Responsible Institutional Investors' (Japan's Stewardship Code)."

Tokyo: Financial Services Agency.

Fligstein, Neil. 1990. *The Transformation of Corporate Control.* Cambridge, MA: Harvard University Press.

Fligstein, Neil. 2001. *The Architecture of Markets: An Economic Sociology of Twenty-First Century Capitalist Societies.* Princeton, NJ: Princeton University Press.

Fligstein, Neil, and Alexander Roehrkasse. 2016. "The Causes of Fraud in the Financial Crisis of 2007 to 2009: Evidence from the Mortgage-Backed Securities Industry." *American Sociological Review* 81: 617-643.

Forbes, Steve. 2012. "Foreword." In *Wealth and Poverty: A New Edition for the Twenty-First Century*, by George Gilder, ix-xii. Washington, DC: Regnery Publishing.

Freeman, Richard B. 2007. *America Works: Critical Thoughts on the Exceptional U. S. Labor Market.* New York: Russell Sage.

Freyer, Tony A. 2006. *Antitrust and Global Capitalism 1930-2004.* New York: Cambridge University Press.

Freyer, Tony A. 2010. "Deregulation Theories in a Litigious Society: American Antitrust and Tort." In *Governments and Markets: Toward a New Theory of Regulation*, edited by Edward J. Balleisen and David A. Moss, 482-511. New York: Cambridge University Press.

Frieden, Jeffrey A., and Ronald Rogowski. 1996. "The Impact of the International Economy on National Policies: An Analytical Overview." In *Internationalization and Domestic Politics*, edited by Robert O. Keohane and Helen Milner, 25-47. Cambridge: Cambridge University Press.

Friedman, Milton. 1962. *Capitalism and Freedom.* Chicago: University of Chicago Press.

Friedman, Milton, and Rose Friedman. 1980. *Free to Choose: A Personal Statement.* San Diego: Harcourt.

Friedman, Thomas. 1999. *The Lexus and the Olive Tree: Understanding*

*Globalization.* New York: Anchor Books.

Frydman, Carola, and Dirk Jenter. 2010. "CEO Compensation." National Bureau of Economic Research, Working Paper No. 16585.

Fujimoto, Takahiro. 2007. *Competing to Be Really, Really Good: The Behind-the-Scenes Drama of Capability-Building Competition in the Automobile Industry*, translated by Brian Miller. Tokyo: LTCB International Library Trust.

Gallup. 2010. Gallup World Poll. http://analytics.gallup.com/213704/world-poll.aspx.

Gallup. 2016. Gallup World Poll. http://analytics.gallup.com/213704/world-poll.aspx.

Gamble, Andrew. 1988. *The Free Economy and the Strong State: The Politics of Thatcherism*. Basingstoke, UK: Macmillan Education.

George, David. 2013. *The Rhetoric of the Right: Language Change and the Spread of the Market*. London and New York: Routledge.

Gerlach, Michael L. 1992. *Alliance Capitalism: The Social Organization of Japanese Business*. Berkeley and Los Angeles: University of California Press.

Global Regulation Database. 2017. https://www.global-regulation.com/.

Golden, Miriam A., Michael Wallerstein, and Peter Lange. 1999. "Postwar Trade-Union Organization and Industrial Relations in Twelve Countries." In *Continuity and Change in Contemporary Capitalism*, edited by Herbert Kitschelt, Peter Lange, Gary Marks, and John D. Stephens, 194-230. Cambridge: Cambridge University Press.

Gourevitch, Peter. 1996. "The Macropolitics of Microinstitutional Differences in the Analysis of Comparative Capitalism." In *National Diversity and Global Capitalism*, edited by Suzanne Berger and Ronald Dore, 239-259. Ithaca, NY: Cornell University Press.

Gourevitch, Peter A., and James Shinn. 2005. *Political Power and Corporate Control*. Princeton, NJ: Princeton University Press.

Graeber, David. 2011. *Debt: The First 5,000 Years*. Brooklyn, NY:

Melville House.

Granovetter, Mark. 1985. "Economic Action and Social Structure: The Problem of Embeddedness." *American Journal of Sociology* 91: 481-510.

Granstrand, Ove. 2006. "Innovation and Intellectual Property Rights." In The Oxford Handbook of Innovation, edited by Jan Fagerberg. Oxford: Oxford University Press. http://www.oxfordhandbooks.com/view/10.1093/oxfordhb/9780199286805.001.0001/oxfordhb-9780199286805.

Greenspan, Alan. 2007. *The Age of Turbulence: Adventures in a New World.* New York: Penguin Press.

Greenspan, Alan. 2008. "Testimony to the Committee of Government Oversight and Reform of the United States House of Representatives," October 23, https://www.gpo.gov/fdsys/pkg/CHRG-110hhrg55764/html/CHRG-110hhrg55764.htm.

Griffith, Rachel, Rupert Harrison, and Helen Simpson. 2006. "The Link between Product Market Reform, Innovation and EU Macroeconomic Performance." European Commission, European Economy Paper 243.

Grimes, William W. 2002. *Unmaking the Japanese Miracle: Macroeconomic Politics, 1985-2000.* Ithaca, NY: Cornell University Press.

Guala, Francesco. 2001. "Building Economic Machines: The FCC Auctions." *Studies in History and Philosophy of Science* 32: 453-477.

Gwartney, James, Robert Lawson, and Joshua Hall. 2016. *Economic Freedom of the World: 2016 Annual Report.* Vancouver: Fraser Institute.

Hacker, Jacob S. 2005. "Policy Drift: The Hidden Politics of U.S. Welfare State Retrenchment." In *Beyond Continuity: Institutional Change in Advanced Political Economies*, edited by Wolfgang Streeck and Kathleen Thelen, 40-82. Oxford: Oxford University Press.

Hacker, Jacob S. 2006. *The Great Risk Shift: The Assault on American Jobs, Families, Health Care, and Retirement and How You Can Fight Back.* New York: Oxford University Press.

Hacker, Jacob S., and Paul Pierson. 2010. *Winner-Take-All Politics: How Washington Made the Rich Richer and Turned Its Back on the Middle Class.* New York: Simon & Schuster.

Hall, Peter, and David Soskice. 2001. "An Introduction to Varieties of Capitalism." In *Varieties of Capitalism: The Institutional Foundations of Comparative Advantage*, edited by Hall and Soskice, 1-68. New York: Oxford University Press.

Hall, Peter, and David Soskice, eds. 2001. *Varieties of Capitalism: The Institutional Foundations of Comparative Advantage.* New York: Oxford University Press.

Hall, Rodney, and Thomas Biersteker, eds. 2003. *The Emergency of Private Authority in Global Governance.* Cambridge: Cambridge University Press.

Hamada, Koichi. 1996. "Protection of Intellectual Property Rights in Japan." Washington, DC: Council on Foreign Relations.

Hanser, Russell. 2008. "The Politics of Competition," book review article. *Federal Communications Law Journal* 60: 627-649.

Harada, Nobuyuki, and Hitoshi Mitsuhashi. 2011. "Academic Spin-Offs in Japan: Institutional Revolution and Early Outcomes." In *Comparative Entrepreneurship Initiatives: Studies in China, Japan and the USA*, edited by Chikako Usui, 138-163. London: Palgrave Macmillan.

Hardie, Iain, David Howarth, Sylvia Maxfield, and Amy Verdun. 2013. "Banks and the False Dichotomy in the Comparative Political Economy of Finance." *World Politics* 65: 691-728.

Harcourt, Bernard E. 2011. *The Illusion of Free Markets: Punishment and the Myth of Natural Order.* Cambridge, MA: Harvard University Press.

Hayek, Friedrich. 1944. *The Road to Serfdom.* Chicago: University of Chicago Press.

Heller, Michael A., and Rebecca S. Eisenberg. 1998. "Can Patents Deter Innovation? The Anticommons in Biomedical Research." *Science* 280: 698-701.

Heritage Foundation. 2016. *2016 Index of Economic Freedom: Promoting Economic Opportunity and Prosperity.* Washington, DC: Heritage Foundation.

Hermalin, Benjamin E., and Michael S. Weisbach. 2003. "Boards of Directors as an Endogenously Determined Institution: A Survey of the Economic Literature." *Federal Reserve Bank of New York Economic Policy Review* 9: 7-26.

Hirschman, Albert. 1970. *Exit, Voice and Loyalty: Responses to Decline in Firms, Organizations, and States.* Cambridge, MA: Harvard University Press.

Hirschman, Albert. 1992. *Rival Views of Market Society and Other Recent Essays.* Cambridge, MA: Harvard University Press.

Hiscox, Michael. 2002. *International Trade and Political Conflict: Commerce, Coalitions, and Mobility.* Princeton, NJ: Princeton University Press.

Hodgson, Geoffrey M. 2015. *Conceptualizing Capitalism: Institutions, Evolution, Future.* Chicago: University of Chicago Press.

Hoshi, Takeo, and Anil Kashyap. 2011. "Policy Options for Japan's Revival." National Institute for Research Advancement (NIR) Report, January.

Hoshi, Takeo, and Anil Kashyap. 2012. "Why Did Japan Stop Growing?" National Institute for Research Advancement (NIR) Report, June.

Hovenkamp, Herbert. 2005. *The Antitrust Enterprise: Principle and Execution.* Cambridge, MA: Harvard University Press.

Hsu, Shi-Ling. 2015. "The Rise and Rise of the One Percent: Considering Legal Causes of Wealth Inequality." *Emory Law Journal Online* 64: 2043-2072.

Huntington, Samuel P. 1952. "The Marasmus of the ICC: The Commission, the Railroads, and the Public Interest." *Yale Law Journal* 61: 467-509.

Ibata-Arens, Kathryn. 2005. *Innovation and Entrepreneurship in Japan: Politics, Organizations, and High Technology Firms.* New York: Cambridge University Press.

Ibata-Arens, Kathryn. 2008. "The Kyoto Model of Innovation and Entrepreneurship: Regional Innovation Systems and Cluster Culture." *Prometheus: Critical Studies in Innovation* 26: 89-109.

Ibata-Arens, Kathryn. 2015. "Japan's New Business Incubation Revolution." In *Handbook of East Asian Entrepreneurship*, edited by Tony Fu-Lai Yu and Ho-Don Yan, 145-156. New York: Routledge.

IBISWorld. 2017. "Domestic Arilines in the US." IBISWorld Industry Report 48111b. 2017. http://clients1.ibisworld.com/reports/us/industry/default.aspx?entid=1125.

Intellectual Property Strategy Headquarters. 2015. " 'Chiteki zaisan suishin keikaku 2015' no gaiyou ni tsuite" [Outline of "Intellectual Property Strategic Program 2015"]. Tokyo: Intellectual Property Strategy Headquarters.

International Telecommunications Union. 2017. *ICT Facts and Figures 2017*. http://www.itu.int/en/ITU-D/Statistics/Pages/stat/default.aspx.

Jackson, Gregory. 2005. "Stakeholders under Pressure: Corporate Governance and Labor Management in Germany and Japan." *Corporate Governance: An International Review* 13: 419-428.

Japan Industrial Location Center. 2014. "2013 Local Economy Industrial Revitalization Survey Report." Tokyo.

Jensen, Michael C., and Kevin J. Murphy. 1990. "Performance Pay and Top Management Incentives." *The Journal of Political Economy* 98: 225-264.

Johnson, Chalmers. 1982. *MITI and the Japanese Miracle*. Stanford, CA: Stanford University Press.

Johnson, Simon, and James Kwak. 2010. *13 Bankers: The Wall Street Takeover and the Next Financial Meltdown*. New York: Pantheon Books.

Kagan, Robert A. 2001. *Adversarial Legalism: The American Way of Law*. Cambridge, MA: Harvard University Press.

Kagan, Robert A. 2010. "Fragmented Political Structures and Fragmented Law." *Jus Politicum* 4: 1-17.

Kagono, Tadao. 2014. Keiei wa dare no mono ka [Who Controls Management?]. Tokyo: Nihon Keizai Shimbun.

Kahn, Alfred E. 2002. "The Deregulatory Tar Baby: The Precarious Balance between Regulation and Deregulation, 1970—2000 and Henceforward. " *Journal of Regulatory Economics* 21: 35-56.

Kahneman, Daniel, and Amos Tversky 1979. "Prospect Theory: An Analysis of Decision under Risk. " *Econometrica* 47: 263-91.

Kambayashi, Ryo, and Takao Kato. 2012. " Trends in Long-term Employment and Job Security in Japan and the United States: The Last Twenty-Five Years. " Center on Japanese Economy and Business, Columbia University, Working Paper 302.

Kani, Masayo, and Kazuyuki Motohashi. 2011. "Does Pro-Patent Policy Spur Innovation? A Case of Software Industry in Japan. " Paper presented at the Technology Management Conference (ITMC), San Jose, CA.

Katz, Richard. 2003. *Japanese Phoenix: The Long Road to Economic Revival.* Armonk, NY: M. E. Sharpe.

Keeler, Theodore E. 1984. "Theories of Regulation and the Deregulation Movement. " *Public Choice* 44: 103-145.

Kelleher, Dennis, Stephen Hall, and Katelynn Bradley. 2012. "The Cost of the Wall Street-Caused Financial Collapse and Ongoing Economic Crisis Is More Than $12.8 Trillion. " Washington, DC: Better Markets.

Kemp, Brodi. 2006. " Copyright's Digital Reformulation. " In *How Revolutionary Was the Digital Revolution? National Responses, Market Transitions, and Global Technology*, edited by John Zysman and Abraham Newman, 379-390. Stanford, CA: Stanford Business Books.

Kenney, Martin. 2003. "The Growth and Development of the Internet in the United States. " In *The Global Internet Economy*, edited by Bruce Kogut, 69-108. Cambridge, MA: MIT Press.

Kenney, Martin, and John Zysman. 2016. " The Rise of the Platform Economy. " *Issues in Science and Technology* 32/3: 61-69.

Kim, Yee Kyoung, Keun Lee, Walter Park, and Kineung Choo. 2012. "Appropriate Intellectual Property Protection and Economic Growth in Countries at

Different Levels of Development." *Research Policy* 41: 358-375.

King, Desmond, and Stewart Wood. 1999. "The Political Economy of Neoliberalism: Britain and the United States in the 1980s." In *Continuity and Change in Contemporary Capitalism*, edited by Herbert Kitschelt et al., 371-397. Cambridge: Cambridge University Press.

Kinney, Clay. 2001. "All Change for Japanese Accounting." *The Treasurer*, February, 58-60.

Kirihata, Tetsuya. 2010. "Current Situations and Issues in the Management of Japanese University Spinoffs." Graduate School of Economics, Kyoto University, Working Paper 114.

Kitschelt, Herbert. 1991. "Industrial Governance Structures, Innovation Strategies, and the Case of Japan: Sectoral or Cross-National Comparative Analysis?" *International Organization* 45: 453-493.

Krippner, Greta R. 2001. "The Elusive Market: Embeddedness and the Paradigm of Economic Sociology." *Theory and Society* 30: 775-810.

Krippner, Greta R. *Capitalizing on Crisis: The Political Origins of the Rise of Finance*. Cambridge, MA: Harvard University Press, 2011.

Kushida, Kenji E. 2011. "Leading without Followers: How Politics and Market Dynamics Trapped Innovations in Japan's Domestic 'Galapagos' Telecommunications Sector." *Journal of Industry, Competition, and Trade* 11: 279-307.

Kushida, Kenji E. 2012. "Entrepreneurship in Japan's ICT Sector: Opportunities and Protection for Japan's Telecommunications Regulatory Regime Shift." *Social Science Japan Journal* 15: 3-30.

Kushida, Kenji E. 2016A. "Governing ICT Networks Versus Governing the Information Economy: How Japan Discovered the Dilemma of Winning in the ICT Infrastructure Race." In *Information Governance in Japan*, edited by Kenji E. Kushida, Yuko Kasuya, and Eiji Kawabata. Stanford, CA: Silicon Valley New Japan Project E-book Series.

Kushida, Kenji E. 2016B. "Japan's Startup Ecosystem: From Brave New World to Part of Syncretic 'New Japan.'" *Asian Research Policy* 7: 67-77.

Kutner, Robert. 1996. *Everything for Sale: The Virtues and Limits of Markets*. Chicago: University of Chicago Press.

Kwak, James. 2014. "Cultural Capture and the Financial Crisis." In *Preventing Regulatory Capture: Special Interest Influence and How to Limit It*, edited by Daniel Carpenter and David A. Moss, 71-98. New York: Cambridge University Press.

Kwoka, John. 2015. *Mergers, Merger Control, and Remedies: A Retrospective Analysis of U. S. Policy*. Cambridge, MA: MIT Press.

Lakoff, George. 2006. *Whose Freedom? The Battle over America's Most Important Idea*. New York: Farrar, Straus & Giroux.

Landes, William M., and Richard A. Posner. 1981. "Market Power in Antitrust Cases: Concept and Measurement." *Harvard Law Review* 94: 937-996.

Landy, Marc K., and Martin A. Levin. 2007. "Creating Competitive Markets: The Politics of Market Design." In *Creating Competitive Markets: The Politics of Regulatory Reform*, edited by Mark K. Landy, Martin A. Levin, and Martin Shapiro, 1-22. Washington, DC: Brookings Institution Press.

Landy, Marc K., Martin A. Levin, and Martin Shapiro, eds. 2007. *Creating Competitive Markets: The Politics of Regulatory Reform*. Washington, DC: Brookings Institution Press.

Lavelle, Kathryn C. 2013. *Money and Banks in the American Political System*. New York: Cambridge University Press.

Lazonick, William. 2013. "The Fragility of the U. S. Economy: The Financialized Corporation and the Disappearing Middle Class." In *The Third Globalization: Can Wealthy Nations Stay Rich in the Twenty-First Century?*, edited by Dan Breznitz and John Zysman, 232-276. New York: Oxford University Press.

Lazonick, William. 2014. "Profits without Prosperity: Stock Buybacks

Manipulate the Market and Leave Most Americans Worse Off." *Harvard Business Review*, September, 2-11.

Lazonick, William, and Mary O'Sullivan. 2000. "Maximizing Shareholder Value: A New Ideology for Corporate Governance." *Economy and Society* 29: 13-35.

Lechevalier, Sebastien. 2014. "Is Convergence towards the Silicon Valley Model the Only Way for the Japanese Innovation System?" In *The Great Transformation of Japanese Capitalism*, edited by Sebastien Lechavalier, 119-137. London: Routledge.

Lehne, Richard. 2001. *Government and Business: American Political Economy in Comparative Perspective*. New York: Chatham House.

Levitt, Arthur. 1998. "Testimony of Chairman Arthur Levitt Before the Senate Committee on Agriculture, Nutrition, and Forestry, Concerning the Regulation of the Over-the-Counter Derivatives Market and Hybrid Instruments," July 30, https://www.sec.gov/news/testimony/testarchive/1998/tsty0998.htm.

Levitt, Martin Jay, with Terry Conrow. 1993. *Confessions of a Union Buster*. New York: Crown.

Levy, Jonah, Mari Miura, and Gene Park. 2006. "Exiting étatisme? New Directions in State Policy in France and Japan." In *The State after Statism*, edited by Jonah Levy, 92-146. Cambridge, MA: Harvard University Press.

Lincoln, James R., and Michael L. Gerlach. 2004. *Japan's Network Economy: Structure, Persistence, and Change*. New York: Cambridge University Press.

Lindblom, Charles E. 1977. *Politics and Markets: The World's Political-Economic Systems*. New York: Basic Books.

Lippoldt, Douglas. 2009. "Innovation and IPR Protection in the Digital Era: The Case of High Income Countries 1990-2005." *Journal of Innovation Economics & Management* 4: 171-191.

Litt, David G., Jonathan R. Macey, Geoffrey P. Miller, and Edward L.

Rubin. 1990. "Politics, Bureaucracies, and Financial Markets: Bank Entry into Commercial Paper Underwriting in the United States and Japan." *University of Pennsylvania Law Review* 139: 369-453.

Littlechild, Stephen. 1983. *Regulation of British Telecommunications Profitability*. London: Department of Industry.

Logan, John. 2002. "Consultants, Lawyers and the Union Free Movement in the USA since the 1970s." *Industrial Relations Journal* 33: 197-214.

Lynn, Barry C. 2010. *Cornered: The New Monopoly Capitalism and the Economics of Destruction*. Hoboken, NJ: John Wiley & Sons.

MacAvoy, Paul W. 2007. *The Unsustainable Costs of Partial Deregulation*. New Haven, CT: Yale University Press.

Macey, Jonathan R. 2007. "Regulation in Banking: A Mechanism for Forcing Market Solutions." In *Creating Competitive Markets: The Politics of Regulatory Reform*, edited by Mark K. Landy, Martin A. Levin, and Martin Shapiro, 43-59. Washington, DC: Brookings Institution Press.

Martinez, Mark A. 2009. *The Myth of the Free Market: The Role of the State in a Capitalist Economy*. Sterling, VA: Kumarian Press.

Maskus, Keith, and Christine McDaniel. 1999. "Impacts of the Japanese Patent System on Productivity Growth." *Japan and the World Economy* 11: 557-574.

Mazzucato, Mariana. 2014. *The Entrepreneurial State: Debunking Public vs. Private Sector Myths*. London: Anthem Press.

McCloskey, Deirdre. 1998. "Other Tings Equal: The So-Called Coase Theorem." *Eastern Economic Journal* 24: 367-371.

McKenzie, Donald. 2007. "The Political Economy of Carbon Trading." *The London Review of Books*, April 5, 29-31.

McKinley, William, Jun Zhao, and Kathleen Garrett Rust. 2000. "A Sociocognitive Interpretation of Organizational Downsizing." *Academy of Management Review* 25: 227-243.

McMillan, John. 2002. *Reinventing the Bazaar: A Natural History of Markets*. New York: W. W. Norton.

Menard, Claude, ed. 2004. *The International Library of New Institutional Economics*, 7 volumes. Cheltenham, UK: Edward Elgar.

Menard, Claude, and Mary M. Shirley, eds. 2005. *Handbook of New Institutional Economics*. Dordrecht: Springer.

Mercatus Center, George Mason University. 2017. "Mercatus RegData," https://quantgov.org/regdata/.

Merges, Robert P., and Richard R. Nelson. 1990. "On the Complex Economics of Patent Scope." *Columbia Law Review* 90: 839-916.

Ministry of Economy, Trade, and Industry. 2005. "Kigyou kachi kabunushi kyoudou no rieki no kakuho matawa koujou no tame no baishuu boueisaku ni kansuru shishin" [Guidelines for Takeover Defenses to Preserve and Enhance Corporate Value and Shareholder's Common Interests]. Tokyo: Ministry of Economy, Trade, and Industry.

Ministry of Economy, Trade, and Industry. 2006. "Second Term Medium-Range Industrial Cluster Plan." Tokyo: Ministry of Economy, Trade, and Industry.

Ministry of Economy, Trade, and Industry. 2008. "Kinji no shokankyou no henka o fumaeta baishuu boueisaku no arikata" [The Role of Takeover Defense Measures in Light of Changes in the Environment]. Tokyo: Ministry of Economy, Trade, and Industry.

Ministry of Economy, Trade, and Industry. 2010. "Jouhou keizai kakushin senryaku (gaiyou)" [Information Economy Renovation Strategy (Summary)]. Tokyo: Ministry of Economy, Trade, and Industry.

Ministry of Economy, Trade, and Industry. 2014A. "Nihon no 'kasegu chikara' soushutsu kenkyuukai" [Study Group to Promote Japan's Proftability], May 20. Tokyo: Ministry of Economy, Trade, and Industry.

Ministry of Economy, Trade, and Industry. 2014B. "Nihon no miryoku o ikashita aratana kachi souzou sangyou no soushutsu ni mukete" [Generating New Value Creation Industries that Capitalize on Japan's Strengths]. Tokyo: Ministry of Economy, Trade, and Industry.

Ministry of Economy, Trade, and Industry. 2015. "Junsui mochikabugaisha jitai chousa" [Survey of Pure Holding Companies]. Tokyo: Ministry of Economy, Trade, and Industry.

Ministry of Economy, Trade, and Industry. 2017. *White Paper on Small Enterprises in Japan*. Tokyo: Ministry of Economy, Trade, and Industry.

Ministry of Health, Labor, and Welfare. 2016. "Seiki koyou to hiseiki koyou roudousha no suii" [Changes in Regular and Non-Regular Workers]. Tokyo: Ministry of Health, Labor and Welfare.

Ministry of Internal Affairs and Communications. 2010. "Wagakuni no ICT kokusai kyousouryoku no genjoutou ni suite" [Japan's International Competitiveness in ICT]. Tokyo: Ministry of Health, Labor, and Welfare.

Ministry of Internal Affairs and Communications, Administrative Evaluation Bureau. 2016. "Kyoninkatou no touitsuteki haaku no kekka ni tsuite" [An Overall Assessment of Government Regulations]. Tokyo: Ministry of Internal Affairs and Communications.

Ministry of Internal Affairs and Communications. 2017A. Roudouryoku chousa [Labor Force Survey]. http://www.stat.go.jp/data/roudou/index.htm.

Ministry of Internal Affairs and Communications. 2017B. Jouhou tsuushin hakusho [Information and Communications White Paper]. Tokyo: Ministry of Internal Affairs and Communications.

Mishel, Lawrence, and Alyssa Davis. 2015. "Top CEOS Make 300 Times More Than Typical Workers: Pay Growth Surpasses Stock Gains and Wage Growth of Top 0.1 Percent." Economic Policy Institute, Issue Brief #399, June 21.

Miura, Mari. 2012. *Welfare Through Work: Conservative Ideas, Partisan Dynamics, and Social Protection in Japan*. Ithaca, NY: Cornell University Press.

市场治理术：
政府如何让市场运作——

Moss, David A. 2002. *When All Else Fails: Government as the Ultimate Risk Manager.* Cambridge, MA: Harvard University Press.

Motohashi, Kazuyuki. 2003. "Japan's Patent System and Business Innovation: Reassessing ProPatent Policies." The Research Institute of Economy, Trade and Industry Discussion Paper Series 03-E-020. Tokyo: Ministry of Economy, Trade, and Industry.

Motohashi, Kazuyuki, and Shingo Muramatsu. 2011. "Examining the University Industry Collaboration Policy in Japan: Patent Analysis." Research Institute of Economy, Trade and Industry (RIETI), Discussion Paper Series 11-E-008. Tokyo: Ministry of Economy, Trade, and Industry.

Mowery, David C., and Nathan Rosenberg. 1993. "The U. S. National Innovation System." In *National Innovation Systems: A Comparative Analysis*, edited by Richard R. Nelson, 29-75. Oxford: Oxford University Press.

National Commission on the Causes of the Financial and Economic Crisis in the United States. 2011. *The Financial Crisis Inquiry Report.* New York: Public Affairs.

Nee, Victor, and Richard Swedberg, eds. 2005. *The Economic Sociology of Capitalism.* Princeton, NJ: Princeton University Press.

Nelson, Richard, ed. 2005. *The Limits of Market Organization.* New York: Russell Sage Foundation.

New America Foundation. 2014. "The Cost of Connectivity: Data and Analysis on Broadband Offerings in 24 Cities across the World." https://www.newamerica.org/oti/policy-papers/the-cost-of-connectivity-2014/.

Newman, Abraham, and John Zysman. 2006. "Transforming Politics in the Digital Era." In *How Revolutionary Was the Digital Revolution? National Responses, Market Transitions and Global Technology*, edited by J. Zysman and A. Newman, 391-411. Stanford, CA: Stanford University Press.

Nickell, Stephen J. 1996. "Competition and Corporate Performance." *Journal of Political Economy* 104: 724-746.

Nishimura, Junichi, and Hiroyuki Okamuro. 2011. "R&D Productivity and the Organization of Cluster Policy: An Empirical Evaluation of the Industrial Cluster Project in Japan." *Journal of Technology Transfer* 36: 117-144.

Noll, Roger G., and Bruce M. Owen. 1983. *The Political Economy of Deregulation: Interest Groups in the Regulatory Process*. Washington, DC: American Enterprise Institute.

Nooteboom, Bart. 2014. *How Markets Work and Fail, and What to Make of Them*. Cheltenham, UK: Edward Elgar.

North, Douglass C. 1977. "Markets and Other Allocation Systems in History: The Challenge of Karl Polanyi." *Journal of European Economic History* 6: 703-716.

North, Douglass C. 1981. *Structure and Change in Economic History*. New York: W. W. Norton.

North, Douglass C. 1986. "The New Institutional Economics." *Journal of Institutional and Theoretical Economics* 142: 230-237.

North, Douglass C. 1990. *Institutions, Institutional Change and Economic Performance*. Cambridge: Cambridge University Press.

Novak, William J. 2013. "A Revisionist History of Regulatory Capture." In *Preventing Regulatory Capture: Special Interest Influence and How to Limit It*, edited by Daniel Carpenter and David A. Moss, 25-48. New York: Cambridge University Press.

Office of the Federal Register. 2017. https://www.federalregister.gov/reader-aids/understandingthe-federal-register/federal-register-statistics.

Okimoto, Daniel. 1989. *Between MITI and the Market: Japanese Industrial Policy for High Technology*. Stanford, CA: Stanford University Press.

O'Neill, Richard. 2014. "Toward Better, More Efficient Capacity Market Design." Presentation to the Harvard Electricity Policy Group, Cambridge, MA, February 22.

O'Neill, Richard, and Udi Helman. 2007. "Regulatory Reform of the U. S.

Wholesale Electricity Markets." In *Creating Competitive Markets: The Politics of Regulatory Reform*, edited by Mark K. Landy, Martin A. Levin, and Martin Shapiro, 128-156. Washington, DC: Brookings Institution Press.

Orbach, Barak. 2015. "A State of Inaction: Regulatory Preferences, Rent, and Income Inequality." *Theoretical Inquiries in Law* 16: 45-68.

Organisation for Economic Co-operation and Development. 2015. *Product Market Regulation Statistics*. http://www.oecd-ilibrary.org/economics/data/oecd-product-market-regulationstatistics_pmr-data-en.

Organisation for Economic Co-operation and Development. 2017A. *Entrepreneurship at a Glance 2017*. http://www.oecd-ilibrary.org/employment/entrepreneurship-at-a-glance-2017_entrepreneur_aag-2017-en.

Organisation for Economic Co-operation and Development. 2017B. Broadband Portal. http://www.oecd.org/sti/broadband/oecdbroadbandportal.htm.

Ornston, Darius. 2013. "How the Nordic Nations Stay Rich: Governing Sectoral Shifts in Denmark, Finland, and Sweden." In *The Third Globalization: Can Wealthy Nations Stay Rich in the Twenty-First Century?*, edited by Dan Breznitz and John Zysman, 300-322. New York: Oxford University Press.

O'Sullivan, Mary A. 2000. *Contests for Corporate Control: Corporate Governance and Economic Performance in the United States and Germany*. Cambridge: Cambridge University Press.

Oye, Kenneth. 1985. "Explaining Cooperation under Anarchy: Hypotheses and Strategies. *World Politics* 38: 1-24.

Palmer, Andrew. 2015. *Smart Money: How High-Stakes Financial Innovation is Reshaping Our World—for the Better*. New York: Basic Books.

Park, Gene. 2011. *Spending without Taxation: FILP and the Politics of Public Finance in Japan*. Stanford, CA: Stanford University Press.

Peltzman, Sam. 1989. "The Economic Theory of Regulation after a Decade of Deregulation." In *Brookings Papers: Microeconomics 1989*, 1-59. Washington, DC: Brookings Institution Press.

Pempel, T. J. 1978. "Japanese Foreign Economic Policy: the Domestic Bases for International Behavior." In *Between Power and Plenty: Foreign Economic Policies of Advanced Industrial States*, edited by Peter J. Katzenstein, 139-190. Madison: University of Wisconsin Press.

Pempel, T. J., and Keiichi Tsunekawa. 1979. "Corporatism without Labor? The Japanese Anomaly." In *Trends toward Corporatist Intermediation*, edited by Philippe C. Schmitter and Gerhard Lehmbruch, 231-270. London: Sage.

Petersen, Neils. 2013. "Antitrust Law and the Promotion of Democracy and Economic Growth." *Journal of Competition Law & Economics* 9: 593-636.

Pettit, Philip. 1996. "Freedom as Antipower." *Ethics* 106: 576-604.

Pettit, Philip. 2006. "Freedom in the Market." *Politics, Philosophy, and Economics* 5: 131-149.

Philippon, Thomas. 2012. "Finance versus Wal-Mart: Why Are Financial Services so Expensive?" In *Rethinking the Financial Crisis*, edited by Alan S. Blinder, Andrew W. Lo, and Robert M. Solow, 235-246. New York: Russell Sage.

Philippon, Thomas. 2015. "Has the US Finance Industry Become Less Efficient? On the Theory and Measurement of Financial Intermediation." *American Economic Review* 105: 1408-1438.

Pistor, Katharina. 2013. "A Legal Theory of Finance." *Journal of Comparative Economics* 41: 315-330.

Polanyi, Karl. 1944. *The Great Transformation: The Political and Economic Origins of Our Time.* Boston: Beacon Press.

Posner, Richard. 1979. "The Chicago School of Antitrust Analysis." *University of Pennsylvania Law Review* 127: 925-948.

Posner, Richard. 1984. "Some Economics of Labor Law." *University of Chicago Law Review* 51: 988-1005.

Prasad, Monica. 2012. *The Land of Too Much: American Abundance and the Paradox of Poverty.* Cambridge, MA: Harvard University Press.

Rader, Randall, Colleen Chien, and David Hricik. 2013. "Make Patent Trolls Pay in Court." *New York Times*, June 5, A21.

Rajan, Raghuram G. 2005. "Has Financial Development Made the World Riskier?" Paper presented at Federal Reserve Bank of Kansas City Symposium, Jackson Hole, Wyoming, August 27.

Rajan, Raghuram G., and Luigi Zingales. 2003. *Saving Capitalism from the Capitalists*. Princeton, NJ: Princeton University Press.

Ramanna, Karthik. 2015. *Political Standards: Corporate Interest, Ideology, and Leadership in the Shaping of Accounting Rules for the Market Economy*. Chicago: University of Chicago Press.

Reback, Gary. 2009. *Free the Market: Why Only Government Can Keep the Marketplace Competitive*. New York: Penguin Group.

Regulatory Studies Center, George Washington University. 2016. "Reg Stats." https://regulatorystudies.columbian.gwu.edu/reg-stats.

Reich, Robert B. 2015. *Saving Capitalism: For the Many, Not the Few*. New York: Alfred A. Knopf.

Reinhart, Carmen M., and Kenneth S. Rogoff. 2009. *This Time Is Different: Eight Centuries of Financial Folly*. Princeton, NJ: Princeton University Press.

Renda, Andrea, et al. 2007. "Making Antitrust Damages Actions More Effective in the EU: Welfare Impact and Potential Scenarios." Report for the European Commission. Brussels, Rome, and Rotterdam: European Commission.

Rodrik, Dani. 2007. *One Economics, Many Recipes: Globalization, Institutions, and Economic Growth*. Princeton, NJ: Princeton University Press.

Rodrik, Dani. 2015. *Economics Rules: The Rights and Wrongs of the Dismal Science*. New York: W. W. Norton.

Rogowski, Ronald. 1989. *Commerce and Coalitions: How Trade Affects Domestic Political Alignments*. Princeton, NJ: Princeton University Press.

Rose, Elizabeth, and Kiyohiko Ito. 2005. "Widening the Family Circle: Spin-

Offs in the Japanese Service Sector." *Long Range Planning* 38: 9-26.

Rosenbloom, Joshua L., and William A. Sundstrom. 2009. "Labor Market Regimes in U. S. Economic History." National Bureau of Economic Research Working Paper No. 15055, June.

Roth, Alvin E. 2015. *Who Gets What—and Why*. Boston: Houghton Mifflin Harcourt.

Roubini, Nouriel. 2008. "The Rising Risk of a Systemic Financial Meltdown: The Twelve Steps to Financial Disaster." *EconoMonitor*, February 5, http://www.economonitor.com/nouriel/2008/page/18/.

Rtischev, Dimitry, and Robert Cole. 2003. "Social and Structural Barriers to the IT Revolution in High Tech Industry." In *Roadblocks on the Information Highway: The IT Revolution in Japanese Education*, edited by Jane Bachnik, 127-153. New York: Lexington Books.

Rubinfeld, Daniel L. 1998, "Antitrust Enforcement in Dynamic Network Industries." *The Antitrust Bulletin* 43: 859-882.

Sakakibara, Mariko, and Lee Branstetter. 2001. "Do Stronger Patents Induce More Innovation? Evidence from the 1988 Japanese Patent Law Reforms." *Rand Journal of Economics* 32: 77-100.

Saito, Atsushi. 2010. "Executive Compensation & Corporate Governance." Tokyo: Tokyo Stock Exchange.

Sako, Mari. 2007. "Organizational Diversity and Institutional Change: Evidence from Financial and Labor Markets in Japan." In *Corporate Governance in Japan: Institutional Change and Organizational Diversity*, edited by Masahiko Aoki, Gregory Jackson, and Hideaki Miyajima, 399-426. Oxford: Oxford University Press.

Samuels, Richard. 1987. *The Business of the Japanese State: Energy Markets in Comparative and Historical Perspective*. Ithaca, NY: Cornell University Press.

Samuelson, Pamela. 2007. "Preliminary Thoughts on Copyright Reform."

*Utah Law Review* 2007: 551-571.

Samuelson, Pamela. 2013. "Book Review: Is Copyright Reform Possible?" *Harvard Law Review* 126: 740-779.

Saxenian, Annalee. 1994. *Regional Advantage: Culture and Competition in Silicon Valley and Route 128*. Cambridge, MA: Harvard University Press.

Schaede, Ulrike. 2000. *Cooperative Capitalism: Self-Regulation, Trade Associations, and the Antimonopoly Law in Japan*. Oxford: Oxford University Press.

Schaede, Ulrike. 2008. *Choose and Focus: Japanese Business Strategies for the 21st Century*. Ithaca, NY: Cornell University Press.

Scheffler, Richard M., Daniel R. Arnold, Brent D. Fulton, and Sherry A. Glied. 2016. "Differing Impacts of Market Concentration on Affordable Care Act Marketplace Premiums." *Health Affairs* 35: 880-888. Scheffler, Richard M., and Sherry Glied. 2016. "How to Contain Health Care Costs." *New York Times*, May 3, A21.

Schivardi, Fabiano, and Eliana Viviano. 2011. "Entry Barriers in Retail Trade." *The Economic Journal* 121: 145-170.

Scott Morton, Fiona M., and Carl Shapiro. 2014. "Strategic Patent Acquisitions." *Antitrust Law Journal* 2: 463-499.

Securities and Exchange Commission. 2009. "Report and Recommendations Pursuant to Section 133 of the Emergency Economic Stabilization Act of 2008: Study on Mark-to-Market Accounting," December 30. Washington, D.C.: Securities and Exchange Commission.

Shapiro, Carl. 2000. "Navigating the Patent Ticket: Cross Licenses, Patent Pools, and Standard Setting." *Innovation Policy and the Economy* 1: 119-150.

Shiller, Robert J. 2007. "Bubble Trouble." *Project Syndicate*, September 17, https://www.projectsyndicate.org/commentary/bubble-trouble?barrier=accessreg.

Shiller, Robert. 2012. *Finance and the Good Society*. Princeton, NJ:

Princeton University Press.

Shishido, Zenichi. 2014A. "Introduction: The Incentive Bargain of the Firm and Enterprise Law: A Nexus of Contracts, Markets, and Laws." In *Enterprise Law: Contracts, Markets, and Laws in the US and Japan*, edited by Zenichi Shishido, 1-49. Cheltenham, UK: Edward Elgar.

Shishido, Zenichi. 2014B. "Does Law Mater to Financial Capitalism? The Case of Japanese Entrepreneurs." *Fordham International Law Journal* 37: 1087-1127.

Shoji, Yuki. 2009. "Evaluation of the Competition Policy to Encourage MVNO System in Japan." Ninth Annual International Symposium on Applications and the Internet, Bellevue, WA, July 20-24.

Singer, Joseph William. 2015. *No Freedom without Regulation: The Hidden Lessons of the Subprime Crisis*. New Haven, CT: Yale University Press.

Smelser, Neil J., and Richard Swedberg, eds. 2005. *The Handbook of Economic Sociology*, 2nd ed. Princeton, NJ: Princeton University Press.

Smith, Adam. 1976. *An Inquiry into the Nature and Causes of the Wealth of Nations*, edited by Edwin Cannan. Chicago: University of Chicago Press.

Soskice, David. 1999. "Divergent Production Regimes: Coordinated and Uncoordinated Market Economies in the 1980s and 1990s." In *Continuity and Change in Contemporary Capitalism*, edited by Herbert Kitschelt, Peter Lange, Gary Marks, and John D. Stephens, 101-134. Cambridge: Cambridge University Press.

Spencer Stuart. 2017. *2016 Spencer Stuart Board Index: A Perspective on U. S. Boards.* https://www.spencerstuart.com/~/media/pdf%20fles/research%20and%20insight%20pdfs/spencerstuart-us-board-index-2016_july2017.pdf?la=en.

Statista. 2017. https://www.statista.com/statistics/268237/global-market-share-held-byoperating-systems-since-2009/.

Stern, Jon. 2003. "What the Littlechild Report Actually Said." In *The UK Model of Utility Regulation: A 20th Anniversary Collection to Mark the*

"Littlechild Report" Retrospect and Prospect, edited by Ian Bartle, 7-30. Bath, UK: University of Bath, Centre for the Study of Regulated Industries.

Stigler, George. 1964. "A Theory of Oligopoly." *Journal of Political Economy* 72: 44-61.

Stigler, George. 1971. "The Theory of Economic Regulation." *Bell Journal of Economics and Management Science* 2: 3-21.

Stiglitz, Joseph E. 2002. *Globalization and Its Discontents.* New York: W. W. Norton.

Stiglitz, Joseph E. 2010. *Freefall: America, Free Markets, and the Sinking of the World Economy.* New York: W. W. Norton.

Stiglitz, Joseph E. 2014. "Tapping the Brakes: Are Less Active Markets Safer and Better for the Economy?" Presentation at the Federal Reserve Bank of Atlanta Financial Markets Conference, Atlanta, Georgia, April 15.

Stiglitz, Joseph. 2015. *The Great Divide: Unequal Societies and What We Can Do about Them.* New York: W. W. Norton.

Stiglitz, Joseph. 2016. *Rewriting the Rules of the American Economy: An Agenda for Growth and Shared Prosperity.* New York: W. W. Norton.

Streeck, Wolfgang. 2009. *Re-Forming Capitalism: Institutional Change in the German Political Economy.* New York: Oxford University Press.

Sudo, Miya, and Simon Newman. 2014. "Japanese Copyright Law Reform: Introduction of the Mysterious Anglo-American Fair Use Doctrine or an EU Style Divine Intervention via Competition Law? *Intellectual Property Quarterly* 18: 40-70.

Takenaka, Toshiko. 2009. "Success or Failure? Japan's National Strategy on Intellectual Property and Evaluation of Its Impact from the Comparative Law Perspective." *Washington University Global Studies Law Review* 8: 379-398.

Tanzi, Vito. 2011. *Government versus Markets: The Changing Economic Role of the State.* Cambridge: Cambridge University Press.

Taylor, Robert S. 2013. "Market Freedom as Antipower." *American*

Political Science Review 107: 593-602.

Thaler, Richard H., and Sendhil Mullainathan. 2008. "Behavioral Economics." In *Concise Encyclopedia of Economics*, 2nd ed., edited by David R. Henderson. Library of Economics and Liberty. http://www.econlib.org/library/Enc/BehavioralEconomics.html.

Thelen, Kathleen. 1999. "Historical Institutionalism in Comparative Politics." *Annual Review of Political Science* 2: 369-404. Indianapolis: Library of Economics and Liberty.

Thelen, Kathleen. 2014. *Varieties of Liberalization and the New Politics of Social Solidarity.* Cambridge: Cambridge University Press.

Tiberghien, Yves. 2007. *Entrepreneurial States: Reforming Corporate Governance in France, Japan, and Korea.* Ithaca, NY: Cornell University Press.

Tokyo Stock Exchange. 2016A. "2015 nendo kabushiki bunpu joukyou chousa kekka no gaiyou" [An Overview of the 2015 Stock Allocation Survey Results]. Tokyo: Tokyo Stock Exchange.

Tokyo Stock Exchange. 2016B. "How Listed Companies Have Addressed Japan's Corporate Governance Code." Tokyo: Tokyo Stock Exchange.

Tokyo Stock Exchange. 2017. *Kooporeeto gabanansu hakusho* [White Paper on Corporate Governance]. Tokyo: Tokyo Stock Exchange.

Toya, Tetsuro. 2003. *Kinyuu bigguban no seijikeizaigaku* [The Political Economy of the Japanese Financial Big Bang]. Tokyo: Toyo Keizai Shimposha.

Turner, Adair. 2012. *Economics after the Crisis: Objectives and Means.* Cambridge, MA: MIT Press.

Tyson, Laura D'Andrea, and John Zysman. 1989. "Preface: The Argument Outlined." In *Politics and Productivity: The Real Story of Why Japan Works*, edited by Chalmers Johnson, Tyson, and Zysman, xiii-xxi. Cambridge, MA: Ballinger.

Ueno, Hiroshi, Takashi Murakoso, and Takumi Hirai. 2006. "Supplier System and Innovation Policy in Japan." In *Small Firms and Innovation Policy in*

Japan, edited by Cornelia Storz, 137-150. London: Routledge.

United Nations Conference on Trade and Development. 2017. UNCTADStat. http://unctadstat.unctad.org/wds/TableViewer/tableView.aspx? ReportId=15849.

United States Census Bureau. 2017. Business Dynamics Statistics. https://www.census.gov/ces/dataproducts/bds/data_estab2015.html.

Useem, Michael. 1996. *Investor Capitalism: How Money Managers are Changing the Face of Corporate America*. New York: Basic Books/HarperCollins.

Véron, Nicolas, Mattieu Autret, and Alfred Galichon. 2006. *Smoke & Mirrors, Inc.: Accounting for Capitalism*, translated by George Holoch. Ithaca, NY: Cornell University Press.

Vietor, Richard H. K. 1994. *Contrived Competition: Regulation and Deregulation in America*. Cambridge, MA: Harvard University Press.

Vogel, David. 1989. *Fluctuating Fortunes: The Political Power of Business in America*. New York: Basic Books.

Vogel, David. 1995. *Trading Up: Consumer and Environmental Regulation in a Global Economy*. Cambridge, MA: Harvard University Press.

Vogel, David. 2008. "Private Global Business Regulation." *Annual Review of Political Science* 11: 261-282.

Vogel, Steven K. 1994. "The Bureaucratic Approach to the Financial Revolution: Japan's Ministry of Finance and Financial System Reform." *Governance* 3: 219-243.

Vogel, Steven K. 1996. *Freer Markets, More Rules: Regulatory Reform in Advanced Industrial Countries*. Ithaca, NY: Cornell University Press.

Vogel, Steven K. 1997. "International Games with National Rules: How Regulation Shapes Competition in 'Global' Markets." *Journal of Public Policy* 17: 169-193.

Vogel, Steven K. 1999. "When Interests Are Not Preferences: The Cautionary Tale of Japanese Consumers." *Comparative Politics* 31: 187-207.

Vogel, Steven K. 2001. "The Crisis of German and Japanese Capitalism: Stalled on the Road to the Liberal Market Model?" *Comparative Political Studies* 34: 1103-1133.

Vogel, Steven K. 2006. *Japan Remodeled: How Government and Industry Are Reforming Japanese Capitalism.* Ithaca, NY: Cornell University Press.

Vogel, Steven K. 2007. "Why Freer Markets Need More Rules." In *Creating Competitive Markets: The Politics of Regulatory Reform*, edited by Mark K. Landy, Martin A. Levin, and Martin Shapiro, 25-42. Washington, DC: Brookings Institution Press.

Vogel, Steven K. 2013. "Japan's Information Technology Challenge." In *The Third Globalization: Can Wealthy Nations Stay Rich in the Twenty-First Century?*, edited by Dan Breznitz and John Zysman, 350-372. New York: Oxford University Press.

Von Mises, Ludwig. 2011. *A Critique of Interventionism.* Auburn, AL: Ludwig von Mises Institute.

Wallison, Peter J. 2011. "Financial Crisis Inquiry Commission Dissenting Statement." In *The Financial Crisis Inquiry Report*, by the National Commission on the Causes of the Financial and Economic Crisis in the United States, 441-450. New York: Public Affairs.

Weare, Christopher. 2003. "The California Electricity Crisis: Causes and Policy Options." San Francisco: Public Policy Institute of California.

Weber, Max. 1958. *The Protestant Ethic and the Spirit of Capitalism*, translated by Talcott Parsons. New York: Scribners.

Weber, Steven. 2005. *The Success of Open Source.* Boston: Harvard University Press.

Weber, Steven. 2006. "From Linux to Lipitor: Pharma and the Coming Reconfiguration of Intellectual Property." In *How Revolutionary Was the Digital Revolution? National Responses, Market Transitions and Global Technology*, edited by John Zysman and Abraham Newman, 217-233. Stanford, CA: Stanford

University Press.

Weinstein, David E. 2001. "Historical, Structural, and Macroeconomic Perspectives on the Japanese Economic Crisis." In *Japan's New Economy: Continuity and Change in the Twenty First Century*, edited by Magnus Blomström, Byron Gangnes, and Sumner La Croix, 29-47. Oxford: Oxford University Press.

Western, Bruce. 1995. "A Comparative Study of Working Class Disorganization: Union Decline in 18 Advanced Capitalist Countries." *American Sociological Review* 60: 179-201.

Western, Bruce, and Jake Rosenfeld. 2011. "Unions, Norms, and the Rise in U. S. Wage Inequality." *American Sociological Review* 76: 513-537.

White, Harrison C. 1981. "Where Do Markets Come From?" *American Journal of Sociology* 87: 517-547.

Williamson, Oliver E. 1968. "Economies as an Antitrust Defense: The Welfare Tradeoffs." *American Economic Review* 58: 18-36.

Williamson, Oliver E. 1985. *The Economic Institutions of Capitalism.* New York: Free Press.

Williamson, Oliver E. 1996. *The Mechanisms of Governance.* Oxford: Oxford University Press.

Williamson, Oliver E. 2000. "The New Institutional Economics: Taking Stock, Looking Ahead." *Journal of Economic Literature* 38: 595-613.

Williamson, Oliver E. , and Scott E. Master, eds. 1995. *Transaction Cost Economics*, 2 volumes. Aldershot, UK: Edward Elgar.

Wilensky, Harold L. 2002. *Rich Democracies: Political Economy, Public Policy, and Performance.* Berkeley and Los Angeles: University of California Press.

Wilensky, Harold L. 2012. *American Political Economy in Global Perspective.* New York: Cambridge University Press.

Wilks, Stephen. 2010. "Competition Policy." In *The Oxford Handbook of*

Business and Government, edited by David Coen, Wyn Grant, and Graham Wilson. Oxford: Oxford University Press. http://www.oxfordhandbooks.com/view/10.1093/oxfordhb/9780199214273.001.0001/oxfordhb-9780199214273.

Winston, Clifford. 2006. *Government Failure versus Market Failure: Microeconomics Policy Research and Government Performance.* Washington, DC: AEI-Brookings Joint Center for Regulatory Studies.

Witt, Michael A. 2006. *Changing Japanese Capitalism: Societal Coordination and Institutional Adjustment.* New York: Cambridge University Press.

Wolf, Charles. 1988. *Markets or Governments: Choosing between Imperfect Alternatives.* Cambridge, MA: MIT Press.

Woll, Cornelia. 2008. *Firm Interests: How Governments Shape Business Lobbying on Global Trade.* Ithaca, NY: Cornell University Press.

Womack, James P., Daniel T. Jones, and Daniel Roos. 1990. *The Machine That Changed the World.* New York: Rawson Associates.

World Bank. 2002. *World Development Report 2002: Building Institutions for Markets.* Oxford: Oxford University Press.

World Bank. 2017. *Doing Business 2017: Equal Opportunity for All.* Washington, DC: World Bank.

Yarbrough, Beth V., and Robert M. Yarbrough. 1987. "Cooperation in the Liberalization of International Trade: After Hegemony, What?" *International Organization* 41: 1-26.

Yergin, Daniel, and Joseph Stanislaw. 1998. *The Commanding Heights: The Battle between Government and the Marketplace That Is Remaking the Modern World.* New York: Simon & Schuster.

Yoo, Christopher S. 2008. "The Enduring Lessons of the Breakup of AT&T: A Twenty-Five Year Retrospective." *Federal Communications Law Journal* 61: 1-10.

Zysman, John. 1983. *Governments, Markets, and Growth: Finance and the*

市场治理术：
政府如何让市场运作——

Politics of Industrial Change. Ithaca, NY: Cornell University Press.

Zysman, John. 2006. "Creating Value in a Digital Era: How Do Wealthy Nations Stay Wealthy?" In *How Revolutionary Was the Digital Revolution? National Responses, Market Transitions, and Global Technology*, edited by John Zysman and Abraham Newman, 23-52. Stanford: Stanford University Press.

# 译后记...

本书已由作者斯蒂文·K.沃格尔教授专门为中国读者撰写了中译本序,并由周雪光老师以"读后感"代序的形式进行解读并提供了不同的分析视角,因此,我在此无须就本书内容再多赘言,仅就翻译过程中遇到的几个问题和处理方式向读者交代,并简要记录翻译的缘起和历程。

## 一、翻译中的几个问题和处理

### (一)关于书名的翻译

本书的英文书名 *Marketcraft* 是作者仿照 statecraft 而创造出来的一个词。考察 statecraft 在中文世界中的表述,大致可译为"治国之道""国家治理之道"或"治国术""国家治理术"等。循此,marketcraft 可译为"市场治理之道"或"市场治理术"。周雪光老师最初发表在微博上的评论文章就将其译为"市场治理之道"。我也认为周老师采用的名称更为传神,但之所以将书名译为"市场治理术",主要考虑的是,作者在正文中对 marketcraft 进行阐释的时候强调了市场治理的"术"的层面,表示"更偏爱精心设计市场(crafting market)的语言表述,因为它强调了进行有效的市场治理所需要的技艺（artistry）"（见本书第 9 页）。这里其实是在同时使用 craft 一词作为动词和名词时的两种不同含义：作为动词的"精心设计或创造"，以及作为名词的"技巧或技艺"。"市场治理术"更接近 craft 一词所具有的"技巧或技艺"的含义。

纵观全书，marketcraft 一词出现的频率极高，作者所列的美国和日本每一个问题领域都是 marketcraft 的具体运用。作者强调，现实世界中的 marketcraft"可能被娴熟地或笨拙地运用，可能是有益的，也可能是灾难性的"（见本书第 9 页）。可见，作者对 marketcraft 一词的使用是价值中性的，强调对于技术和方法的运用，他甚至将全球金融危机、日本模仿美国信息革命的失败案例均归为 marketcraft 的运用。因此，只有将 marketcraft 译为"市场治理术"才能在这些语境下说得通。

然而，透过这些成功与失败的市场治理术的运用案例，作者所倡导的是好的市场治理术，即市场治理之道——关于尊重市场的规律、法则并加以治理的道理。这也正是周雪光老师在序言中所强调和提醒的"道自有轨，术循于道，识其道方能施其术"。

### （二）关于 regulation 一词的翻译

regulation 是一个多义的词语，它在中文中的含义主要包括：规制、管制、监管、规管、监理、调整、调节、规章等。与之相关的还有其动词形式 regulate 和衍生词 deregulation。本来，一个英文词对应着多个中文词的情况并不少见。然而，像 regulation 这样一个英文词对应着如此众多的中文词，且其含义迥异甚至相反的情形则属罕见，已经严重影响到语言作为思想交流工具的功能。由于上述几种含义和用法在本书中均有出现，需要在此予以辨析。

regulation 所对应的最为常见的三个中文词是"规制""管制"和"监管"。考虑到这三个中文词对应着同一个英文词，我在阅读文献遇到这三个词时往往联想到其英文形式 regulation，而认为三个词所表达的含义大体相同或类似。但在翻译时，我更偏爱使用"规制"一词，因其含义较为中性，既可能包括最轻微的 regulation，也可以指代最重度的 regulation，可使用"重度规制"的表述。而"管制"一词本身即包含了"重度规制"的含义，同时可能体现着使用者对于政府规制的不信任和警惕态度。除了在特定的习惯用法如"放松管制""出口管制""价格管制"等语境下之外，我一般不使用"管制"一词。但在本书中，当作者强调字面意义上的 deregulation 时，我亦根据字面含义将其翻译为"减少规制"。至于"监管"一词，则常用于日常生活和政府实践中，因其使用过于泛化而易丧失其核心内涵，我尽量不使用该词，但一些约定俗成的用法中仍不得不使用，如"金融监管""监管当局"等。

在中文语境下，不同的使用者在不同的背景下往往对 regulation 赋予完全不同的含义，例如经常见到新闻标题或监管者的发言中出现"放松管制，加强监管"的表述，这里的"管制"和"监管"近乎成了反义词，其具体含义如何，只能根据上下文的语境去推断。

此外，regulation 还有"规章"的含义。大部分情况下，regulation 作为"规章"与作为"规制"的不同用法可以区分，我亦根据具体情况作出不同的翻译；但也存在 regulation 可能同时指代"规章"和"规制"的情况，这时只能根据其最为接近的含义进行翻译，但读者须清楚，即使译为"规章"，在英文原文中本身也不排除"规制"的含义。

（三）关于 practice 一词的翻译

同样地，practice 一词也具有多种含义并对应着多个中文词，主要有"实践""通常做法"和"惯例"。其实，这三个词语具有紧密的联系：某一群体（过去的）长期实践往往形成通常做法或惯例。但在不同的具体语境下，三个词语的含义又有所不同。在本书中，作者将 practices and standards 作为治理的重要类型，并在贯穿全书的多个表格中使用，我将其译为"惯例与标准"。为了保持用语的统一性和一贯性，在文中出现 practice 的时候，我尽可能地将其译为"惯例"，但也不排除在个别情况下将其译为"实践"或"做法"更为合适，只好牺牲统一性。

### （四）关于人名的翻译

本书中所出现的西方人名均已根据通用的中文名称予以译出，但所涉及的日本、韩国以及华裔学者或政府官员的姓名则并无通用的中文译名，尤其是考虑到作者所使用的这些亚洲人名本已是根据发音译为英文，若再根据英文发音转译为中文，则难免出现错译。因此，除非是已有公认中文译名的人士，如青木昌彦（Masahiko Aoki）等，均不再将其英文名字译为中文。

## 二、翻译的缘起与历程

本书的英文版在 2018 年年初甫一出版便引起了我的极大兴趣。当时我正在修改我的专著《股权众筹规制问题研究》，在研究过程中深感现有理论的不足。这是因为，股权众筹是一种新型商业模式，同时又是互联网金融的典型代表。作为一种新型商业模式，股权众筹本应先由市场主体进行探索和试验，再考虑是否需要政府规制的问题；然而，由于股权众筹的金融属性，它自始便落入金融监管这一受到重度规制的领域。问题在于，股权众筹与现有的金融监管体系无法融合，不修改现有的证券监管法规，便没有股权众筹的生存空间；而若要修改现行证券法，又面临着缺乏行业发展的经验数据作为修法依据的问题。这便陷入了一个创新与监管孰先孰后的悖论。

上述难题可以用《市场治理术》中的理论和实例予以解答。沃格尔教授认为，现代市场是由个人、企业尤其是政府精心设计出来的。政府在市场设计中必须发挥主导作用，从而赋权（empower）市场和使能（enable）市场。特别是，某些市场需要更加有意识的人为创设（fabrication），否则将不可能存在，例如书中所提到的电力市场、电磁波频谱拍卖市场、排污权市场、碳排放市场、美国各州的医疗保险市场等。股权众筹市场显然也属于人为创设的市场，其创设、培育、成熟和有效治理需要监管者与企业家一道，不断学习和试错，并持续地进行政策评估和调整。

受到《市场治理术》的上述启发，我萌生了将该书译为中文的想法，希望它能够对我国社会主义市场经济体制的完善和正确处理政府与市场的关系提供有益的理论支持。这本篇幅不长的小书翻译历时两年多，在此期间所遇到的挑战远比最初想象的要大。我自己的专业研究方向为金融法，受益于宋华琳、李洪雷、苏苗罕、骆梅英等行政法学者所译介的规制学著作，遂对规制与治理理论产生了浓厚而持久的兴趣。本书可归于规制与治理领域的著作，但更多是从政治经济学的宏大视角进行探讨，所涉及领域广泛，如公司制度、劳动法、反垄断、知识产权、金融监管、电力行业、信息技术行业等。很多术语超出了我的专业领域，虽通过研究式的学习和阅读尽量扩充专业知识，并向相关学科的学友进行了请教，但翻译不够专业和精确的问题仍可能存在，还望读者不吝指出。

翻译既是一项技术，也是一门艺术。我虽然一直在努力寻求译文的一贯性、易读性与精确性之间的艰难平衡，但仍不免有很多不尽如人意之处。这在某种程度上是由翻译本身的性质所决定的,每一种语言中的词汇都是多义的,但它在另一种语言中可能并没有如此多的含义,翻译时只能选择最接近其核心意义的有限词汇,以求尽量减少在翻译过程中流失掉的意蕴。

本书的出版得到厦门大学法学院宋方青院长的大力支持,特此致谢!厦大知识产权研究院的王俊博士通读了译稿,从经济学和知识产权专业的角度提出了非常详尽的修订意见。我还就知识产权相关术语的翻译请教了厦大知识产权研究院的朱冬副教授,就日本学者的姓名翻译问题请教了正在日本东京大学法学院访问的陈鹏副教授。北京大学出版社的刘秀芹编辑积极联系本书的授权出版事宜,并认真完成了书稿的审读加工工作,付出了大量的心血。在此一并致谢!

最后,我要特别感谢美国斯坦福大学的周雪光教授为本书撰写序言。周老师从自己的学术思路出发,提供了不同的分析视角和非常有价值的解读,有助于中国读者全面、深入地理解和评判本书的论点。

毛海栋

2020年6月12日初稿于福建厦门

6月16日改定于山东淄博